정보통신행정연구소 연구총서	2
방송통신 정책과 조직	

한국, 미국, 캐나다 3개국의 방송통신 주무기관 비교 연구

김 정 태

도서출판 대영문화사

발간사

디지털 융합 시대의 도래를 준비하기 위해 방송통신위원회가 출범한 지 4년이 지났다. 그러나 아이폰 쇼크로 대변되는 방송 · 통신 · 인터넷 부문의 침체와 미디어법의 통과에 따른 논란은 디지털 융합 시대의 바람직한 방송통신 정책 담당 정부조직과 정책 방향에 대한 논의를 촉발하고 있다. 이러한 논의들에 대한 이해와 바람직한 결론 도출에 필요한 기초 정보들을 담는 작업으로서, 서울대학교 행정대학원 정보통신행정연구소는 <방송통신 정책과 조직>이라는 연구총서 시리즈를 발간하게 되었다.

이 연구총서 시리즈는 디지털 융합환경에서 방송통신 정책과 쟁점들에 대한 전문가 박상인 외 다섯 명의 논의를 묶은 제1권 『방송통신 정책과 쟁점』, 방송통신위원회, 미국 연방통신위원회(FCC), 캐나다 방송통신위원회(CRTC)의 심의 및 의결 과정을 다룬 방송통신위원회 김정태 과장의 제2권 『한국, 미국, 캐나다 3개국의 방송통신 주무기관 비교 연구』, 그리고 방송통신위원회 설립의 준거틀로 고려되었던 미국 연방통신위원회와 방송통신위원회의 조직과 권한에 대해 비교법적 관점에서의 연구인 지성우 교수의 제3권 『한국의 방송통신위원회와 미국 연방통신위원회(FCC)에 대한 비교법적 연구』 등 세 권의 책으로 구성되었다. 연구총서가 적시에 출간될 수 있도록 열과 성을 다해 주신 집필자분들께 다시 한 번 감사드린다.

<방송통신 정책과 조직> 연구총서 시리즈가 출간되기까지 많은 분의 도움이 있었다. 정보통신행정연구소의 최슬기 조교와 서울대학교 행정대학원

박사과정의 장경아 씨가 저자들과 대명문화사 사이에서 연구총서 작업의 연결 고리 역할을 성실히 수행해 주었다. 또한 연구총서 시리즈의 출판을 흔쾌히 수락해 주신 대영문화사의 임춘환 사장님과 실무 책임자로 노고를 아끼지 않은 정재훈 과장님의 도움이 없었다면 적시에 출간이 불가능했을 것이다. 아울러 원고의 수정과 편집을 도와 준 대영문화사의 편집부에도 지면으로나마 감사의 말씀을 드린다.

끝으로, 많은 분의 수고와 도움으로 출간되게 된 <방송통신 정책과 조직> 연구총서 시리즈가 디지털 융합 시대의 바람직한 방송통신 정부조직과 정책 방향에 대한 실마리가 될 수 있기를 기대한다.

2011년 12월

박상인

서울대학교 행정대학원 교수

정보통신행정연구소 소장

머리말

방송통신 분야 주무기관을 다루는 글을 쓰면서 다시 한 번 합의제 기관과 함께 해온 개인사가 주마등처럼 스쳐갔다. 사회생활을 시작한 첫 일터도 합의제 기관이었고, 그 후 십수 년 간 법적 지위나 위상에는 많은 변화가 있었지만 여전히 합의제 기관에 소속되어 일하고 있기 때문이다. 누군가 스쳐지나가는 말이라도 '합의제 기관'에 대해 언급하는 말을 듣게 되면 자신도 모르게 끼어들고도 남을 만큼 각별하다.

그런 저런 인연을 생각한다면, 소속기관인 방송통신위원회뿐만 아니라 미국의 연방통신위원회(FCC), 캐나다 방송통신위원회(CRTC)의 전반적인 현황을 함께 조망할 수 있었던 정보통신행정연구소의 이번 연구사업은 다른 누구보다도 나 자신에게 의미가 큰 일이었다. 특히 비교분석 대상 중의 하나인 캐나다 방송통신위원회에는 과장급 공무원 직무연수 프로그램의 일환으로 1년 6개월간 현지에서 직접 근무한 경험이 있었기 때문에 더욱 현실감이 있는 작업이었다. 캐나다의 수도 오타와에 체류했기 때문에 지리적인 이점으로 미국 연방통신위원회에 대해서도 제한적이나마 직접적인 관찰이 가능했다.

이와 같은 배경을 바탕으로 이번 연구는 3개국 방송통신 주무기관의 실제 활동 현황에 초점을 두었다. 법적 근거 등은 설명에 도움이 되는 한에서 참고했다. 이번 연구에서는 3개국 방송통신 주무기관의 모든 측면을 빼놓지 않고 다루고 있지만, 정치적인 측면에 대해서는 본질적인 사항이 아닌 경우에는 분석 대상에서 배제했다. 이는 본질적인 기관 위상이나 성격과는 차이가 있기도 하고, 개인적 견해 차가 너무 큰 사안이기 때문이다.

정부 주무기관의 현직 근무자라는 점은 분석 과정에서 큰 장점이기도 했지만, 어떤 부분에서는 약점이기도 했다. 그러나 직・간접적으로 경험한 사항을 빼놓지 않기 위해 각별한 주의를 기울였다는 점을 밝혀두고자 한다. 그 동안 단편적으로 관련 업계나 국회 해당 상임위원원회 등을 통해 제기되었던 합의제 기관에 대한 논쟁과 토론을 심화시키는 데 도움이 되기를 바란다. 사실에 바탕을 둔 건전한 논쟁과 토론이 이뤄진다면, 그런 과정을 통해 방송통신 분야 제도와 관련 업계가 함께 선진화될 것으로 믿는다.

2011년 12월

김정태

차 례

제 1 장 3개국 방송통신 주무기관 분석의 의의

제 1 절 의 의

전통적으로 방송은 국민의 공기(公器)로서 공익성(public interest)을 지녀야 하고 무엇보다도 강한 정치, 사회, 문화적 영향력을 가지는 언론의 일종이라는 점에서 공익성이 강조되어 오고 있다. 통신도 대부분의 현대 국가를 건설하는 과정에서 보편적 서비스 기능을 가진 통신 수단(common carriers 또는 public carriers)으로 받아들여져 비차별적이고 합리적인 요금으로 의무 제공되어야 하는 것으로 인식되면서 정부 기능이 무엇보다도 중요한 분야다.

이에 따라 단일기관이든 분리된 기관이든 방송과 통신 분야의 정부 주무기관은 대부분의 나라에서 중요하게 다뤄진다. 우리나라에서는 정부직제 개편이나 관련 법률 제·개정 시마다 방송통신 주무기관의 위상과 권한을 놓고 범사회적인 논쟁이 진행되는 것이 일반화되어 있다. 미국 연방통신위원회(Federal Communications Commission: FCC)도 독립규제위원회 형태를 가진 방송통신 주무기관으로 위상을 굳히면서 모든 미국인의 일상생활에 영향을 미치는 핵심 기관으로 평가받고 있다(Federal Communications

Commission regulations affect the daily lives of every American, from rules governing who may own the morning newspaper to the networks connecting the last phone call at night. FCC-regulated industries provide Americans with daily access to communications services, including wireline and wireless telephone service, Internet access services, and radio and video services).[1] 방송통신 주무기관에 대한 국가적인 관심은 캐나다의 경우도 마찬가지다. 내각에 속한 정부부처가 중심인 나라이지만 캐나다 방송통신위원회(Canadian Radio-television and Telecommunications Commission: CRTC)의 정책과 규제활동은 캐나다 내 언론의 최대 관심사로 인식되고 있다.

이와 같은 기본 배경 및 환경적 유사성이 있기 때문에 국가 간 방송통신 주무기관의 위상과 운영 현황을 살펴보는 일은 향후의 발전적인 개선에 도움을 줄 것이다. 실제로 우리나라에서 진행되어 온 방송통신 주무기관 설립을 위한 모든 논의 과정이나, 캐나다 방송통신위원회(CRTC)의 정책연구조직의 연구 실적을 보면 다른 나라와의 비교분석이 논의를 위한 핵심 기본 자료가 되고 있음을 알 수 있다.

2008년 설립된 대통령 직속기관인 방송통신위원회는 우리나라 방송정책과 통신정책을 총괄하는 중앙정부기관으로서 정책 수립과 시행은 물론 포괄적인 규제 권한을 갖고 있는 기관이다. 1990년대 후반부터 시작된 방송과 통신 분야의 정부기구 개편의 결과물이라는 점에서 긍정적인 측면에서든 부정적인 측면에서든 많은 관심의 대상이 되고 있으며, 논란도 여전하다.

방송통신위원회는 방송 분야와 통신 분야를 총괄적으로 관장하면서 실질적인 정책과 행정권을 가진 기관이지만 일반적인 독임제 관청과는 달리, 대통령과 국회 여·야당의 추천을 받은 5인의 상임위원으로 구성된 합의제 기관이라는 특성을 갖고 있다. 방송과 통신정책의 수립과 집행에서 다수의 위원이 회의를 거쳐 결정하는 이러한 구조는 다른 분야에 비해 매우 독특

---

1) 미국 GAO, GA0-10-79 FCC MANAGEMENT Improvements Needed in Communication, Decision-Making Processes, and Workforce Planning, p. 1 참조.

한 것이다. 중앙정부 기능이 주로 독임제 관청(부처)에 의해 이뤄져 온 우리나라의 경우 합의제 기관이 '자문 혹은 심의' 기능을 수행하는 것은 다른 분야에서도 일반화되어 있지만, 합의제 기관이 독임제 관청(부처)의 기능을 하는 것은 이례적이다. 특히 방송통신위원회의 경우 위원 구성에서 야당의 추천이 반영되는데, 이것은 국민대표성을 기본으로 하는 헌법상의 기관(헌법재판소, 대법원, 중앙선거관리위원회)에 적용되는 원리를 차용한 것으로서 행정부에서는 유례를 찾기 힘들다.

현 방송통신위원회의 이러한 위상은 과거 방송 분야에서 유사한 권한과 구성 원리를 갖춘 2000년부터 2008년까지 존재했던 방송위원회의 맥을 잇는 것으로 평가되지만, 조직구성원부터 작동 원리, 관행에 이르기까지 방송통신위원회의 현 위상은 방송위원회와도 큰 차이점을 보인다. 또한 방송위원회의 경우에는 국회에서 여당과 야당의 추천이 반영되는 독특한 특성을 고려해 대통령과도 거리를 두고 있었다. 이는 대통령 직속기관으로 성격 규정이 이뤄진 현 방송통신위원회와 큰 차이가 나는 부분이다.

중앙정부의 실질적인 정책, 행정권을 담당하는 합의제 기관의 전통이 없었던 우리나라에서 방송통신위원회의 설립에 이르기까지 주된 모델이 된 것은 이미 합의제 기관을 설립해 운영해 온 미국과 캐나다 등 구미 선진국의 경험에서 유래한 바가 크다. 미국은 1934년부터 합의제 기관인 미국 연방통신위원회(FCC)를, 캐나다는 1976년부터 현재의 캐나다 방송통신위원회(CRTC)를 설립해 방송과 통신을 함께 관장하는 융합 기구 체제를 유지해 오고 있다.

이와 같은 역사를 고려할 때, 우리나라와 방송통신위원회와 미국 연방통신위원회(FCC), 캐나다 방송통신위원회(CRTC) 간의 법적 위상 및 기능상의 차이점, 심결 과정, 정책 결정 및 집행 과정을 분석하는 것은 현 방송통신위원회 체제의 유지 여부와 상관없이 이후의 합리적인 논의를 위해 필요하다.

방송통신위원회가 출범 3년을 넘기면서, 그간의 운영 실적에 대한 평가도 각계에서 이뤄지고 있는 만큼 2012년 이후에는 새로운 개선 방향에 대한 논의가 시작될 것으로 예상된다. 다시금 사회적 합의가 필요한 일이지만 이와 같은 방송통신 분야 체제 개선 논의가 합리적인 수준에서 이뤄지기 위해서는 지금까지의 역사와 앞서간 나라의 역사를 비교하고, 현재의 실제 운영 상황을 비교하는 일이 시의적절한 것으로 평가된다.

제 2 절 분석 대상 기관 및 범위

1 대상 기관

방송통신 주무기관 및 관련 기관의 위상과 역할은 나라마다 다른 모습을 보인다. 그 이유는 전통적으로 정부 전반의 역할과 인식에 차이가 있고, 방송이 언론의 일종으로서 사회 전반에서 중요한 역할을 수행하고 있기 때문에 그에 대한 규제 방식과 주체에 대한 사회적 합의가 다르기 때문이다. 또한 통신 분야와 방송 분야의 관계 정도 및 융합 분야에 대한 인식의 정도에서 인식의 차이가 있는 것도 분명하기 때문이다.

세계 각국의 방송과 통신 분야의 정부 정책과 규제 담당기관을 살펴보면 대체로 기관 형태상 합의제, 즉 1인이 최종 책임을 맡는 구조가 아니라 다수의 정책결정권자가 회의를 통해 합의를 거쳐 정책을 결정하고 공동 책임을 지는 구조를 보인다. 합의제인 만큼 합의에 이르는 과정에서 참여자(위원)의 독립성과 공정성을 보장하는 것도 일반적인 현상이다.

그 중에서 미국과 캐나다는 식민지 시대를 거쳐 나라를 건설하는 과정에서 광범위한 국토에 흩어져 사는 국민들을 통합시키고, 하나의 국가로서 정체성을 빠른 시간 내에 확립시켜야 하는 공통된 과제를 가지고 있는 나라로서 다른 나라보다 먼저 방송통신 분야에 합의제 기관의 전통을 세운 것으로 알려져 있다. 그 이유는 여러 가지로 분석될 수 있겠지만 각기 다른 이해관계와 독립적인 의지가 강한 이민자들을 통합시키기 위해서는 그들의 의사를 표현할 기회를 주는 것이 필요하며, 이를 위해서는 그들의 대표성을 빈영힌 사람을 결정 과정에 참여시켜야 하기 때문으로 추정된다. 1명이 책임지는 독임제 관청보다는 다수의 위원이 참여하는 구조가 국민 다수의 동의를 이끌어 내거나 반대의 정도를 약화시키는 데 유리하기 때문이다.

방송통신 분야에서 합의제 기관이 정립된 지 80여 년 이상이 지난 미국의 경우 연방정부의 기능으로 확고한 자리를 잡고 있다. 캐나다의 경우에는 1976년 현재의 체제를 확립해 연방정부의 관할로 정책과 규제를 수행해 오고 있지만, 영어와 불어의 이중 언어정책에서 보듯이 미국보다 더 다양성이 공존하는 국가답게 현재까지도 지역대표성을 반영한 위원 선임과 운영이 이뤄지고 있음을 볼 수 있다. 이에 따라 상대적으로 숫자가 많은 13인의 상근위원이 임명된다.

이와 같은 양 국가의 방송과 통신을 총괄하는 합의제 기관이 형성된 과정과 쌓아온 전통, 각자의 정책환경과 정치적, 사회문화적, 지리적 환경을 반영한 특성 등을 고려해 이들 두 나라의 방송통신 주무기관인 미국 연방통신위원회와 캐나다 방송통신위원회를 우리나라 방송통신위원회와의 직접적인 비교분석 대상으로 선정했다.

2 분석의 범위

3개국 방송통신 주무기관을 비교 분석할 때 우선 법으로 규정된 기관의 위상과 역할에 기초하여 분석평가를 진행하되, 실제적으로 어떻게 운영되고 활동하는지에 대해 구체적인 관찰에 주안점을 두었다. 설명에 도움되는 선에서 일부 정책 사안에 대해서는 이를 다루는 구체적인 과정까지도 살펴보았다.

분석에 바탕이 된 자료는 세 기관이 공식적으로 발간(서류 또는 인터넷 홈페이지 게재)한 것에 중점을 두었고, 필자의 직접적인 경험도 상당 부분 반영했다.

공식 자료로 판단이 어려운 사항에 대해서는 미국 연방통신위원회(FCC) 및 캐나다 방송통신위원회(CRTC) 관련 직원과의 직접 면담, 이메일 서신 교환을 통해 파악했다.

3개국 방송통신 주무기관의 구체적인 회의 운영 방식이나 절차 등에 대해서는 필자의 직접적인 참석 경험 및 참관 경험에 바탕을 두었다.

이와 같은 기준에 따라 3개국 방송통신 주무기관의 구체적인 설립 역사, 법적 위상, 다른 국가기관과의 관계, 사무처 구성 현황을 별도로 살펴보았다. 아울러 회의 진행과 관련한 제반 사항을 비교 분석했고, 회의 전후의 업무 처리에서 위원장과 개별 위원의 역할 차이와 위임의 정도 등 의사 운영 전반에 대해 비교분석했다.

각 나라의 역사의 차이는 물론 행정조직 문화의 차이 등으로 인해 간혹 직접적인 비교 자체가 의미 없는 것도 있었으나, 대체로 합의제 기관에 대한 인식이나 운영 형태에서는 상당한 유사성도 있었다. 이와 같은 점을 고려해 결론 부분에서는 방송통신 주무기관이 지녀야 할 원칙을 제시했다.

이러한 원칙은 합의제 기관이든 독임제 관청이든 기본적으로 갖춰야 할 사항에 주안점을 두었다. 아울러 현 방송통신위원회 운영상의 개선에서 법률 제·개정이 필요한 사항에 대해서도 이러한 기본 원칙에 입각한 개선 방안을 제시했다.

제 2 장 3개국 방송통신 주무기관의 역사

제 1 절 방송통신위원회의 설립 과정

1 방송 관련법 역사[1)]

1) 1927년~1960년 이전

우리나라 방송사는 1927년 2월 16일 경성방송국[2)]의 설립으로 시작된다. 선진국들이 방송을 시작한 시기와 큰 차이가 나지 않는다. 여러 나라에서 라디오 방송이 체계화되면서 영국 BBC는 1922년, 일본 NHK는 1925년, 미국 NBC는 1926년에 라디오 방송을 시작했다. 라디오 방송은 1930년대에 크게 부흥해 방송사는 젊은이들의 일자리로 선망의 대상이 되는 등 빠른 속도로 발전했다.

---

1) 김정태(2010), 「디지털시대 방송법 해설」, 커뮤니케이션북스. pp. 4-18 참조.

2) 경성방송국은 사단법인이 운영하는 민간방송국 형태를 갖고 있었지만 조선총독부의 직·간접적인 통제를 받았던 것으로 보인다. 초기에는 소규모의 라디오 수신기가 보급되었을 뿐이었다. 그러나 중일전쟁, 태평양전쟁을 거치면서 국민들의 시국에 대한 관심도가 높아졌고 청취자도 늘었다.

우리나라에서 방송의 날로 기념하고 있는 것은 9월 3일인데, 그 이유는 1947년 9월 3일 미국 애틀랜타에서 개최된 국제무선통신회의(ITU)에서 독립국가인 대한민국의 무선통신 호출 부호로 'HL'을 배정받았고, 같은해 10월 2일부터 일본의 호출 부호였던 'JO' 대신 'HL'을 사용하기 시작했다. 이 두 날짜를 놓고 1964년부터는 10월 2일을 방송의 날로 기념하기 시작하다가, 1978년부터는 9월 3일을 방송의 날로 정해 기념하고 있다.

해방 이후 방송정책, 규제 권한은 독임제 관청인 정부부처가 담당했으며, 경성방송국을 이어받은 최초의 방송사인 중앙방송국(현 KBS의 전신)의 직원도 공무원들이었다.

2) 1960년대~1980년대

1960년대부터는 국영 텔레비전 방송을 비롯해 한국문화방송(서울 MBC의 전신), 동아방송(DBS) 라디오, 동양방송(TBC) 등 새로운 지상파 방송이 속속 생겨났다. 국영 텔레비전 방송이 시작된 것은 1961년 12월 31일이다. 이를 위해 「국영 텔레비전 방송사업 운영에 관한 임시조치법」(제정 1962.12.3, 법률 제1195호)이 제정되어 공영방송의 중요한 양대 재원인 시청료와 유료 방송광고의 기본틀을 마련했다. 아울러 「국영 텔레비젼 방송사업 특별회계법」(제정 1962.12.3 법률 제1196호)은 「국영 텔레비젼 방송사업 운영에 관한 임시조치법」에 의해 등록된 텔레비전 수상기 소지자로부터 받는 시청료 및 유료 광고방송에 의한 수입금을 세입으로 하여 비용(세출)으로 쓰도록 했다. 한편 1963년 1월 1일부터 부과된 시청료 금액은 월 100원[3]이었다.

이 시기에도 정부의 독임제 관청이 방송정책, 규제를 담당하고 있었다. 그러나 제한된 기능이기는 했지만 방송 심의를 위한 방송윤리위원회가 합의제 기관의 형태로 최초로 출범했다. 당시 입법권을 가지고 있었던 국가

3) 100원에 출발한 수신료는 1980년 800원까지 오른다. 이후 컬러TV 방송이 시작되면서 흑백TV는 800원 컬러TV는 2,500원이 부과되어 오늘에 이른다. 흑백TV에 대한 수신료는 1984년 12월 1일부터 면제되었다(김정태 2010: 258 참조).

재건최고위원회 상임위원회는 방송규제기구인 방송윤리위원회를 포함한 5장 22개 조로 구성된 「방송법」(제정 1963.12.16 법률 제1535호)을 의결했고, 이 법은 1964년 1월 1일부로 효력을 발생했다.

이후에는 방송정책, 규제 주무기관에서는 큰 변화가 없었으나 정치사회적인 격변을 겪으면서 방송계에도 여러 가지 변화가 수반되었다. 우선 1970년대 초반 「한국방송공사법」(제정 1972.12.30 법률 제2418호)을 제정했다. 이에 따른 한국방송공사(Korean Broadcasting System: KBS)의 설립은 국영방송에서 공영방송으로 전환되는 것을 의미한다. 더 이상 공무원이 운영하는 방송국이 아닌 것이다.

1980년 출범한 제5공화국 정권은 언론 통폐합이라는 우리나라 언론사상 초유의 일을 단행했다. 이에 따라 당시 동아방송(DBS) 라디오(1963. 4. 25. 개국), TBC TV(1964. 12. 7. 개국), TBC AM 라디오(1964. 5. 9. 개국), TBC FM(1966. 10. 15. 개국) 등 민영방송이 모두 KBS로 통합되었다. 이들은 1980년 11월 30일 방송을 종료했다. 이와 더불어 신문·통신 등의 등록에 관한 법률, 언론윤리위원회법 및 방송법을 폐지하고 「언론기본법」(제정 1980. 12. 31, 법률 제3347호)을 제정했다.

한편 같은해에 「한국방송광고공사법」(제정 1980. 12. 31, 법률 제3317)이 제정됐다. 한국방송광고공사법의 제정 목적은 "한국방송광고공사를 설립하여 공공에 봉사하는 방송광고 체제를 정립하고 언론 공익사업을 지원하게 함으로써 건전한 국민생활과 방송문화의 발전 및 언론인의 후생복지 증진에 기여"하는 것이다. 「한국방송광고공사법」은 지상파 방송의 방송광고 영업을 일률적으로 대행하는 무자본 특수법인 한국방송광고공사(KOBACO)의 설립을 주요 내용으로 한다. 「한국방송광고공사법」은 독재정권과 운명을 같이한 「언론기본법」과 달리 현재까지도 존속되고 있는데, 2008년에 헌법재판소의 위헌 판결에 따라 새로운 전기를 맞았다.

방송 콘텐츠에서는 KBS 1TV가 1980. 12. 1. 10시 30분 제17회 '수출의 날' 기념행사 실황 중계를 컬러 방송으로 내보내면서 언론 통제의 그림자 속에서도 나름대로 획기적인 변화가 시작되었다. 뒤를 이어 1980년 12월 22일 MBC TV와 KBS 2TV(구 TBC TV)도 컬러 방송을 실시해 컬러 시대[4]를 열었다. 컬러 방송의 실시는 당시 국내 가전사의 컬러TV 수출길이 막혔다는 점과 더불어 경제활성화라는 문화외적인 요인에 의한 것으로 기록되어 있지만, 결과적으로 국민생활 전반과 문화 의식에 큰 변화를 몰고 왔다.

3) 1990년대~2000년대

1990년대는 방송산업 측면에서도 폭발적인 성장의 시기다. 기존 방송사의 외형적 성장은 물론 케이블TV를 비롯한 뉴미디어가 본격적으로 도입되면서 다양한 양상 전개되었다.

종합유선방송(케이블TV) 도입이 정부 주도로 의욕적으로 추진되었으며 그 법적 토대 마련을 위해 제정된 법이 「종합유선방송법」(제정 1991. 12. 31, 법률 제4494호)이다. 케이블TV의 도입뿐만 아니라 지상파 방송 분야에서는 1991년 SBS를 필두로 1997년까지 민영 지상파 방송이 대거 허가되면서 새로운 시장 구도를 형성하게 되었다.

한동안 법제적인 안정기 속에 성장해 왔던 방송계는 2000년대 방송 관련 4개 법률을 통합한 새로운 「방송법」(폐지 제정 2000. 1. 12. 법률 제6139호)을 제정했다. 이 법은 기존의 방송 관련 법제를 통폐합했기 때문에 속칭 '통합방송법'이라 한다. 「방송법」이 제정되면서 방송위원회가 방송정책, 규제 주무기관으로 새로 설립되었다. 아울러 대표적인 디지털 융합 서비스였지만 규제 근거와 방식에 대한 논란이 끊이지 않았던 인터넷 멀티미디어 방송사업(Internet Protocol Television: IPTV) 도입을 위해 「인터넷 멀티미디어 방송사업법」(제정 2008. 1. 17, 법률 제8849호)이 공포, 시행되었다.

이러한 방송업계의 변화와 더불어 2000년 기존의 독임제 관청이 계속 수행해 왔던 방송정책, 규제 권한을 합의제 기구인 방송위원회(2000~2008)가 담당하게 되는 변화로 이어졌다.

---

4) 동아일보(1980. 12. 1.), "컬러 시대 개막" 기사. 경향신문(1980. 12. 20.), "색채문화에 민방 합류" 기사. 경향신문(1980. 12. 23.), "경향신문이 뽑은 10대 뉴스" 기사. 한편, 20세기 선진국 미국에서는 1941년 TV방송이 허가된 이후 1954년부터 컬러 방송이 실시되었다. 우리나라는 세계 다른 나라와 비교해도 상당히 늦은 편이었다.

2 방송통신 분야 정부 주무기관의 역사

1) 방송 분야 주무기관

(1) 독임제 관청

방송관계법 역사에서 보듯이 정부 수립 이후 방송정책, 규제 주무기관은 공보처, 공보실, 문화공보부, 공보처, 문화관광부로 이어졌다. 문화공보부는 1991년 공보처와 문화관광부로 개편되었다가 1998년 정부조직법 개정으로 다시 공보처가 폐지되었다. 공보처의 방송정책, 규제 담당 업무는 잠시 동안 문화관광부에 이관되었다가 다시 2000년 통합방송법 제정으로 설립된 방송위원회로 이관된다.

(2) 합의제 기관 방송위원회(2000~2008)

방송위원회(2000년 「방송법」에 따라 방송정책, 규제 업무를 담당했던 합의제 기관)[5]의 설립은 방송 분야 정책과 규제를 담당했던 합의제 기관이었다는 데 큰 의의가 있다. 과거에도 합의제 기관이 설립되어 있었지만 그 기능은 '심의 제재'와 자문 기능에 머물렀었다. 그러나 2000년 방송법에 따른 방송위원회는 사업자 인·허가는 물론 제반 정책, 규제를 담당하는 중앙행정기관으로서의 역할을 수행했기 때문에 이전의 기관들과는 구분된다.

방송위원회의 설립은 1998년 김대중 정부가 들어서면서 개정된 「정부조직법」(전문 개정 1998. 2. 28, 법률 제5529호)에서 출발하지만 그 이전에 다음 두 가지 사항이 중요한 논의체로 활동했다.

① 국회 제도개선특별위원회

1996년 7월 여야 총무회담에서 방송법 개정 방향을 포함한 각종 제도 개선을 위해 합의하여 설치된 것이 제도개선특별위원회(위원장: 김중위 신한

---

5) 이전에도 지상파 방송에 대한 심의를 담당하는 방송위원회가 설치되었으나 이는 방송정책과 행정 권한을 담당하는 2000년 방송법에 의한 방송위원회와는 구분되는 것이다. 이하에서는 2000년 방송법의 규정에 따른 방송위원회만을 한정해 적는다.

국당 의원)이다. 제도개선특별위원회는 방송관계법의 제정 방향에 대해 쟁점을 확인한 것 외에 실질적인 합의점을 찾지는 못했다. 그러나 1996년 10월 29일 제도개선특별위원회가 주최한 공청회 등을 통해 근본적인 대립 사안을 공론의 장으로 끌어냈다는 성과는 인정된다. 당시 방송정책 관련 주요 쟁점 사항은 구(舊)공보처의 존폐 여부, 방송위원회 구성 방식, 방송인·허가 주체, 대기업·언론사 방송사업 참여 여부, 시청자위원회 설치 여부 등이었다. 제도개선특별위원회 활동을 근거로 한 방송관계법 제정 방향에 대해서는 최종적으로 당시의 3당(신한국당, 새정치국민회의, 자유민주연합) 총무 간 협상에서도 결론을 얻지 못하고 소관 국회 문화체육공보위원회로 이관되었다.

② 방송개혁위원회

통합방송법의 토대를 마련하는 과정에서 활동했던 것은 방송개혁위원회(위원장: 강원룡 목사)였다. 김대중 정부는 취임 이후에도 지지부진한 방송관계법 개혁의 돌파구로서 대통령 자문기구 설립을 구상했고, 이를 대통령령(대통령령 제15935호, 1998. 12. 4 공포)으로 구체화했다.

방송개혁위원회의 역사적 의의는 정부부처 주도가 아니라 국민대표성을 바탕으로 민관 합동의 한시적 정책자문기구였다는 데서 찾을 수 있다. 방송개혁위원회에 당시 야당인 신한국당이 참여하지 않아 국민대표성 측면에서 일면 불완전한 점도 있었으나, 방송 개혁에 대한 국민적 공감대 속에서 많은 논의 사항이 방송법 제정 과정에 반영됐다. 이러한 결과는 과거 5년간 축적된 수많은 공식, 비공식적 협의와 의견 수렴 과정을 통해 이룩된 것이라고 하겠다.

방송위원회의 설립 과정은 국회에서의 공식적인 논의 과정만 따져도 근 5년에 이를 만큼 오랜 기간이 걸렸다. 합의제 기관인 방송위원회의 위원 구성 방식과 권한, 다른 정부부처와 관계 등에 대해 논란이 끊이지 않았고, 공영방송(KBS, MBC, EBS)[6]에 대한 감독 시스템에 대한 찬반 토론도 격

6) 공영방송(public broadcasting)에 대한 법적인 정의가 있는 것은 아니다. 대체로 국내적·국제적으로 통용되는 개념에 따르면 '정부가 지분을 보유하고, 운영재원의 전부 또

하게 진행되었다. 1997년 대통령선거로 법안에 대한 논의 과정에서 여야가 바뀌는 곡절[7]까지 겪은 끝에 1999년 2월 28일 국회 본회의 의결을 거쳐 통합방송법이 제정됨에 따라 방송위원회가 출범하게 된다.

(3) 방송위원회 일반 현황

3부와 독립된 방송위원회의 일반 현황은 다음과 같다.

① 설립 목적

- 방송의 공적 책임·공정성·공익성을 실현
- 방송 내용의 질적 향상 도모
- 방송사업에서 공정한 경쟁을 도모

② 위원 구성

- 3년 임기의 9인으로 구성되며 위원장, 부위원장을 포함한 5인은 상임위원, 4인은 비상임위원
- 대통령이 임명장 수여. 방송위원회의 정치적 중립성을 보장하기 위해 9명 중 6인의 위원은 국회의장이 추천한 자를 임명(국회 추천 6인은 소관 상임위원회인 문화관광위원회와 교섭단체 대표와의 협의를 통해 결정, 2000년 「방송법」 제21조, 제22조, 제23조, 제24조, 제25조, 제26조)
- 위원장 1인, 부위원장 1인 및 3인의 상임위원은 전체 위원들 간 다수결의 원칙에 따라 선출. 위원장은 장관급, 부위원장 및 3인의 상임위원은 차관급 정무직 공무원(2000년 「방송법」 제24조, 동법 시행령 제25조 제1항 및 별표 2)
- 5명의 상임위원 중 2인은 대통령이 속하지 않은 교섭단체의 대표의원과 협의해 추천된 자가 포함되어야 함.

는 일부가 정부지원금(국회나 의회의 승인)으로 충당되는 지상파 방송사'를 공영방송으로 분류한다. 지상파 방송으로 한정하는 이유는 지상파 방송은 대체로 무료인 방송 서비스로서 전국적인 네트워크를 갖고 있는 보편적 서비스로 인식되고 있기 때문이다(김정태, 2010: 234 참조).

7) 1997년 대통령선거 결과에 따라 야당은 신한국당, 여당은 새정치국민회의와 자유민주연합이었다. 국회에서의 통합방송법도 여당인 두 당의 공조에 따라 의결되었다.

③ 주요 권한

- 지상파 방송사업자, 종합 유선방송사업자, 위성방송사업자, 방송채널 사용사업자, 중계 유선방송사업자, 전광판 방송사업자 등 방송매체 전반에 대한 인·허가
- 방송정책 수립, 시행
- 방송 내용 심의 제재
- 방송발전기금 관리 운용

2) 통신 분야 주무기관

통신정책, 규제 주무기관은 체신부, 정보통신부로 이어졌다. 우편을 담당하는 정부기구의 역사는 오래전부터 유래가 있었다. 우리 근대사에 등장했던 홍영식의 우정총국은 1884년 고종이 설립했던 정부기관이었다. 이후 1885년 전보총국, 1893년 전우총국으로 변화를 겪다가 1900년 통신원으로 개편되었다. 이러한 역사는 1948년 정부조직법이 제정되면서 체신부로 이어졌다. 이후 전통적인 통신업무 부서 이미지에서 벗어나 IT정책 부서로 거듭나면서 정보통신부로 새롭게 출범한 것이 1994년 「정부조직법」 개정에 의해서였다.

정보통신부는 주파수 관리 업무를 비롯해 통신 서비스 규제, 우정사업을 관할했다.

3 방송통신위원회의 설립

1) 방송통신융합추진위원회와 국회 방송통신특별위원회

방송과 통신의 융합 추세에 따라 방송위원회와 정보통신부 간의 관계 설정 및 통합 논의를 위해 설립된 공식 논의체가 방송통신융합추진위원회였다. 2006년 하반기 방송통신 정책 기능을 총괄적으로 수행하는 기구를 설립하기 위한 범정부 차원의 공식적인 논의 절차를 개시했고, 이를 위해 '방송

통신융합추진위원회(위원장: 안문석)를 구성, 운영했다.

방송통신 융합 추진과 관련해서 추진위원회는 행정직제상으로도 당시 정부 5개 기관(방송위원회, 정보통신부, 문화관광부, 산업자원부, 공정거래위원회)이 밀접한 관련을 맺고 있어 국무조정실(현 국무총리실)이 간사 역할을 수행했다. 방송통신융합추진위원회에는 정부부처뿐만 아니라 사회 각계의 대표들도 위원으로 참여해 방대한 논의 구조를 가졌다.

정부 측에서 방송통신 융합에 대한 대대적인 논의를 시작하자 국회에서도 특별 상임위원회를 구성했는데, 방송통신특별위원회(위원장: 김덕규)가 그것이다. 국회는 해당 사안이 당시 국회 상임위 소관 직무를 기준으로 보면 문화관광위원회, 과학기술정보통신위원회, 산업자원위원회, 정무위원회 등 여러 개의 상임위원회가 관련이 있어 통합적인 논의가 필요하다고 보고 2007년 1월 19일 국회 본회의에서 '방송통신특별위원회 구성 결의안'을 의결했다.

방송통신융합추진위원회는 출범 이후 약 6개월 간의 논의 과정을 거쳐 방송통신위원회 설립 및 운영에 관한 법률안(통합기구 설치법안)을 내놓았다. 이 법안은 2006년 12월 6일 입법예고를 거쳐 2007년 1월 11일 국회에 제출되어 국회 방송통신특별위원회의 논의에 들어갔으나 합의에 이르지 못한 상태에서 대통령선거 정국으로 이어졌다. 이 법안에서 제시된 방송통신위원회의 위상은 '독임제적 요소를 포함한 대통령 소속의 합의제 행정기관'[8]이었는데 기본적인 구조는 현재의 방송통신위원회와 같았다. 즉, 위원장을 대통령이 임명하고 국회의 인사청문회와 탄핵 대상으로 정하고, 5인의 상임위원으로 구성하는 구조가 이때 제시되었다.

2) 2008년 정부직제 개편

2007년 대통령선거의 승리로 출범한 이명박 정부는 대대적인 정부조직 개편을 추진했고, 방송통신위원회의 설립은 전반적인 직제 개편 중에서도

8) 국정브리핑 2006년 12월 6일자 "방송통신 융합 위한 첫발을 내디디며"(임종순 방송통신융합추진지원단 부단장) 기사 참조.

핵심 사항[9]으로 인식되고 있다. 당초 방송통신 융합기구 설립에서 독임제 관청을 선호할 것이라는 예상도 있었지만, 이명박 정부의 선택은 방송통신을 함께 관장하는 단일기관으로서 합의제 기구 방송통신위원회였다.

2008년 이명박 정부의 정부조직 개편 내용을 개요하면 다음과 같다.

① 기본 방향

- 앞날에 미리 대비하고 기회를 선점하는 유능한 정부
- 민간과 지방의 활력을 복돋우는 작은 정부
- 최선을 다해 국민을 섬기는 정부
- 칸막이 없이 유연하게 창의적으로 일하는 정부

② 개편 원칙

- **정부 역할을 원점에서 재검토 · 정비**: 시대에 뒤처진 일이나 규제는 없애고 해야 할 일 위주로 정예화/민간이나 지방이 더 잘하는 것은 과감하게 이양 · 이관/고령화, 지구 온난화, FTA 등 새로운 정책 수요에 대응
- **겹치는 조직을 기능 중심으로 간소화하고 광대역화**: 각 부처로 흩어져 있는 비슷한 기능들은 한군데로 통합/옥상옥의 조정기구를 정비해 정책결정 과정을 간소화/책임은 없이 권한만 행사는 위원회를 크게 감축
- **헌법의 권한 배분 등 정부조직의 기본 원칙에 충실**: 3부의 어디에도 속하지 않는 독립위원회는 행정부로 편입/부총리제 폐지, 정치 논리로 위상이 격상된 조직은 정상으로 환원

③ 통합기관[10]

- 대통령비서실+대통령경호실 ⇒ 대통령실

9) 신동아 2010년 6월 25일자, "이명박 정권 정부조직 개편 2년 평가 ②] 단독 입수 - 방송통신위원회 조직진단 문서" 기사 참조.

10) 2008년 이명박 정부의 정부직제에 따른 '중앙행정기관'은 48개다. 여기에는 대통령실, 사법부의 대법원, 최고재판소인 헌법재판소, 입법부인 국회를 비롯해, 행정부에 속하는 국가정보원, 대검찰청이 있으며 일반적으로 동일 성격으로 분류되는 42개 중앙행정기관인 국무총리실, 공정거래위원회, 교육과학기술부, 국방부, 지식경제부, 여성가족부, 조달

- 국무총리비시실+국무조정실⇒국무총리실
- 기획예산처+재정경제부⇒기획재정부
- 과학기술부+교육인적자원부⇒교육과학기술부
- 문화관광부+국정홍보처 ⇒ 문화체육관광부
- 산업자원부+정보통신부(정보통신산업정책)⇒지식경제부
- **정보통신부(통신서비스 정책 · 규제)+방송위원회(방송정책 · 규제)**
  ⇒ 방송통신위원회
- 농림부+해양수산부(어업수산정책)⇒농림수산식품부
- 건교부+해양수산부(해양정책, 항만, 해운물류정책) ⇒ 국토해양부
- 청렴위+고충위+법제처(행정심판위원회)⇒국민권익위원회
- 행정자치부+인사위+비기위⇒행정안전부
- 보건복지부+국가청소년위원회+여성가족부 일부⇒보건복지가족부[11)]

이명박 정부의 직제 개편 원칙과 기조를 놓고 보면 이명박 정부의 방송통신위원회 설립은 기본 방향에서는 '칸막이 없이 유연하게 창의적으로 일하는 실용정부'를 근거로 하며, 개편 원칙에서는 제3 원칙 '헌법의 권한 배분 등 정부조직의 기본 원칙에 충실' 중 '3부의 어디에도 속하지 않는 독립위원회는 행정부로 편입'에 따른 것으로 해석된다. 이는 결과적으로 방송과 통신의 융합이라는 기술적 변화에 따라 정보통신부와 방송위원회의 업무 영역에서 칸막이 구분이 무의미해졌다는 인식이 관련 업계에 일반화되어 있었던 점을 인정한 것이다.

또한 방송위원회(2000~2008)가 2000년 제정된 통합방송법에 따른 법정기관이자 중앙행정기관으로서의 역할을 수행했지만 대통령과의 관계 설정

청, 방위사업청, 농촌진흥청, 식품의약품안전청, 특임장관실, 금융위원회, 외교통상부, 행정안전부, 보건복지부, 국토해양부, 통계청, 경찰청, 산림청, 기상청, 감사원, 중앙선거관리위원회, 법제처, 국민권익위원회, 통일부, 문화체육관광부, 환경부, 국세청, 소방방재청, 중소기업청, 해양경찰청, 방송통신위원회, 국가보훈처, 기획재정부, 법무부, 농림수산식품부, 고용노동부, 관세청, 병무청, 문화재청, 특허청, 행정중심복합도시건설청이 포함된다.

11) 2010년 3월 19일 다시 여성가족부가 부활했다.

이 없었던 점은 헌법에서 부여한 대통령의 행정수반으로서의 권한 범위를 벗어난 것이라는 법리적인 지적을 수용했다고 볼 수 있다.

이와 같은 논리에 따라 방송과 통신을 칸막이 없이 총괄적으로 수행하는 합의제 기관이자 대통령 직속기관으로 규정하여 대통령의 행정수반 권한 범위 내로 편입된 방송통신위원회가 2008년 3월 26일 출범했다.

3) 방송통신위원회와 방송위원회의 차이점

두 기관은 합의제 기관이라는 공통점과 방송정책·규제 주무기관이라는 점에서 공통점이 있어 방송위원회의 체제가 이어지는 측면이 있다. 그러나 합의제 기관이라는 공통점에도 불구하고 기관 위상이나 성격, 사무처 직원의 신분 등에서는 본질적인 차이점도 갖고 있다.

우선, 소관 직무에서 정보통신부의 통신 서비스 정책과 규제 업무가 합쳐져 방송통신 분야 총괄 주무기관이 되었다는 것이다. 통신 서비스 정책과 규제 업무는 정보통신부 소관 직무(우정사업본부 제외)의 약 75%에 해당[12)]하는 것으로 현재 방송통신위원회 관할 직무 중에서도 큰 비중을 차지한다.

다음 기관 위상에서 방송통신위원회는 대통령 직속기관의 지위를 갖고 있다. 3부의 어디에도 속하지 않는 국가기관이었던 방송위원회에 대한 법리적인 비판 의견에 따른 것으로서 행정수반인 대통령의 직속기관으로 하되, 독립성을 보장하는 형태를 택한 것이다. 이와 연계해 사무처 직원들이 모두 국가공무원의 신분을 갖게 되었다. 이에 따라 방송위원회에서 이관된 150여 명의 신분이 국가공무원으로 전환되었다.

이 밖에 위원 구성에서 방송위원회의 경우 위원장을 위원들이 호선(互先)하는 절차를 거쳐 대통령이 임명했으나, 방송통신위원회 위원장은 대통령이 지명하는 것으로 바뀌었다. 방송위원회의 경우 부위원장과 상임위원도 위원들 간에 호선토록 되어 있었지만 방송통신위원회의 경우에는 모두가 상임위원이므로 해당 규정이 없다. 위원장을 대통령이 지명토록 한 규

12) 행정안전부의 방송통신위원회 직제 구성(인원 배정) 작성 시 분석자료에 따른 것임.

성에 따라 국회의 견제를 위해 위원장 후보자의 경우에는 국회 인사청문회를 거치도록 규정했다.

방송통신위원회는 방송위원회에 비해 일부 '독임제적 요소'를 갖고 있다는 것이 큰 차이점이다. 즉, 기관 위상을 대통령 직속기관으로 규정해 대통령의 지휘 범위 안에 둔 것과 아울러 위원장을 호선에 의해 선출했던 방송위원회에 비해 대통령이 직접 임명하도록 하는 대신 국회 인사청문회를 거치도록 한 점이 그것이다. 이것은 과거 방송위원회가 강력한 업무독립성 보장을 위해 아무 소속도 갖지 않았던 데 대한 비판[13]에 따른 것으로 해석된다.

표 2-1 방송위원회와 방송통신위원회 비교

항목	방송위원회	방송통신위원회
소관 직무	방송정책 · 행정	방송정책, 행정+통신 서비스 정책, 행정
기관 위상	무소속 독립기관	대통령 직속기관
위원 수	9인(5인 상임, 4인 비상임)	5인(전원 상임)
위원장	위원 간 호선→대통령 임명 (정무직 장관급)	대통령 임명 (국회 인사청문회, 정무직 장관급)
부위원장	위원 간 호선(정무직 차관급)	위원 간 호선(정무직 차관급)
상임위원	위원 간 호선(정무직 차관급)	전원 상임위원(정무직 차관급)
사무처 직원	민간인	국가공무원

출처: 김정태(2010: 198).

제 2 절 미국 연방통신위원회(FCC) 설립 과정

미국 연방통신위원회(FCC)가 설립된 것은 1934년이다. 미국 연방통신위원회가 설립되기 이전에 방송 및 통신 분야에 대한 정책과 규제 관할 현황

13) 국정브리핑 2006년 12월 6일자 "방송통신 융합 위한 첫발을 내디디며"(임종순 방송통신융합추진지원단 부단장) 기사 참조.

은 다음과 같다.

1 1934년 이전의 역사

1) 방송 분야 법제 및 주무기관

방송 분야에 대한 정부 규제는 1920년대 라디오 방송이 등장하면서 시작되었다. 1912년에 제정된 「주파수법(Radio Act)」에서는 방송(라디오 방송)에 대한 구체적인 개념이 없이 주파수를 이용한 서비스에 대한 초보적 정부 규제를 담고 있었으나 이를 개정한 「1927년 주파수법(Radio Act of 1927)」에서는 라디오 방송에 대한 정부의 허가 거부 권한과 규제에 대한 조항을 설치했다.

1927년 이전에는 상무부(Department of Commerce)[14)]가 방송정책과 규제를 담당했는데 이 당시 법에 따르면 상무부 장관은 라디오 방송 개설 신청이 오는 경우 이를 거부할 권한이 없었고, 이에 따라 별다른 제한 없이 라디오 방송이 우후죽순처럼 허가되었다. 이후 라디오 방송 또는 주파수를 이용한 유사 서비스가 폭발적으로 증가해 사업자 간 혼선(interference)으로 인한 잡음(noise)이 나타나기 시작했고, 경쟁적으로 출력을 높이는 등 업계 상황이 매우 혼란해졌기 때문에 이에 대한 개선이 강하게 요구되었다.

이러한 혼돈 상태를 해결하기 위해 1927년 「주파수법(Radio Act)」을 개정했고 상무부가 담당해 오던 방송 분야 허가 및 규제 업무를 연방라디오위원회(Federal Radio Commission: FRC)에 이관했다. 상무부에도 주파수에 관한 기술적 문제를 담당하는 실무부서(Radio Division)[15)]가 유지되었

14) 주파수법(Radio Act)이 제정된 1912년 당시에는 Department of Commerce and Labor였으나 이는 이듬해인 1913년 Department of Commerce와 Department of Labor로 분리된다. 따라서 당시 주무기관은 Department of Commerce라고 해도 크게 무리가 없다.
15) Federal Radio Commission 설립 이후에도 일부 기술 업무가 상무성에 남았던 것이 오늘날의 미국 연방통신위원회(FCC)와 주파수 관련 일부 업무를 담당하는 상무성 산하의 미국 연방통신정보관리청(NTIA) 체제로 이어진다.

다. 연방라디오위원회는 이진의 과오를 되풀이하지 않기 위해 라디오 방송을 허가하지 않을 수도 있는 권한을 부여받았으며, 라디오 방송을 위한 주파수 대역과 출력을 제한하는 권한도 가지고 있었다. 이 당시 정립되었던 방송정책, 규제 체계는 현재까지도 영향을 끼치고 있다. 예를 들면 당시 법에서도 개별 라디오 방송국은 허가 대상이지만 이들을 체인으로 연결해 네트워크를 구축하는 경우 이 네트워크사(networks: 우리 식으로 말하면 방송국)가 연방라디오위원회(FRC)의 허가 대상인지를 명확히 규정하지 않았는데, 이는 현재 미국 연방통신위원회(FCC)가 NBC, CBS 등 네트워크사를 직접적인 허가 대상으로 하고 있지 않는 것과 연결된다. 허가 문제는 그렇지만 네트워크 방송사의 활동에 대한 미국 연방통신위원회의 규제행위 자체가 법률 위반은 아니라는 판결은 이후에 있었다. 정치문제에 대한 공평성의 원칙(equal time rule)16)도 이때 탄생했는데, 이 규정을 위반하는 경우 연방라디오위원회는 허가권을 취소할 수 있었다.

연방라디오위원회(FRC)는 당시 쿨리지(Calvin Coolidge) 대통령이 임명하는 다섯 명의 위원으로 구성되었는데, 흥미로운 것은 미국 전역을 다섯 개 구역(zone)으로 나누고 이를 담당하는 위원을 1인씩 임명했다. 다섯 개 구역은 인구 수에 관계 없이 동일한 주파수 대역을 할당하고 허가 사업자 수, 운용 시간, 출력 등을 동일17)하게 제한했다. 인구가 많은 지역이라고 해서 더 많은 사업자를 허가하지 않았다.

연방라디오위원회가 활동하던 당시에는 라디오 방송이 주된 규제 대상이었지만, 1928년 수도 워싱턴에 찰스 젠킨스(Charles Jenkins) 연구소18)가 신청한 미국 최초의 텔레비전 방송을 허가하는 등 오늘날 방송 분야의

---

16) 「Radio Act of 1927」 제18조. 「TITLE 47, CHAPTER 5, SUBCHAPTER III, Part I」 제315조. Candidates of public office 참조. 어떤 정치 후보자에게 1분의 시간을 주었다면 다른 후보자에게도 동일한 시간을 주어야 한다는 선거방송상의 중요한 원칙. 다만, 해당 프로그램이 다큐멘터리 일부분인 경우 등에는 예외가 주어진다.

17) 이를 Davis Amendment라고 부른다. 법안을 제안한 당시 테네시 주 미국 하원의원 데이비스(Ewin Davis)의 이름을 딴 것이다.

18) 젠킨스(Charles Jenkins)가 설립한 회사. 그의 텔레비전 방송사는 1928년 허가를 받아 1934년까지 운영하다 그의 사망과 함께 폐업했다.

틀을 잡았다[19]고 볼 수 있다. 미국에서 1930년대는 라디오 방송이 크게 부흥하던 시기였다. 뒤에 미국 대통령이 된 레이건(Ronald Reagan)도 대학을 졸업한 후 시카고의 라디오방송사에 취직하기 위해 많은 노력을 기울였으며, 라디오의 스포츠 캐스터로 성공하기 시작하면서 훗날 대통령 당선까지 이르렀다.[20]

연방라디오위원회는 1934년 「커뮤니케이션법(Communications Act of 1934)」의 제정으로 폐지되고 미국 연방통신위원회로 기능이 이관되었다. 미국 연방통신위원회가 신설됨에 따라 결과적으로 연방라디오위원회의 존속 기간은 6년에 그쳤는데, 이는 미국 역사상 가장 짧은 기록에 속한다.

2) 통신 분야 법제 및 주무기관

통신 분야의 정부 규제에서 초기 역사를 담당한 기관은 상무위원회(Interstate Commerce Commission: ICC)였다. 상무위원회는 1887년 「Interstate Commerce Act of 1887」에 의거 설립된 독립규제위원회였다. 상무위원회는 미국의 제4부(Fourth Branch)라 불리는 최초의 독립규제위원회로 알려져 있다. 설립 당시의 핵심 통신 수단인 철도(화물차)업계의 공정한 가격과 차별적인 행위 방지에 주된 역할을 수행했고, 버스 회사와 전화 회사에 대한 감독 업무도 수행했다.

상무위원회(ICC)와 관련해 관심을 끄는 것은 주정부가 담당하는 업무를 연방정부기관인 상무위원회로 이관되는 과정인데, 직접 이 문제와 관련이 되었던 것은 철도 안전 업무에 관한 것이었나. 연방정부기관인 상무위원회의 업무 관할에 대한 분쟁이 계속되자 미국 의회는 1893년 「Railroad Safety Appliance Act」를 제정해 상무위원회의 관할로 인정했다. 또한

---

19) 방송국 개설을 위해 허가권을 부여하는 것이 표현의 자유를 규정한 미국 헌법 수정 제1조(First Amendment of the United States Constitution)를 위반한 것이라는 비판이 당시부터 있었다. 방송국을 통해 자신의 생각을 전달하는 것이 표현의 자유의 일부분인데, 연방정부가 이를 허가하지 않거나 취소할 수 있다는 논리는 헌법상의 표현의 자유에 어긋난다는 취지다.

20) Reagan, Ronald(1990), *An American Life*, Pocket Books. p. 59 참조.

1910년 제정된 「맨-엘킨스법(Mann-Elkins Act)」은 전화(Telcphone), 전신(Telegraph) 및 무선통신(Wireless) 분야의 규제 관할을 상무위원회에 부여했다.

초기 통신(telecommunications)에 대한 정부의 규제가 철도 등과 같이 묶인 것은 '통신사업자(common carriers)'[21] 개념에서 유래한다. 즉, 물품이나 사람을 이동시켜 주고 돈을 받은 사람이나 회사는 정부에서 허가하거나 운영권을 주어 안전을 보장할 필요성이 인정되었던 것이다. 산업화 초기 이와 같은 통신사업자 개념이 철도, 버스, 트럭 등에 적용되었으며, 통신의 경우는 사람이나 물품을 이동시키는 것은 아니지만 메시지를 이동시키는 것이 같은 개념으로 인식된 것으로 해석할 수 있다.

미국 연방정부기관 역사상 더욱 중요한 전통은 상무위원회(ICC)의 기본 시스템에서 출발했다. 상무위원회 위원은 5인으로 구성되었고 대통령이 상원의 동의(consent)를 얻어 임명했다. 다수의 인원이 관련 업계와의 관계를 끊고 전업으로 정부정책·규제를 담당하는 체제(합의제 기구)는 상무위원회를 통해 처음 나타난 것으로서 이후 1914년 공정거래위원회(Federal Trade Commission: FTC), 1934년 미국 연방통신위원회(FCC), 1934년 U.S. Securities and Exchange Commission 등의 설립과 위상에서 모델이 되었다.

상무위원회는 1934년 설립된 미국 연방통신위원회(FCC)에 통신정책 권한을 이관했지만, 이를 제외한 다른 업무를 계속 수행하다가 1995년 폐지[22]되면서 주요 업무가 미국 교통성(Department of Transportation) 산하의 독립기관인 Surface Transportation Board로 이관되었다.

21) 영국법제(common-law) 국가에서는 'common carriers', 독일법제(civil-law) 국가에서는 'public carriers' 개념으로 대칭된다. 우리나라에서는 독일법제에 가깝지만 'common'이라는 용어가 널리 퍼져 있으며, 「전기통신사업법」상의 기간통신사업자를 'common carriers'나 'common business'로 번역해 사용하기도 한다. www.kcc.go.kr 법령정보센터 전기통신사업법 영문 및 영문용어집 참조.

22) Public Law 104-88, 「ICC Termination Act of 1995 TITLE I--ABOLITION OF INTERSTATE COMMERCE COMMISSION」 제101조 참조.

2 미국 연방통신위원회(FCC)의 설립

미국 연방통신위원회는 루스벨트(Franklin D. Roosevelt) 대통령 재임 시절인 「1934년 커뮤니케이션법(Communications Act of 1934)」 제정에 따라 독립규제위원회로 설립되었다. 동법 제1조에 미국 연방통신위원회 설립을 규정하고 있는데, 그 목적은 모든 미국민에게 신속하고 효율적인 주파수 이용을 가능하게 하기 위해 미국 국내(interstate) 및 해외 간 유선(wire) 및 무선(radio) 통신사업을 규제하기 위해서라고 규정[23]하고 있다. 루스벨트 대통령은 1933년 3월 취임해 4선을 거쳐 1945년까지 재임했다.

루스벨트 대통령은 1933년 로퍼(Daniel C. Roper) 상무성 장관으로 하여금 방송 및 통신 분야의 제도개선안을 마련하기 위한 부처 간 협의회를 만들어 운영토록 지시했고, 이 위원회는 대통령에게 "의회의 입법에 따라 규제 대상이 되는 모든 방송통신 서비스는 하나의 기관(a single body)이 담당해야 한다"는 건의를 한 것이 미국 연방통신위원회(FCC)의 출범으로 이어졌다. 방송과 통신이 주파수라는 동일한 공공자원을 사용하고 주정부가 아닌 연방정부와 연방의회의 소관이라는 공통점에 입각해 단일 방송통신 주무기관에 대한 제안이 이뤄진 것으로 해석된다. 루스벨트 대통령은 이 건의를 받아들여 의회에 조속한 법안 제정을 요청했으며 이듬해인 1934년 6월 법안이 의회를 통과했다. 루스벨트 대통령은 커뮤니케이션 기술(communications technology)은 주 단위를 넘어서는 것으로서 연방정부의 단일 규제 체계가 적용되어야 한다는 입장을 가지고 있었다.

이에 따라 미국 연방통신위원회(FCC)는 상무위원회(ICC)가 담당해 오던 'common carriers' 즉, 전화(telephone), 전신(telegraph) 및 무선통신(wireless) 분야의 소관 업무와 연방라디오위원회(FRC)의 '방송' 분야 소관 업무를 이관받아 설립되었다. 결국 방송통신 융합이 이때 이뤄진 것이다.

23) 「Communications Act of 1934, Title I--General Provisions」 제1조 참조.

제 3 절 캐나다 방송통신위원회(CRTC) 설립 과정

캐나다 방송통신위원회(CRTC)가 방송과 통신을 함께 관할하는 방송통신 융합기구로 자리를 잡은 것은 1976년이다. 캐나다의 방송통신 분야 제도 개편 현황은 다음과 같다.

1 방송 분야 법제 및 주무기관

1) 1900년대 초기 현황

초기 방송 분야를 관할하는 법제는 무선전신(wireless telegraph) 규제를 위해 제정된 「Telegraph Act of 1905」였다. 1918년 '해양부(Department of Naval Service)'는 이 법에 기초해 몬트리얼 지역에 최초의 라디오방송국(Marconi Wireless Telegraph Company of Canada사의 XWA방송국)을 허가했다.

(1) 왕립 에어드 위원회

1928년 캐나다 매킨지(William Lyon Mackenzie King) 수상은 정부의 방송정책과 규제 시스템 마련을 위해 에어드 위원회를 설치했다. 왕립 에어드 위원회(Royal Commission on Broadcasting, 위원장 John Aird의 이름을 따서 Aird Commission이라고 부름)는 1928년 9페이지짜리 보고서(Report of the Royal Commission on Radio Broadcasting)를 의회에 제출했는데, 이 보고서에서 캐나다 전국을 대상으로 하는 방송사 설립[24]과 이를 규제하는 독립된 연방정부기관 설립안을 건의했다.

---

24) 에어드 위원회는 이러한 방송사의 재원으로 연간 3달러의 수신료(license fee)를 도입할 것을 건의했는데, 보고서 제출 후 6주 만에 세계 경제공황으로 경제가 몰락해 수신료 부과안이 자취를 감췄다(Ingrassia, 2000 참조).

자유당(Liberals)의 매킨지 수상이 1930년 선거에서 패배한 뒤 새로 집권한 보수당(Conservatives)의 베넷(R. B. Bennet) 수상은 1932년 에어드 위원회의 정책 건의에 의거해 방송에 관한 규제를 담은 「캐나다방송법(Canadian Radio Broadcasting Act)」을 제정하고, 방송사 및 방송 규제를 담당하는 새로운 기관 캐나다방송위원회(Canadian Radio Broadcasting Commission: CRBC)를 설립했다. 캐나다방송위원회는 모든 방송사 허가 및 채널 번호, 출력을 규제했고, 프로그램 편성(캐나다 국내 프로그램, 지역 프로그램) 의무를 부과했다. 아울러 캐나다 전역을 대상으로 방송사를 직접[25] 운영했다. 베넷 수상이 전임 매킨지 수상 시절에 마련한 보고서를 일부 채택해 공영방송을 도입한 데에는 두 명의 젊은이(Graham Spry 30세, Alan Plaunt 26세)가 전국민에게 방송 서비스를 제공한 공영방송의 필요성을 역설하며 당시 유력 인사들을 대상으로 적극적인 설득운동을 한 것이 주효했다. 그만큼 방송(당시에는 라디오 방송)에 대한 사람들의 인식이 커져 있었다고 할 수 있다.

1936년에는 「캐나다방송법」을 개정해 캐나다방송위원회(CRBC) 체제를 개편해 공영[26] CBC(Canadian Broadcasting Corporation)를 설립했다. CRBC 체제가 개편되는 데에는 정치적인 변화가 배경에 있었다. 1935년 연방선거를 앞두고 CRBC 라디오 방송에서 야당인 자유당에 크게 불리한 방송 프로그램을 내보내 정치적 반발을 불러일으켰으나 선거 결과는 자유당의 승리로 다시 매킨지 수상이 집권하게 된 것이다. 이에 따라 CRBC의 개편은 명약관화한 것으로 인식되었다. 매킨시 수상은 집권 이후 공영방송 체제에 대한 열렬한 지지자인 플라운트(Allan Plaunt)의 의견을 존중해 CRBC를 공영방송 체제인 CBC로 개편했다. CBC는 프로그램 제작, 편성, 송출을 담당했을 뿐만 아니라 민영방송에 대한 규제 업무까지 모두 관할했다.

---

25) 우리나라의 해방 이후 국영으로 운영된 KBS와 비슷한 형태로 이해할 수 있다.

26) 캐나다의 경우 CBC와 같은 공영방송사를 'Crown Corporation'으로 부른다. 이것은 캐나다 연방정부나 주정부가 소유하는 기업을 말하며, 우리나라의 공기업에 해당하는 것으로 이해할 수 있다.

(2) 왕립 파울러 위원회

1955년 캐나다 정부는 다시 방송제도 개선을 위한 연구 검토를 위해 왕립위원회를 설치했다. 왕립 파울러 위원회(Royal Commission on Broadcasting, 위원장 Robert Fowler 이름을 따서 Fowler Commission이라고 부름)는 2년 뒤인 1957년 CBC의 정부 규제 기능을 분리해 독립된 위원회 설치가 필요하다는 의견을 제시했다. 아울러 외국인은 캐나다 방송사업자의 지분을 20% 이상 갖지 못하게 하는 외국인 소유규제안을 처음 제안하기도 했다.

파울러 위원회의 건의를 바탕으로 1958년 CBC의 정부 규제 기능을 떼어내어 신설된 방송이사회(Board of Broadcast Governors: BBG)에 이관했다. 방송이사회(BBG)는 공영 CBC는 물론 민영방송에 대한 규제 업무도 함께 담당했다.

2 통신 분야 법제 및 주무기관

1900년대 캐나다 통신 분야 정부정책의 목적은 광대한 영토에 흩어져 사는 캐나다 국민에게 효율적인 서비스를 제공하는 것이었다. 이에 따라 넓은 영토를 연결하는 철도와 같은 영역에 묶인 것은 필연적이었다고 볼 수 있다. 철도는 초기 캐나다의 국가 정체성을 지키기 위한 가장 중요한 정책 영역이었다.

이와 같은 논리에 따라 통신(telecommunications) 분야 규제는 「1906년 철도법(Railway Act of 1906)」에 의거해 이뤄졌고, 담당기관은 '철도위원회(Board of Railway Commissioners)'였다. 이 위원회는 통신요금을 승인하는 권한과 함께 중요 지역과 도로에는 반드시 통신 시스템을 연결해 통신 서비스를 의무적으로 제공토록 하는 역할을 담당했다.

1936년에는 해양부(Department of Naval Service)의 철도 및 운하 업무와 국방부의 민간상업용 항공 규제 업무를 담당하는 교통부(Department of Transport)를 설립했다. 교통부는 통신정책과 규제 업무 및 주파수 할당 업무도 새롭게 관할하게 되었더. 당시 교통부 장관 하우(C. D. Howe)는 매킨지 수상이 의욕적으로 추진하고 있었던 공영방송 및 방송 규제 제도 개편에 개입하여 공영방송은 제외하되 민영방송에 대한 정책과 규제 업무를 교통부 관할로 두고자 노력했다. 매킨지 수상의 반대로 모든 방송 규제를 관할하고자 했던 그의 의도는 수포로 돌아갔다. 그러나 매킨지 수상은 하우 장관의 주장을 일부 받아들여 주파수 관리 업무(allocation of wave lengths)를 교통부 관할로 넘겨주어 원만한 합의를 추진했다. 이러한 결정에 따라 오늘날까지 주파수 관리 업무만은 산업부(Industry Canada)에 남아 있는 결과로 이어졌다.

「1906년 철도법」은 1993년에 통신 관련 법규를 체계적으로 정비한 「1993 텔레커뮤니케이션법(Telecommunications Act of 1993)」의 제정으로 대체된다. 그리고 통신 분야 업무 중 주파수 관리 업무를 담당하는 산업부가 설립된 것도 1993년도다. 산업부는 현재까지 캐나다 방송통신위원회(CRTC)와 업무상 긴밀한 관계를 맺고 있다.

3 캐나다 방송통신위원회(CRTC) 설립

1968년에는 「방송법(Broadcasting Act)」을 제정해 CBC를 공영방송으로 방송법제에 포함시키고, 새로운 방송 규제기구로서 캐나다 방송위원회(Canadian Radio-television Commission: CRTC)를 설립했다. 이때의 영문 약어 'CRTC'는 지금의 CRTC와 동일하지만 통신 분야(telecommunications)가 빠진 상태였다. 1976년 통신 분야를 추가해 새로운 연방정구기관 설치법인 「Canadian Radio-television and Telecommunications Commission Act」를 제정해 비로소 캐나다 방송통신위원회(CRTC)가 탄생하게 된다.

캐나다 방송통신위원회는 내각책임제 국가의 기관인 만큼 독립기관 성격을 갖고 있지만 내각(Cabinet)과 내각을 구성하는 부처 중 캐나디언 헤리티지(Canadian Heritage), 산업부와 각각 방송법과 통신법의 집행에서 밀접한 관련을 맺고 있다. 특히 산업부는 주파수 관리 업무를 맡고 있어 업무상 관련성은 더 큰 편이다. 이들 부처와의 관계는 정부기관과의 관계 항목에서 살펴보게 된다.

제 4 절 3개국 방송통신 융합기구 설립 과정 비교 분석

3개국의 방송통신 융합기구 설립 과정에서 공통적으로 나타나는 것은 오랜 기간 치열한 논쟁이 지속되었다는 점이다. 아울러 그러한 논쟁의 결과가 부드럽게 수용되는 경우도 있고, 여전히 갈등 요소로 남는 경우도 관찰되고 있음을 함께 볼 수 있다. 이와 같은 치열한 논쟁이 존재하는 것은 '방송'이 갖는 공공재적 성격에 대한 사회구성원들 및 정치권의 공통된 인식이 있음을 알 수 있다.

우리나라의 경우를 보면 방송통신 융합기구의 설립과 그에 부수되는 법제의 정비를 위해 공식적으로 1995년부터 국회, 정부, 학계를 망라한 논의가 시작되었다. 그 동안 정부 쪽에서는 공보처가 폐지되고, 방송위원회가 설립되었다가 폐지되고, 정보통신부가 폐지되는 등 쉽지 않은 과정이 반복되었을 뿐만 아니라 방송계에서는 무수한 파업이 벌어지기도 했다. 국회나 정부가 주도한 공식적인 논의체만 따져도 제도개선특별위원회, 방송개혁위원회, 방송통신융합추진위원회 등이 있고 국회의원들로만 구성된 국회 방송통신특별위원회까지 운영된 사례만 보아도 그동안 축적된 논의 과정의 치열함이 잘 나타난다. 그 과정에서는 우리나라 현대사의 변화를 이끈 가장 중요한 대통령인 김영삼 대통령, 김대중 대통령, 노무현 대통령, 이명박 대통령 등이 연이어 관계되어 있다는 점도 주목할 필요가 있다.

미국과 캐나다의 경우도 그 치열함과 오랜 세월 쌓여 온 논의의 전통을 보면 오늘날의 체제가 예사롭지 않다. 우리나라보다 짧게는 수십 년, 길게는 1세기 가까이 앞서 진행된 논쟁의 과정은 근래 들어 우리나라에서 나타난 방송통신 제도 개선과 관련해 나타난 갈등과 견줘도 결코 가볍지 않다.

독립규제위원회의 지위를 갖고 있는 미국 연방통신위원회(FCC)의 체제에 모델이 된 ICC가 설립된 것이 1887년이고 이후 1934년 미국 연방통신위원회(FCC)가 설립되기까지 1900년대 초반 이미 방송통신 규제 체계 전반에 대한 심도 있는 논의가 진행되었다. 방송에 대해 규제가 없었거나 최소한의 규제만 하던 시기를 지나 1927년 허가권을 강화하는 과정을 보면 오늘날 방송정책과 규제가 왜 필요한지 기초적인 물음에 대한 답변을 주고 있다. 우리나라의 주요 대통령이 이 제도 개선에 관계되어 있듯이 미국 연방통신위원회 설립을 주도한 대통령은 미국 현대사에 가장 중요한 루스벨트 대통령이었다. 이러한 논의 과정을 거쳤기에 1934년 이후 현재까지 미국 연방통신위원회의 역사가 유구하게 이어지고 있는 것으로 평가된다. 모든 국가가 각자의 특성이 있고 미국 체제만이 옳다는 논리는 어디에도 없지만 방송통신 분야의 제도가 별다른 갈등 없이 오랜 기간 지속되고 있음은 분명한 장점이며, 미국 연방통신위원회가 미국 내에서뿐만 아니라 전 세계적으로도 명성을 쌓아온 배경이 되었다는 것은 모범이 되는 것이다. 실제로 미국 연방통신위원회는 주파수 등과 관련한 전 세계 논의체에서 중요한 역할을 수행한다.

캐나다의 역사에서도 두 번의 왕립위원회를 비롯해 1976년 현재의 체제에 이르기까지 무수한 논의의 과정이 있었다. 역시 캐나다 역사상 가장 위대한 수상으로 일컬어지는 매킨지 수상이 중요한 역할을 해왔다는 점도 한국, 미국과 비슷한 양상이다. 왕립위원회의 정책 건의가 수상과 의회에 의해 입법화되는 과정을 보면 논쟁을 치열하게 전개하지만 합의된 사항에 대해서는 큰 갈등 없이 입법화되는 것을 볼 수 있다. 특히 1930년대 공영방송과 방송 규제기구에 대한 논의가 함께 겹치면서 정치권의 갈등이 제도 개선에 영향을 미치는 과정은 우리나라에서 벌어진 방송제도에 관한 정치적 갈등을 연상하게 한다.

캐나다의 경우 한국, 미국과 달리 방송통신 융합기구가 주파수 관련 업무를 갖지 않고 미완성의 융합으로 보이는 것도 사실이지만, 그것이 오래전 정치사회적인 합의에 의해 이뤄졌다는 사실을 보면 캐나다 방송통신위원회(CRTC) 입장에서 여전히 아쉬운 부분이기는 하지만 쉽게 비판할 사항이 아니라는 느낌을 갖게 한다.

우리나라는 가장 늦은 2008년 방송통신 융합기구 체제가 정립되었지만 변화를 주장하는 의견이 여전히 가장 활발하다. 미국과 캐나다는 수십 년 전 현재의 체제가 정립되어 상대적으로 안정된 체제를 유지하고 있지만, 변화하는 환경에 대응하기 위한 노력을 끊임없이 추진하고 있다. 현실에 안주하지 않기 위해 변화가 불가피하다는 인식은 공통된 것이다.

다만 세 나라가 겪어 온 방송통신 융합기구의 설립과 관련한 논의의 역사와 과정을 보면 앞으로 새로운 제도 개편도 이와 유사하거나 더 오랜 논의 과정과 사회적 합의가 필요하다는 인식을 공유할 필요가 있다.

제 3 장 3개국 업계 현황과 방송통신 주무기관의 주요 활동

제 1 절 인구 등 일반 현황

한국과 캐나다의 경우 국토 면적으로 보면 비교하기 어려울 정도이지만, 인구 수로 보면 비교 가능한 유사성을 띠고 있는 것으로 평가된다. 연방정부와 중앙정부의 규모나 경제 규모 등이 유사한 측면이 있다. 이에 비해 미국은 두 나라에 비해 많은 인구에 넓은 국토 면적을 갖추고 있어 규모 측면에서는 비교하는 것이 크게 의미는 없는 것으로 보인다. 제도적 측면에서 비교하는 데에서 의의를 찾을 수 있을 것이다.

1인당 GNP 수준은 미국이 가장 많은 4만 5천 달러를 보이고 있으며, 캐나다는 3만 7천 달러, 우리나라는 2만 7천 달러 정도로 나타나고 있다. 실제 체감 물가나 구매력을 볼 때 우리나라는 거의 캐나다 수준에 근접하고 있다는 평가도 가능하다.

전체적인 정보화 수준을 가늠할 수 있는 인구 100명당 브로드밴드 인터넷 가입자 수를 보면 우리나라가 OECD 회원국 중 6위, 캐나다가 10위, 미국이 15위를 나타내고 있다.

인구 및 관련 통계상의 차이점은 <표 3-1>과 같다.

표 3-1 3개국 일반 현황 비교

구분	한국	미국	캐나다
인구(2011)*	50,516,000명	309,050,800명	34,109,000명
1인당 GNP(2009)	27,254달러	45,567달러	37,277달러
인구 100명당 브로드밴드 인터넷 가입자 수 (2009)	33.54명 (6위)	25.80명 (15위)	30.50명 (10위)

* OECD의 통계에서 예측된 2040년대 인구는 캐나다가 41,367,000명, 우리나라가 44,260,000명으로 근접한다. 우리나라는 현재의 출산율 추세대로라면 계속 줄어들며 캐나다는 계속 늘어나는 것으로 예측된다.

출처: OECD, OECD Factbook 2011. 및 관련 통계자료(www.oecd.org) 참조.

제 2 절 방송통신 분야 업계 현황

1 우리나라

1) 우리나라 방송 분야 현황

우리나라 방송시장은 지상파 방송사가 주도하는 가운데, 케이블과 위성방송이 유료방송으로서 자리를 잡고 있다. 지상파 방송사는 공영방송과 민영방송으로 구분되는데, 공영방송은 한국방송공사(KBS), 문화방송(MBC), 한국교육방송공사(EBS)가 해당된다. 민영방송은 SBS를 비롯해 지역 민영방송사가 해당된다. 민영방송은 1991년 SBS의 허가로부터 새로운 역사가 시작되었다. 서울경기 지역민방인 SBS는 이후에 허가된 지역민방과의 방송 프로그램 제휴 관계를 맺어 전국 채널 체제를 갖추고 있다.

지상파 방송의 경우 공영과 민영에 관계 없이 공공매체라는 것이 일반인의 인식이고, 법률과 정부행정상의 인식이기도 하다. 이에 따라 특별한 제한[1]이나 공적 의무, 특혜가 동시에 주어지고 있다. 방송광고에서 중간광고

1) 지상파 방송에 대한 특별한 제한이 계속 필요한지는 계속되는 논란 대상이다. 문화일보

표 3-2 한국 주요 방송사업별 방송광고 수입 규모 현황 (단위: 백만 원)

구 분	2005	2008
지상파 방송	2,402,103	2,203,901
지상파 DMB	-	4,064
종합유선방송 (케이블TV, SO)	94,116	117,494
일반 위성방송	7,182	9,695
위성DMB	176	4,094
방송채널 사용사업 (PP)	571,030	876,290
계	3,074,657	3,211,473

출처: 방송통신위원회 통계자료.

나 특정 시간에 일시적으로 광고를 늘릴 수 있는 광고총량제 등이 제한되어 있고 방송광고 영업도 직접 영업이 금지되어 있다. 다른 한편 전파법상의 주파수 사용료가 면제되는 특혜도 있다. 방송통신발전기금을 내기는 하지만 이는 주파수 사용료와는 산정 방식이나 액수에서 큰 차이가 난다.

주요 방송사업자별 방송광고 수입 현황은 <표 3-2>와 같다.

지상파 방송은 최근 들어 유료방송의 급성장에 따라 추가적인 성장에 한계를 보이고 있으나 방송업계의 가장 중요한 재원인 방송광고 수입 현황을 보면 여전히 주된 매체로 위상을 굳건히 하고 있음을 볼 수 있다. 지상파 방송 방송광고 수입 전체 중 상당 부분은 공영인 KBS와 서울 MBC, 민영인 SBS가 차지한다. 2008년 기준 KBS의 방송광고 수입은 5천 3백억 원 수준, 서울 MBC는 5천 6백억 원 수준, SBS는 4천 8백억 원 수준을 보이고 있다. 이들 3개 사의 방송광고 수입 비중은 70% 수준에 이른다.

유료방송은 케이블방송으로 대표된다. 케이블방송이 새로운 법률인 「종합유선방송법」(1991.12.31. 법률 제4494호)에 따라 허가되어 개국한 것은 1995년도였다. 당시에는 지상파 방송에서 갓 태어난 민영방송이 자리를 잡아가는 시기와 맞물린다. 이 시기는 이른바 '다매체 다채널'로 본격 진입하

2010년 11월 20일자 "지상파TV, 광고 아닌 공공성 강화할 때" 기사 참조.

는 출발점이 된 것이다. 이후 위성방송(SkyLife)이 허가된 것은 2000년이었다.

이동멀티미디어방송(Digital Multimedia Broadcasting: DMB)은 이동방송을 말하는데 흔히 말하는 '손 안의 TV'를 실현한 뉴미디어다. 위성을 이용한 위성DMB는 2004년 12월 22일 허가되었고, 지상파 방송의 일종인 지상파DMB는 2005년 3월 28일 허가되었다. 두 사업은 독자적인 사업으로서 큰 수익을 내지는 못하고 있지만, 우리나라의 앞선 이동방송 시장을 개척하고 있다.

가장 최근 개국한 종합 편성 채널은 케이블방송과 위성방송에서 송출되고 있는 전문 채널(PP, 방송채널 사용사업자)의 일종으로서 채널의 편성 분야가 특정 전문 분야가 아니고 뉴스 보도, 뉴스 해설 및 논평, 스포츠, 오락 등 모든 분야를 편성할 수 있다는 의미에서 종합 편성 채널이라고 불리는 것이다. 이들 종합 편성 PP는 일간신문사가 대주주인 방송사업자들로서 2009년 방송법 개정[2]에 따른 신규 사업자다. 일간신문사의 주된 분야인 뉴스 취재 보도 능력이 방송 분야에서 어떻게 시너지 효과가 나타나고, 시장에서 성공을 거둘지 관심의 대상이 되고 있다.

2) 우리나라 통신업계 현황

통신 분야는 IT산업의 핵심 분야가 된 것은 세계적으로도 일반적인 추세다. 특히 우리나라의 경우에는 IT 분야에서 선두권을 형성하고 있기 때문에 더욱 역동적으로 성장해 온 분야이기도 하다. 특히 휴대폰 기기 등 통신장비 업계서 세계 3위, 반도체 분야에서는 세계 3위, 디스플레이 분야에서는 세계 1위의 시장점유율을 보이고 있다.

유선통신 분야에서는 한국통신(KT)이 오랫동안 시장을 주도해 왔지만, 무선통신이 도입된 이후로는 3개 사업자(SKT, KT, LGT)가 시장을 나눠

2) 「방송법」 제8조 제3항 참조. 2009년 방송법 개정은 신문과 방송의 교차 소유를 허용해 정치사회적으로 큰 이슈가 되었다. 일반적으로 신문과 방송의 교차 소유 규제는 민주주의의 주된 원리인 '다양성'을 침해할 우려가 있다는 근거에서 규제가 이뤄져 왔다. 디지털 기술의 발전에 따라 규제의 실효성에 대한 찬반 논쟁이 계속되어 왔다.

갖고 있다. 이러한 3개 사업자 체제는 정부의 유효 경쟁정책에 따라 형성된 것으로서 단일 사업자보다는 경쟁을 통한 시장의 성장에 기여한 것으로 평가된다. 최근 들어 무선통신시장에서의 이러한 3개 사업자 체제를 벗어나기 위한 도매 제공 사업자(MVNO)가 제도적으로 허용[3]되었지만 아직 활성화된 단계는 아니다. 이들 3개 사업자의 유무선 전화 가입자 현황은 <표 3-3>과 같다.

표 3-3 한국 유무선 전화 가입자 현황(2011. 9. 현재)

(단위: 명)

구분	유선전화	무선전화
KT	15,829,155	16,391,191
SKT	2,461,103	26,420,872
LGU플러스	465,340	9,305,348
계	18,755,598	52,117,411

출처: 방송통신위원회 통계자료.

무선통신시장에서 시작된 세 회사의 경쟁 체제는 유무선 인터넷 시장에서의 경쟁으로 이어졌으며, 여기에는 가입자망을 가진 케이블 사업자도 뛰어들어 다자간 경쟁 구도가 형성되어 있다. 우리나라의 초고속 인터넷(Broadband Convergence Network: BcN)은 차세대 광대역 인터넷망을 말하는 것으로, 유선 인터넷의 경우에는 50Mbps에서 100Mbps 속도, 무선 인

표 3-4 한국 BcN 가입자 현황(2010. 6. 현재)

(단위: 천 명)

구분	2006년	2007년	2008년	2009년	2010년
총 가입자	5,497	12,638	26,363	37,099	40,681
유선	4,860	7,009	9,619	11,787	12,889
무선	637	5,629	16,744	25,312	27,792

출처: 통신사업자연합회 통계자료.

---

3) 2010년 3월 「전기통신사업법」 개정으로 법적으로 허용되었으며, 2011년 7월 도매 제공 가이드라인이 만들어져 제도적 기반이 마련되어 있는 상태다. 이에 따라 아이즈비전, KCT, 한국정보통신 등이 2011년 7월부터 차례로 가입자 모집을 시작한 상태다.

터넷의 경우에는 1Mbps 이상의 속도를 내는 초고속망을 말하는데, 가입자 현황은 <표 3-4>와 같다.

표 3-5 한국 BcN 기술 방식별 가입자 현황 (2010. 6. 현재) (단위: 명)

	구분	KT	SK브로드밴드	LGU+	기타 (SO 등)	총계
유선 가입자망 (1,289만)	VDSL	1,697,540	88,247		23,913	1,809,700
	HFC		1,105,189	390,812	906,157	2,402,158
	광LAN	2,407,238	1,336,401	1,642,159	339,666	5,725,464
	FTTH	2,065,484	886,107		460	2,952,051
	소계	6,170,262	3,415,944	2,032,971	1,270,196	12,889,373

	구분	KT	SKT		총계
무선 가입자망 (2,779만)	WiBro	331,038	62,256		393,294
	HSDPA	13,448,081	13,950,402		27,398,483
	소계	13,779,119	14,012,658		27,791,777

3) 방송통신 분야 수직 결합 등

(1) 통신사업+방송사업

디지털 시대의 무한경쟁 시대를 맞아 방송통신업계에서도 시너지 효과를 노린 인수 합병과 이에 따른 대형화 또는 수직 결합이 전 세계적으로 늘어나는 것은 사실이다. 우리나라의 경우 지상파 방송이 공영방송 위주의 구조로서 공공성이 특히 강조되는 시장 형태를 갖고 있기 때문에 지상파 방송을 포함한 인수 합병이나 수직 결합은 찾아보기 힘들다.

통신사업자에 의한 방송사업 겸영은 일반 위성방송사업자인 스카이라이프와 인터넷멀티미디어방송(IPTV)이 대표적이다. 스카이라이프는 2000년 허가된 유료 위성방송사업자로서 통신사업자인 KT가 대주주 지위를 갖고 있다. 유료방송 시장에서 일찍 자리를 잡은 케이블과의 경쟁에서 어려움을 겪고 있지만, 최근 들어 고화질 방송(HD)으로 특화하고 통신상품과의 연계 판매를 통해 성장의 돌파구를 마련하고 있는 것을 볼 수 있다. 통신사업과 방송사업 결합의 시너지 효과의 일종이라고 할 수 있다.

스카이라이프에 이어 위성이동멀티미디어방송(위성DMB)도 또 다른 거대 통신사인 SK텔레콤이 대주주로서 방송사업에 진출한 경우다. 2004년 말 허가 절차를 거쳐 2005년 5월 개국했다. 대표적인 통신 서비스인 휴대폰을 이용한 실시간 방송 서비스이기 때문에 통신사가 주도하는 것이 당연했다.

IPTV도 통신사업자의 인터넷망을 이용한 실시간, 주문형 유료 방송사업이기 때문에 출발부터 통신사업자에 의해 주도된 사업이다. IPTV는 주된 성격이 '방송'이냐 '통신'이냐를 놓고 과거 정보통신부와 방송위원회가 치열한 논쟁을 벌였고, 결과적으로 기관 통합을 앞당긴 핵심 이슈 중의 하나였다. 결국 방송법도 통신법도 아닌 제3의 입법(「인터넷멀티미디어방송사업법」)을 통해 도입되는 우여곡절을 겪었다. IPTV는 방송통신위원회가 설립된 뒤인 2008년 9월 24일 KT, SK브로드밴드, LG데이콤 등 3개 사업자가 허가되어 시장에 등장했다.

이와같이 통신사업자에 의한 방송사업 진출이 일반화되어 있는 상태이며, 각 사업은 통신 서비스와의 결합상품 등을 통해 활발한 마케팅을 전개하고 있다. 그러나 통신사업과 방송사업의 결합이 개별 서비스의 등장 당시에 있었던 갈등과는 달리 방송시장 전체에 미친 영향은 그다지 크지 않다. 그러나 정책적인 관점에서는 여전히 방송통신위원회의 주된 정책 과제와 연관되어 있다. 과거 정보통신부와 방송위원회가 갈등을 빚어 도입이 늦어졌다는 점도 그렇고, 유료 방송시장에서의 공정 경쟁과 관련해 이슈가 끊이지 않고 있기 때문이다.

통신사가 경영하는 유료방송사업자의 가입자 현황은 <표 3-6>과 같다.

표 3-6 통신사 소유 유료 방송사업자 가입자 현황(2011. 9. 현재)

구분	가입자 현황
KT 스카이라이프	3,150,000
SKT 위성DMB	1,250,000
IPTV(3사 합계)	4,480,000

출처: 각사 발표 자료 및 한국디지털미디어협회 자료 참조.

(2) 수직 결합

방송통신 분야 수직 결합(vertical integration)은 한 개의 사업자가 직접 또는 자회사를 통해 프로그램(콘텐츠) 제작, 송출, 영업 등 모든 사업 영역을 총괄적으로 경영하는 것을 말한다.

우리나라의 경우 지상파 방송사가 프로그램 제작과 송출을 함께 수행하는 경우, 또는 케이블 SO와 PP 사업자가 함께 경영하는 경우(MSO, MPP), 통신사업자가 IPTV나 위성방송을 경영하는 경우 등이 일종의 수직 결합이라고 할 수 있다. 수직 결합은 디지털 기술 융합 추세에서 사업성을 높이는 일반적인 경영전략으로 인정되고 있다. 그러나 정부정책 입장에서는 여러 가지 경쟁 제한적 행위나 소비자의 선택권 침해 우려가 있기 때문에 합리적인 규제 방안이 과제로 등장한다.

그러나 우리나라의 경우 이러한 수직 결합이 방송통신 분야의 핵심 이슈가 되지는 않고 있다. 그 이유는 방송시장, 특히 콘텐츠 제작 능력에서 막강한 영향력을 갖고 있는 지상파 방송에 대한 거대 통신사의 경영권 인수나 투자가 규제되고 있기 때문이다. 대기업 규제는 우리나라 근간을 이루고 있고, 민영화된 거대 통신사업자도 대기업의 범위에 속하기 때문이다. 이에 따라 거대 통신사의 지상파 방송사업 인수, 합병은 원천적으로 불가능하다.

2 미국

1) 미국 방송업계 현황

미국은 세계 최대의 방송시장이며, 영화와 함께 가장 경쟁력 있는 방송 콘텐츠 생산국이기도 하다. 대체로 정부정책에 의해서보다는 업계의 자체적인 판단에 따라 인터넷 영역으로의 진출 등 새로운 사업 영역 개척이 활발히 진행되고 있으며, 거대 자본이 투입된 방송 콘텐츠 제작[4]에도 열을

4) FOX사의 올해 역작 'Tera Nova'는 20세기 폭스사가 스티븐 스필버그 사단과 손잡고

올리고 있다.

방송 콘텐츠를 비롯한 방송시장은 4개의 네트워크 방송사(ABC, CBS, NBC, FOX)가 주도하고 있으며, 여기에 지역방송국, 메이저 스튜디오, 독립 제작사들이 이들과 제휴하거나 독자적으로 활동하고 있다. 미국의 경우 네트워크 방송사(networks)는 연방정부의 직접적인 허가 대상이 아니기 때문에 규제 범위를 놓고 논쟁이 벌어지기도 했다. 네트워크 방송사와 연결된 개별 방송사들은 허가를 얻어야 한다. 네트워크 방송사들은 미국 통신법과 독점방지법에 따라 인수, 합병 등에서 철저한 규제를 받는 등 사후 규제 중심으로 다뤄질 수 있다.

케이블방송은 컴캐스트(Comcast), 타임워너 케이블사 등을 포함해 미국 전역에서 1,184개의 사업자가 있으며, ITU 통계자료에 의하면 가입자 수는 약 7천만 가구다.

2) 통신업계 현황

미국의 유선 통신시장은 전통적인 전화사업자인 AT&T를 비롯해 Verizon이 주도하고 있다. 휴대전화 가입자는 2009년 말 현재 2억 9천 8백만으로서 전체 인구 대비 94.8%의 보급률을 보이고 있다. 역시 AT&T, Verizon을 비롯한 Sprint Nextel, T-mobile 등 4개 대형 사업자가 전체 시장의 80%를 점유하고 있는 형태를 취하고 있다. 선두 2개 사업자의 가입자 현황은 <표 3-7>과 같다.

표 3-7 미국 유무선 전화 가입자(현황 2009. 12. 현재)

구분	유선전화	무선전화
AT&T	49,300,000	85,000,000
Verizon	32,600,000	91,200,000

출처: 미국 freepress 자료(www.freepress.net/ownership/chart/telecom).

호주에서 촬영한 초대형 TV 프로그램으로서 편당 제작비가 우리나라 돈 40억 원에 이르는 것으로 알려져 있다(2011. 6. 캐나다 Banff World Media Festival, 21세기 폭스사 대표 발표 자료 참조).

인터넷 이용자 수는 2009년 말 현재 2억 4천만 명이며, 초고속 인터넷 가입자는 8천 5백만으로서 27.1%의 보급률을 나타내 전체적인 수준은 우리나라에 비해 떨어진다. 그러나 국가 규모가 크고, IT 분야에서 독보적인 위치를 확보한 기업들이 다수 존재해 가장 앞서가는 나라임은 분명하다.

3) 방송통신 분야 수직 결합 등

(1) 통신사업＋방송사업

통신사업자가 방송사업을 시작하는 추세는 한국과 거의 비슷하다. 우선 IPTV는 2005년부터 서비스를 시작했는데, 주요 통신사인 AT&T, Verizon 등이 사업에 뛰어들었다. 두 사업자의 IPTV 사업 가입자 현황은 <표 3-8>과 같다.

표 3-8 미국 IPTV 가입자 현황(2009. 12. 현재) (단위: 명)

구분	IPTV 가입자
AT&T U-Verse	2,100,000
Verizon Fios	2,800,000

출처: 미국 freepress 자료(www.freepress.net/ownership/chart/telecom).

통신사업자의 방송사업 진출과 관련해 가장 최근에 거대 방송기업 NBC Univeral(NBCU)의 지분 51%를 인수[5]한 컴캐스트(Comcast)사가 가장 눈에 띈다. 컴캐스트는 고속 인터넷사업에 주력해 온 통신사로서 2009년 현재 고속인터넷 가입자 수가 1천 5백만, Voip 가입자가 7백만이다. 컴캐스트와 NBCU의 합병은 미국 연방통신위원회(FCC)와 법무부(Department of Justice: DOJ)가 반독점법(Antitrust) 위반 여부를 놓고 공동 검토 끝에 허용된 초대형 합병이다. 그만큼 큰 정책적 과제를 던져준 사건이기도 하다.

(2) 수직 결합

수직 결합의 정의를 방송통신 분야 수직 결합은 한 개의 사업자가 직접

5) NBCU의 대주주였던 GE(General Electric)는 그래도 여전히 49%의 지분을 갖고 있다.

또는 자회사를 통해 프로그램(콘텐츠) 제작, 송출, 영업 등 모든 사업 영역을 총괄적으로 경영하는 것을 말한다.

미국의 경우 정형화된 수직 결합이 있다기보다는 네트워크 방송사와 대주주가 주도하는 콘텐츠(영화, 방송 등) 중심의 경영이 일반화되어 있다고 할 수 있다. 그리고 이러한 지상파 네트워크사를 중심으로 한 거대 콘텐츠 그룹에 통신사가 주도적인 역할을 한 경우는 거의 없었다. AOL과 타임워너사의 합병은 통신사와 케이블 사업자의 합병으로서 성격이 달랐다. 따라서 최근 나타난 캠캐스트와 지상파 네트워크사 NBCU의 합병은 인터넷 통신사업자가 주도하는 초대형 합병이라는 점에서 콘텐츠 유통의 새로운 국면 전환을 불러올 것으로 예측된다.

미국의 6대 거대 콘텐츠 그룹(GE/Comcast, Walt Disney, NewsCorp., Time Warner, Viacom, CBS)의 지상파 네트워크, 케이블 채널, 영화 제작 사업 현황은 <표 3-9>와 같다.

표 3-9 미국 6대 콘텐츠 그룹 현황

소유주	지상파 네트워크	케이블 채널	영화 제작
GE/Comcast	NBC Networks, Telemundo, Ion Media (지분 소유)	NBC Entertainment, NBC News, NBC Sports, NBC Television, NBC Universal, CNBC, CNBC World (Arabia, India, Asia, Europe), MSNBC, Bravo, SyFy Channel, Telemundo, USA, Oxygen, Weather Plus, Mun2, Sleuth, Chiller, Universal HD, A&E Networks(16%; includes A&E, the History Channel, History en español, the Biography Channel, Military History Channel, Crime &Investigation Network, A&E HD, the History Channel HD, History International), the Weather Channel (지분 소유), SyFy Channel HD	NBC Universal (80% 지분): Universal Pictures, Focus Features, Rogue Pictures

소유주	지상파 네트워크	케이블 채널	영화 제작
Walt Disney	ABC Entertainment, ABC Daytime, ABC News, ESPN on ABC, ABC Television, ABC Kids, and Touchstone Television	ESPN, ESPN2, ESPN Classic, ESPNEWS, ESPN PPV, ESPN Deportes, ESPNU, ESPNHD, ESPN2 HD, ESPNEWSHD and ESPNUHD, Disney Channel HD, Toon Disney, SOAPnet, ABC Family Channel, A&E Television Networks (42% 지분; includes A & E, the History Channel, the Biography Channel, History en español, Military History Channel, Crime & Investigation Network, A&E HD, The History Channel HD), Lifetime Entertainment Services (50% 지분; includes Lifetime Television, Lifetime Movie Network, Lifetime Real Women).	Walt Disney Pictures (includes Walt Disney Feature Animation and DisneyToon Studios), Touchstone Pictures, Miramax Films, Pixar Animation Studios, Hollywood Pictures, Buena Vista International, Buena Vista Home Entertainment, Buena Vista Home Entertainment International, Disney Theatrical Group, Marvel Studios, A & E Indie-Films (42% 지분)
News Corp.	Fox, MyNetworkTV	Fox Business Channel, Fox Movie Channel, Fox News Channel, Fox College Sports, Fox Regional Sports Networks (16 owned and operated), Fox Sports En Espanol, Fox Sports Net, Fox Soccer Channel, Fox Reality, Premier Media Group (Australia 50%), Premium Movie Partnership (Australia 20%), Cine Canal (Latin America 23%), Telecine (Latin America 13%), FUEL TV, FX, FX HD, National Geographic Channel (US 67% and Worldwide 52%), National Geographic Channel HD, SPEED Channel, SPEED HD, Big Ten Network &Big Ten Network HD (49%), Premier Media Group (Australia 50%).	Fox Film Entertainment: 20th Century Fox Film Corporation, Fox 2000 Pictures, 20th Century Fox Espanol, 20th Century Fox Home Entertainment, 20th Century Fox Licensing and Merchandising, 20th Century Fox International, Fox Atomic, Blue Sky Studios, Fox Searchlight Pictures, Fox Music, Fox Studios Australia, Fox Studios Baja (Latin America), Canal Fox (Latin America), Balaji Telefilms(26%, Asia), 20th Century Fox Animation

소유주	지상파 네트워크	케이블 채널	영화 제작
Time Warner	CW Network (50% 지분 CBS와 공유)	Home Box Office, Inc. (HBO, Cinemax, HBO Sports, HBO Pay-Per-View, HBO on Demand, Cinemax Multiplexes, Cinemax on Demand, HBO HD, Cinemax HD, as well as HBO channels around the world), TruTV, TBS, TBS HD, Boomerang, Cartoon Network, Turner Classic Movies, TCM Europe, TCM Asia Pacific, TNT, TNT HD, CNN Airport Network, CNN International, CNN Headline News, CNN en Español, CNN en Español Radio, CNN Pipeline	Subsidiary The Warner Bros. Entertainment Group: Warner Bros. Pictures, New Line Cinema, Castle Rock, Warner Premiere, Picturehouse, Warner Bros. International Cinemas, Warner Independent Pictures, a joint venture with Village Roadshow Pictures, and a joint venture with Alcon Entertainment
Viacom	MTV Tr3s *자사 보유 10개 방송국을 통해 송출	MTV, MTV2, Nickelodeon/Nick-at-Nite, TV Land, VH1, Spike TV, CMT: Country Music Television, Comedy Central, Palladia, MTV U, LOGO, MTV World, MTV Films, Nickelodeon Movies, Paramount Comedy, BET, BET Jazz, BET Gospel, BET Hip Hop, Nick Jr, TeenNick, MTV Tr3s, VH1 Classic, VH1 Soul, VH1 Pure-Country	Paramount Pictures (includes Dreamworks, Paramount Vantage, Paramount Classics, MTV Films, Nickelodeon Movies and Paramount Home Entertainment), Viacom 18 (50%) (India).
CBS	CBS Network, CW Network (50% 지분)	CBS College Sports Network, the Smithsonian Channel, Mountain-West Sports Network (50% 지분), Showtime Networks, Inc. (SNI) owns Showtime, the Movie Channel, Flix, Showtime Too, Showtime Showcase, Showtime Extreme, Showtime Beyond, Showtime Next, Showtime Women, Showtime Familyzone, the Movie Channel Xtra, Showtime HD, Showtime Too HD, Showtime PPV, Showtime on Demand, the Movie Channel HD	

출처: http://www.freepress.net/ownership/chart/main 참조.

3 캐나다

1) 캐나다 방송 분야 현황

캐나다는 CBC가 공영기업 지위를 갖고 공영방송으로서 역할을 수행한다. CBC 외에 민영 네트워크 방송사는 CTV Globemedia가 있다. 이들은 지상파 방송사업을 근간으로 하면서 다수의 유료방송 채널(Specialty Channel, 우리나라의 PP에 해당)을 운영하고 있는 콘텐츠 그룹이라고 할 수 있다.

캐나다의 방송사업 종사자 수는 2010년 12월 현재 47,800명(연관 산업 포함 시 100,000명으로 추산)으로 추산[6]되어 우리나라와 비슷한 규모를 보이고 있다. 캐나다 방송업계 수입 현황은 <표 3-10>과 같다.

표 3-10 캐나다 방송업계 수입 규모(2009. 12. 현재)

(단위: 캐나다 달러, 백만 달러)

구분	수입 규모
민영 지상파 방송	1,971
유료방송(PPV, VOD, Specialty Channel)	3,105
공영 CBC	392
합계	5,467

출처: CRTC, CRTC Communications monitoring report-2010 참조.

2) 캐나다 통신 분야 현황

캐나다의 유선전화, 무선전화, 인터넷 사업 등은 BCE(Bell Canada Enterprises), Rogers, Telus, Shaw, Quebecor, Cogeco 등 6개 기업이 과점 형태로 시장을 나눠 갖고 있다. 유선전화 시장은 BCE가 3백 50만, Telus가

6) 캐나다 무선통신사업자협회(Canadian Wireless Telecommunications Association: CWTA) 통계자료 참조.

2백만이며, 그 뒤로 Rogers, Gogeco, Shaw, Quebecor가 1백만 정도씩 나눠 갖고 있다.

무선전화 시장은 Rogers가 9백만, BCE가 7백20만, Telus가 7백만을 갖고 있어 이들 3사가 시장을 주도하고 있다. Shaw는 유선전화, 인터넷사업과 아울러 방송 송출(Distribution) 사업을 하지만 무선전화 시장에는 진출하지 않고 있다.

캐나다의 무선통신업계 종사자 수는 261,200명, 휴대폰 가입자 수는

Map 5.5.1 Presence of wireless facilities-based service providers

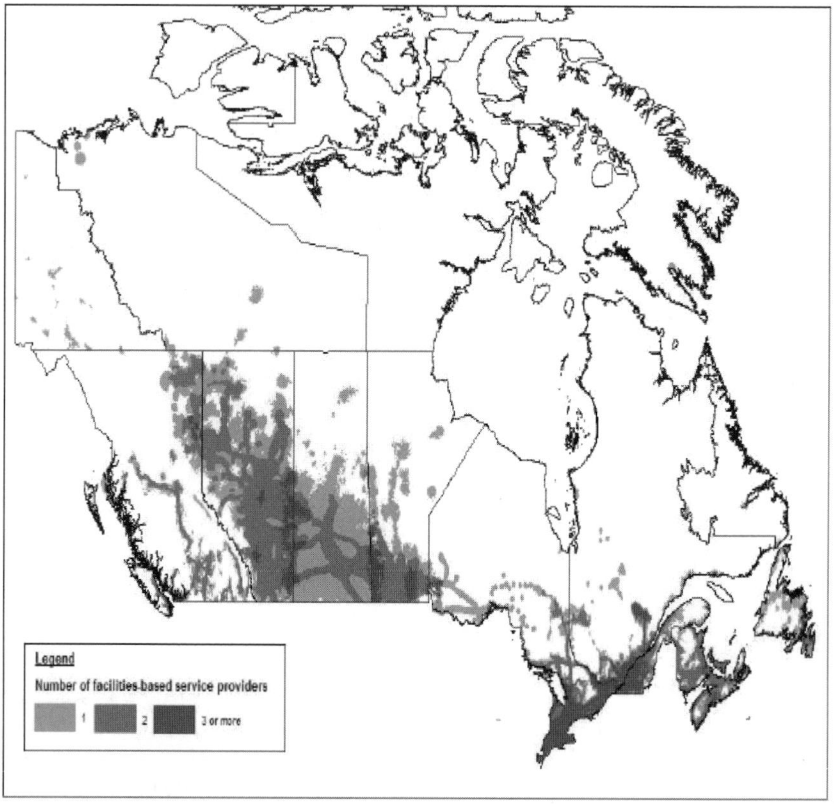

Source: CRTC data collection

그림 3-1 캐나다 무선 기간통신 사업자 수 현황

출처: CRTC(2011), Communications Monitoring Report p.165 참조.

25,000,000명, 게임산업 등 융합 분야 종사자 수는 50,000명, 무선통신 서비스 사용률은 전체 국민 대비 99%를 보인다. 캐나다는 세계 3대 게임 생산국으로서의 지위를 갖고 있는 등 IT산업 전반에 대해 큰 관심을 기울이고 있다.

캐나다는 방대한 국토에 비해 인구가 적은 특성 때문인지 지역에 따라 시장을 주도하는 기업이 조금씩 달라지는 경향을 보여 준다. Shaw는 앨버타 주 등 서부권역, Quebecor는 퀘벡 주 등 동부지역에서 활발한 사업을 하며, 나머지 회사들은 인구가 가장 많은 온타리오 주를 중심으로 사업을 전개하고 있다. 무선 통신사업의 주축이라 할 수 있는 무선 기간통신사업자(facility-based service providers) 현황을 보면 캐나다가 안고 있는 지역별(도시-농촌별) 격차의 정도를 잘 알 수 있다([그림 3-1]).

(3) 방송통신 분야 수직 결합 등

캐나다 방송통신시장의 특징은 통신사업자의 방송사업 진출을 별도로 가려내는 것이 무의미할 정도로 거의 완벽한 수직 결합을 이루고 있다는 점이다. 대기업 규제가 따로 없는 캐나다이기 때문에 CBC를 제외한 어떠한 방송사도 통신사가 인수·합병하는 것에 대한 법률적인 금지 조항은 없기 때문에 10여 년 전부터 디지털 기술 발달에 따른 자연스러운 경영전략으로 인식되어 수직 결합이 진행되어 왔다. 여기에는 캐나다 방송통신위원회(CRTC)의 합병 승인 허용정책도 중요한 역할을 했다. 캐나다 방송통신위원회는 디지털 기술 발전에 따라 하나의 셋톱 박스를 가지고 여러 가지 서비스가 가능해졌다는 점, 인터넷 IP를 기반으로 하는 융합 서비스가 가능해졌다는 점 등에 주목해 시너지 효과를 내기 위한 합병에 대해 긍정적인 정책을 계속 펴왔다.

최근 10년간 CRTC가 합병을 승인한 수직 결합은 2001년 Quebecor의 TVA 방송 합병 승인(CRTC Decision 2001-384), 2007년 Rogers사의 Citytv 방송 합병 승인(CRTC Decision 2007-360), 2010년 Shaw Communications의 Canwest Global 방송 합병 승인(CRTC Decision 2010-782), 2011년 BCE의 CTV 합병 승인(CRTC Decision 2011-163) 등으로 이어진다. 이 중 2011년 승인된 BCE의 CTV 합병(100% 지분 소유)은 최대 통신

사가 캐나다 제2의 지상파 네트워크 방송사 그룹을 인수한 것이기 때문에 큰 관심의 대상이 되었다. 이에 따라 콘텐츠 독점권을 제한하는 캐나다 방송통신위원회의 규제가 생겨났다.

통신사업과 방송사업의 수직 결합에 따라 통신사들이 방송 프로그램 및 유료 방송의 전문 채널(Specialty Channel)의 송출사업을 수행하는 데 우리나라로 비교하면 케이블사업(SO)과 위성방송사업자 역할을 하는 것이다. 이를 BDU(Broadcasting Distributions Undertakings)사업으로 부르는데, 이에 따라 수직 결합에 소속된 채널만 편성해 송출할 위험이 있기 때문에 방송의 다양성 보장 방안이 중요 정책 과제가 된다. 우리나라가 MSO와 MSP의 부당한 행위를 규제하는 것과 유사한 것이다. 캐나다의 주요 BDU 현황은 <표 3-11>과 같다.

표 3-11 캐나다 주요 BDU 사업자 현황

구분	주요 회사
케이블	Rogers, Shaw, Quebecor, Cogeco, Eastlink
위성(Direct-to-Home)	Shaw Direct, Bell ExpressVu
Telco DSL(Digital Subscriber Line)	Telus, MTS, Sasktel, Aliant, BCE
Satellite Relay Distribution Undertagkings	Shaw Satellite services Inc, Bell ExpressVu

유료 방송시장에서 중요한 역할을 하는 BDU 중 가입자 20,000 이하의 소규모 영세사업사는 캐나나 방송통신위원회(CRTC)의 규제 대상이 아니다.[7)]

수직 결합이 광범위하게 이뤄진 캐나다 주요 통신사업자들의 수입 현황은 <표 3-12>와 같다. 수입 현황에서 나타나듯이 방송 분야 상위 5위의 점유율이나 통신 분야 상위 5위 점유율이 거의 비슷하게 나타난다는 것은 그만큼 양쪽 분야를 아우르는 수직 결합이 있었음을 말해 주는 것이다. 상위 5위 중 방송 분야 수익이 미미한 회사는 Telus사 하나밖에 없다.

7) CRTC, Broadcasting Public Notice CRTC 2008-100.

표 3-12 캐나다 방송통신 분야 상위 10대 기업 현황

(단위 : 캐나다 달러, 백만 달러)

기업명	전체 수입	통신 분야 수입	방송 분야 수입
BCE	18,884	15,298	3,586
Rogers	10,805	8,451	2,354
Telus	9,029	8,952	77
Shaw	4,211	858	3,353
Quebecor	2,385	1,028	1,357
상위 5위 점유율	83%	84%	79%
MTS Allstream Inc.	1,747	1,694	53
Sasktel	1,046	989	57
Cogeco	1,018	404	614
Astral	452	–	452
Corus	429	–	429
6~10위 점유율	9%	8%	12%
상위 10위 점유율	91%	92%	91%

출처: CRTC, Review of The Regulatory Framework relating Vertical Integration(2011. 4. 18.) 참조.

4 분석평가

3개국 방송통신 분야의 공통점은 디지털 기술 발전에 따라 융합이 가속화되고 있다는 점, 그리고 영향력 1위의 언론 기능을 가진 방송 분야의 공공성, 공익성에 대한 지속적인 관심을 보이고 있다는 점이다.

디지털화에 따라 동일 장비나 기술로 방송과 통신 서비스를 효율적으로 운영할 수 있게 되어, 시너지 효과를 위한 경영전략의 하나로 방송사업과 통신사업의 인수, 합병도 중요한 추세의 하나로 자리잡고 있다. 이와 같은 대형화를 인정하되 다양성을 어떻게 보장할 것인가와 공정 경쟁을 어떻게 구현할 것인가가 정부정책의 주요한 역할이 되고 있는 점도 공통적으로 나타나는 현상이다.

우리나라의 경우 방송시장에서 막강한 영향력을 가진 지상파 방송(특히

KBS, MBC, SBS를 포함한 지상파 방송)이 통신사업자를 포함한 대기업의 인수, 합병에 원천적인 제한이 있기 때문에 미국과 캐나다에 비해 방송통신 분야의 수직 결합이 두드러져 보이지 않는다. 이와 같은 독특한 시장 상황에 따라 지상파 방송과 유료방송 간의 분쟁 해결이 정부의 중요한 역할[8]도 떠오르는 것을 볼 수 있다. 수직 결합이 이뤄진 미국과 캐나다의 경우 이와 같은 대형 사업자끼리의 분쟁은 나타나지 않고 있다.

특히 캐나다의 경우 통신사업자 위주로 송출(BDU) 사업이 이뤄지고, 이들 사업자를 중심으로 많은 방송 콘텐츠가 수직 결합되어 있기 때문에 우리나라의 재송신 분쟁과 같은 현상이 나타나지 않는다. 그러나 이와 같은 수직 결합 기업군에 포함되지 않은 독립 채널에 대한 배려는 캐나다 국내 콘텐츠 육성 차원에서 중요한 정책 과제로 인식된다.

미국의 경우에도 컴캐스트와 지상파 네트워크 NBC Universal의 합병 승인 과정에서 보듯이 디지털 환경에 부응하는 대형 합병은 인정하되 엄격한 조건을 부과해 과도한 콘텐츠 독점권을 행사하지 못하도록 해 다양한 목소리가 반영될 수 있는 환경 조성에 주력하고 있다.

제 3 절 주요 직무 분야별 수행 현황 비교

1 방송통신위원회

방송통신위원회의 경우 거시정책은 주로 통신 분야, 그 중에서도 브로드밴드 인터넷 분야에서 수립, 시행되어 온 전통을 보이고 있다. 2009년 종료된 브로드밴드 7개년 정책 등이 이에 해당한다. 이것은 주로 정보통신부의 IT정책의 연속선상에 있는 것이다. 방송 분야의 경우 특정 시기에 거시적인 정책을 세우기 어렵다는 현실적인 어려움을 부인하기 어렵다. 특정 정

8) 파이낸셜뉴스 2011년 12월 12일자, “지상파-케이블 재송신 협상 사흘 연장” 기사 참조.

파나 사회적인 여론에 따라 정책 기조에 변화가 심하기 때문이다. 그럼에도 불구하고 전체 방송시장의 성장과 공익성 강화라는 공통된 목표에 부합하는 거시정책의 필요성이 없는 것은 아니기 때문에 방송 분야의 거시정책 마련을 위한 노력이 방송통신위원회 내외부에서 끊임없이 제기되어 왔다. 최근에 제정된 「방송통신발전기본법」에서는 이러한 요구에 부응해 방송통신위원회로 하여금 방송통신발전 기본계획을 의무적으로 수립토록 규정[9] 하고 있다. 여기에는 방송통신 서비스에 관한 사항, 방송통신 콘텐츠에 관한 사항, 방송통신설비 및 방송통신에 이용되는 유·무선망에 관한 사항, 방송통신 광고에 관한 사항, 방송통신 기술의 진흥에 관한 사항, 방송통신의 보편적 서비스 제공 및 공공성 확보에 관한 사항, 방송통신의 남북 협력 및 국제 협력에 관한 사항 및 그 밖에 방송통신에 관한 기본적인 사항을 포함하도록 규정하고 있다. 이에 따라 방송통신위원회는 2011년 11월 11일, '방송통신 기본계획'을 수립해 공표[10]했다.

방송통신 기본계획에 나타난 방송통신위원회의 정책 기조를 간단하게 표현하면 산업으로서의 방송통신 분야의 육성을 도모하고 시청자와 이용자 보호 측면에서 공익성 구현을 내세우고 있음을 알 수 있다. 4대 과제 중 통

---

9) 「방송통신발전기본법」(2011.11.1. 시행 법률 제10193호) 제8조(방송통신 기본계획의 수립)
① 방송통신위원회는 방송통신을 통한 국민의 복리 향상과 방송통신의 원활한 발전을 위하여 방송통신 기본계획(이하 '기본계획'이라 한다)을 수립하고 이를 공고하여야 한다.
② 기본계획에는 다음 각 호의 사항이 포함되어야 한다.
1. 방송통신 서비스에 관한 사항
2. 방송통신 콘텐츠에 관한 사항
3. 방송통신설비 및 방송통신에 이용되는 유·무선망에 관한 사항
4. 방송통신 광고에 관한 사항
5. 방송통신 기술의 진흥에 관한 사항
6. 방송통신의 보편적 서비스 제공 및 공공성 확보에 관한 사항
7. 방송통신의 남북 협력 및 국제 협력에 관한 사항
8. 그 밖에 방송통신에 관한 기본적인 사항
③ 제2항 제2호 및 제4호의 구체적 범위에 관하여는 문화체육관광부 장관과 방송통신위원회의 협의를 거쳐 대통령령으로 정한다.
④ 방송통신위원회는 기본계획의 내용 중 「국가정보화기본법」에 따른 국가정보화 기본계획과 관련되는 사항은 같은 법에 따른 국가정보화전략위원회에 통보하여야 한다.

10) 방송통신위원회(2011), 「방송통신 기본계획」 참조.

신 분야의 정책 기조인 '글로벌 ICT 허브 코리아 실현', '스마트 생태계 조성 및 신산업 창출'과 방송 분야의 정책 기조인 '디지털 선진 방송 구현'은 국가의 중심산업인 방송통신 및 관련 융합 분야의 산업적 성장에 목표를 정책적 목표를 둔 것으로 볼 수 있다. 마지막 네 번째 '방송통신 이용자 복지 및 정보 보호 강화'는 방송통신 분야의 공익성 강화에 초점을 둔 것이다.

방송통신 분야 인·허가 업무는 방송통신위원회의 핵심 업무 중의 하나다. 시장이 거의 포화 상태라는 견해도 있지만, 방송 분야는 물론 통신 분야도 신규 사업자 인·허가와 관련한 방송통신위원회의 업무는 초미의 관심사가 된다. 2010년 이뤄진 방송 분야의 종합 편성 채널 승인이 대표적이며, 통신 분야의 경우에는 제4 이동통신사업자 허가 여부가 좋은 예다.

2 미국 연방통신위원회(FCC)

미국 연방통신위원회(FCC)는 인터넷 고도화를 위한 브로드밴드(Broadband) 정책, 소비자를 위한 통신 서비스 분야 경쟁정책, 여유 주파수 확보 등 미래 주파수 정책, 다양성과 지역성을 보장하는 미디어 정책, 국가 긴급 상황 및 위기 상황시 통신 인프라를 통한 대응 방안, 조직개혁을 위한 현대화 전략 등 다섯 가지 전략[11)]을 제시하고 있는데, 이들은 미국 연방통신위원회 업무 수행 전반을 관통하는 거시정책 방향으로 볼 수 있다. 우리나라에서 과거 유행했던 이른바 5개년계획으로 이를 공표하고 있는 것도 주목되는 부분이다.

미국 연방통신위원회도 방송 및 통신사업자 인·허가 업무 및 합병 승인 등 행정기관의 기본 직무를 수행하고 있다. 세부적인 내용에서는 차이가 있지만 방송통신사업의 경우 정부의 허가를 받아야 하는 것은 큰 차이가 없다. 다만, 미국의 경우에는 우리나라의 지상파 방송사에 해당하는 ABC, NBC, CBS 등의 전국 네트워크 채널이 있지만 우리나라처럼 이들이 미국

11) FCC Strategic Plan 2009-2014 참조.

연방통신위원회로부터 허가권을 얻는 구조는 아니다. 미국 연방통신위원회의 지상파 방송사업 인·허가는 이들 채널을 내보내는 이들 채널을 내보내는 지역방송사들을 대상으로 인·허가 행정이 이뤄진다는 점이다. 그런 측면에서 본다면 ABC, NBC 등은 우리나라를 기준으로 본다면 일종의 PP 채널 또는 콘텐츠 제작사의 형태를 띠고 있는 것이다.

3 캐나다 방송통신위원회(CRTC)

캐나다 방송통신위원회(CRTC)도 거시 정책 방향으로 볼 수 있는 3개년 업무계획을 공표하고 이를 대외적으로 공표하고 있다. 2011년 현재까지 유지되고 있는 3개년 업무계획은 2008년 공표[12)]된 것이다. 3개년 업무계획에서 표방하고 있는 정책 목표는 선택과 집중에 의한 규제전략(a more focused regulatory approach), 시청자(소비자) 이익 강화(greater outreach to stakeholders), 조직혁신(an improved organization) 등 세 가지로 나타나 있다. 이와 같은 거시정책에 따라 실제 업무 전략은 모든 방송 분야에서 캐나다 국내 프로그램 콘텐츠 강화, 글로벌 경쟁력을 갖춘 통신시장 구축, 통신 서비스 보급 강화에 두고 있다. 우리나라 방송통신위원회와 같이 국내 방송 콘텐츠의 비중을 높이기 위한 전략을 우선시하고 있는 점이 주목 대상이다. 2009년 설정한 캐나다 방송 콘텐츠의 현황을 보면 라디오 방송에서는 전체 프로그램 중 35%, 전체 텔레비전 방송 프로그램 중 50%를 캐나다 국내 방송 콘텐츠로 채우는 것이 정책 목표로 제시되어 있다. 우리나라에 비해 적은 양이지만 콘텐츠 공룡 미국과 동일 시장으로 묶일만큼 지리적·문화적으로 인접해 있다는 점을 고려하면 캐나다 독자적인 방송 콘텐츠를 지키기 위한 정부의 노력을 잘 알 수 있는 수치다.

인·허가 행정은 방송사업은 방송통신위원회와 비슷한 모습을 띤다. 즉, 방송은 민영 지상파 방송, 공영 지상파 방송, Specialty & Pay services-

12) CRTC Three-Year Work Plan 참조.

(PP), Ethnic TV, 종교방송, 커뮤니티 라디오 및 Pay-per-view, VOD 등에 대해 캐나다 방송통신위원회(CRTC)의 진입 규제가 적용되는 것이다. 이러한 접근은 한국과 매우 비슷한 양상을 띠고 있다. Specialty & Pay services의 경우 우리나라의 의무 재송신(must carry)에 해당하는 권리를 가진 사업자는 Category I으로, 아닌 것은 Categroy II로 분류하는 것도 같은 취지에서 동질감이 있는 부분이다.

통신 분야 인·허가는 기본적으로 주파수 할당 등 주파수 관리 업무를 산업부(Industry Canada)에서 담당하기 때문에 인·허가 행정의 절대적인 양이 많지 않다. 허가행정 자체만 놓고 보면 대부분의 통신사업이 통신법의 해당 규정만 따를 경우 별다른 어려움 없이 사업에 진입[13]할 수 있기 때문에 산업부의 허가 업무도 그다지 크지 않으며, 통신 분야 사업 허가 관련 사항이 사회적 이슈로 등장하는 예도 극히 드물다. 캐나다 방송통신위원회는 이와같이 시장에 진입한 통신사업자에 대해 상호접속 규제, 가격 규제 및 허가 조건(Obligations to serve) 이행 여부 등 핵심 규제 사항을 총괄하는 역할을 맡고 있다. 통신사업자 중 국제전화 서비스를 할 수 있는 사업 허가는 캐나다 방송통신위원회의 권한 사항이기도 하다.

4 분석평가

3개 기관은 모두 해당 국가의 방송통신 분야를 모두 관장하는 정부기관으로서 모두 21세기 경제 발전의 핵심 분야인 방송과 통신, IT 분야와 밀접한 관련을 갖고 있다. 이에 따른 거시정책 목표 또한 전반적으로 비슷하다. 산업적인 발전이 필요한 동시에 국민의 이익에 봉사해야 하는 공익성을 추구해야 하는 비슷한 과제를 갖고 있는 것도 비슷하다. 그만큼 방송통신 분야 서비스의 경우 국민의 기본 생활에 크게 영향을 미치고 있기 때문이다.

사업 인·허가 업무의 경우 상대적으로 방송통신위원회의 업무 비중이

13) 캐나다 「Telecommunications Act」 제16조 참조.

높다는 것을 알 수 있다. 최근에 이뤄진 방송 분야의 종합 편성 채널 승인에서부터, 현재 통신 분야에서 중요한 검토 대상이 되고 있는 제4이동통신 사업자 선정은 그 좋은 예다. 이에 비해 미국과 캐나다의 경우 진입 규제 자체가 한국에 비해 높지 않기 때문에 정책기관의 인·허가 행위가 사회적 이슈로 등장하는 예를 찾아보기 힘들다. 이와 같은 차이는 아직도 성장 가도에 있는 나라와 체제가 갖춰진 선진국이라는 환경의 차이에서 오는 것이라고 볼 수도 있고, 방송통신 주무기관으로서 방송통신위원회가 갖고 있는 사회적 위상과 적극적인 역할 범위에서 그 이유를 찾을 수도 있다. 분명한 것은 사후규제(*ex-ante*)가 좀 더 진보된 규제라는 전제를 인정한다면, 진입 규제에 과도한 에너지가 투입되는 현상은 개선해 나갈 필요성도 인정된다.

제 4 절 정책 기조

1 방송통신위원회의 정책 기조

1) 방송 분야

방송 분야에서 방송통신위원회의 정책 기조는 미디어산업의 경쟁력 강화로 대변된다. 방송통신위원회 출범 이후 대대적인 법제 정비가 있었고 그 대부분은 규제 완화를 내용으로 하는 것이었다. 전통적으로 가장 강한 소유 규제가 적용되어 온 방송산업 분야에 대한 대기업과 신문, 외국 자본의 지분 제한을 완화하는 2009년 방송법 개정안은 방송 분야 규제의 패러다임을 바꾸는 큰 변화였다.

2009년 방송법 개정은 미디어산업에서 규제 완화를 통해 산업으로서의 방송 분야가 성장해야 방송 콘텐츠에 대한 국제 경쟁력은 물론 방송통신 융합 시대에 경제 성장의 동력이 될 수 있다는 정책 목표하에 이뤄진 것이다. 이에 따라 방송산업 성장 기반 조성, 방송광고산업 활성화, 방송통신 콘텐츠 산업 육성 등에 주력해 오고 있으며, 관련 분야에 대한 규제 완화 기조가 이어지고 있다.

방송시장에서 신규 사업자 도입은 2009년 방송법 개정에 따른 규제 완화에 따라 이뤄졌다. 방송의 다양성 제고, 콘텐츠 시장 활성화 및 방송산업의 경쟁력 확보를 위한 정책 목표 하에 보도 전문 채널 1개, 종합 편성 채널 4개가 2010년 말 신규로 선정되었다. 이 중 종합 편성 채널은 방송법상의 개념상으로만 존재해 오던 방송사업자로서 최초로 승인된 것으로서, 2011년 말 개국 이후 향후 사업 전망이 범사회적인 관심 사항이 되고 있다.

아울러 2012년 말로 예정된 지상파 방송의 디지털 전환과 보편적 시청권 보장, 이와 관련된 지상파 방송과 유료방송 간의 갈등 해결 등이 방송 분야의 긴급한 정책 사안이 되고 있으며, 방송통신위원회도 적극적인 행보를 보이고 있다.

국내 방송 콘텐츠 육성은 방송 발전을 위한 주된 방송통신위원회의 정책 과제로서, 방송사업자와 통신사업자들의 출연금으로 조성되는 방송통신발전기금을 통해 육성 및 지원사업도 수행한다.

2) 통신 분야

통신 분야는 미래 네트워크 고도화 및 인터넷 산업 활성화 등 ICT 분야의 세계적 경쟁력 강화가 정책 기조이며, 업계를 선도하기 위한 적극적인 지원활동도 주저하지 않는다. 통신 서비스 분야의 경우 핵심 IT 분야의 하나로서 정부 드라이브가 성장에 많은 기여를 해왔기 때문에 지금도 정부 주무기관의 강한 드라이브 정책에 대한 정치적·사회적 기대가 강한 것으로 평가된다. 이에 따라 초광대역 융합망(UBcN) 구축, 사물 지능통신 활성화, 클라우드 컴퓨팅 등 차세대 신산업 활성화가 방송통신위원회의 주된 정책 과제가 되고 있다.

이 밖에 망중립성(net-neutrality)정책[14]을 비롯해 네트워크 안정성, 신뢰성 강화 차원에서 DDos 등 사이버 공격 대응 역량 강화, 개인정보 보호

---

14) 아시아경제 2011년 12월 6일자, "방통위, 망중립성 가이드라인 발표했지만.." 기사 참조.

체계 강화, 불법 유해정보 유통 방지 등이 중요한 정책 과제다.

또한 주파수 주무기관으로서 통신산업 활성화를 위한 여유 주파수 확보 등 전파자원 생산적 활용은 전통적인 정책 기조에 해당한다. 이와 관련해서는 지상파 방송의 디지털 전환 이후 생기는 700Mhz 대역 여유 주파수 활용정책, 화이트 스페이스(white space) 활용 방안 마련에 주력하고 있다.

통신요금 부담 경감을 목표로 하는 제반 정책과 2008년 방송통신위원회 출범 이후 이뤄진 통신 서비스 마케팅 상한제[15]나 국민 가계비에서 통신비가 차지하는 비중이 높다는 논란에 대응한 휴대폰 요금 가격 인하책 등은 통신 서비스 분야에 대한 복지 강화를 위한 정책 사안이다. 시장에 대한 정부의 과도한 개입이라는 일부의 비판도 있지만, 기본적으로 소비자 복지를 위한 것이기 때문에 성공 여부가 늘 관심 사항으로 등장한다.

2 미국 연방통신위원회(FCC)의 정책 기조

1) 방송 분야

사회적으로 방송 분야에 대한 민감한 정책 이슈가 많지 않기 때문에 방송 분야에서 미국 연방통신위원회(FCC)의 일관된 정책 기조를 볼 기회는 많지 않다. 공영방송이 언론으로서의 여론 형성 기능이나 방송 콘텐츠 시장을 주도하는 우리나라와는 상황이 다른 것으로 이해할 수 있다. 다만, 2011년 최대 케이블 회사인 컴캐스트(Comcast)와 콘텐츠 기업이라 할 수 있는 지상파 NBC와의 합병[16]을 승인한 것에서 보듯이 방송 분야에서도 시장 논리를 존중하는 정책 기조를 보여 준다. 방송통신 융합 시대에 미디어 기업의 대형화를 불가피한 추세로 인정한 것으로 볼 수 있다. 다만, 이 승인 과정에서 콘텐츠에 대한 지나친 독점을 규제하기 위한 다수의 조건을 달아 나름대로 방송의 공익성을 지키기 위한 정부의 의지[17]도 충실히 반영

15) 전자신문 2010년 12월 7일자, "되돌아본 1기 방통위" 기사 참조.
16) 이투데이 2011년 1월 20일자, "컴캐스트+NBCU, 美 최대 미디어 탄생" 기사 참조.

했다.

미국 연방통신위원회는 지상파 방송의 디지털 전환에서 저소득층에게 컨버터 쿠폰을 지급하는 등 시장 논리에만 맡겨놓지 않는 적극적인 측면도 보여 주고 있다.

2) 통신 분야

세계 IT산업을 선도하는 미국을 뒷받침하는 기관답게 미국 연방통신위원회는 통신 분야에서 세계 어느 기관보다도 적극적인 행보를 보이고 있다. 망중립성에 대한 정책을 신속하게 공표해 가이드라인을 제시했고, 주파수 부족 현상을 해결하기 위한 범정부적인 노력과 역할에도 적극적으로 임하고 있다.

방송사업자와 통신사업자 간 갈등의 대상이 되었던 TV 유휴대역(white space)을 무선통신산업을 위해 적극적으로 개방했다. 2008년 11월 4일 정식 허가 이전이지만 TV 유휴대역을 무선통신용으로 사용 허가를 내주었고, 2010년 9월 23일 TV 유휴대역 정책을 확정지었다.

망중립성 정책(net neutrality, open internet rules)은 인터넷산업의 발전 방향을 결정짓는 핵심적인 정책 사안으로 업계의 이해관계가 첨예하게 대립하는 대표적인 분야이기 때문에 미국 연방통신위원회의 발빠른 대응이 주목을 끌고 있다. 2010년 12월 21일 미국 연방통신위원회가 발표한 망 중립성 정책의 핵심은 투명성(transparency), 차단 금지(no blocking), 비합리적인 차별 금지(no unreasonable discrimination) 등 세 가지로 요약된다. 기본적으로 인터넷의 개방성에 초점을 맞춘 정책으로 평가되고 있어 버라이즌(Verizon) 등 사업자의 반발[18]이 공식화되어 있는 상태다.

---

17) 컴캐스트와 NBC의 합병 승인은 방송업계의 큰 이슈였던 만큼, 이후에도 여러 가지 측면에서 관심의 대상이 되고 있다. 두 회사의 합병 승인에 의결권을 행사했던 베이커(Meredith Attwell Baker) 미국 연방통신위원회 위원은 승인 행위 이후 몇 개월 만에 위원직을 전격 사임하고 합병 당사자인 컴캐스트사의 부사장으로 옮겨 시민단체의 비난 대상이 되기도 했다. *National Post* 2011년 5월 12일자, “FCC commissioner who voted for NBC-Comcast tie-up heads to Comcast” 기사 참조.

18) 월스트리트 저널 2011년 4월 5일자, “Appeals court tosses out ‘Net Neutrality’

TV 유휴대역은 현재 방송사업자들이 사용하고 있는 주파수 대역 사이에 존재하는 미사용 주파수 대역으로서 주파수 기술의 발달에 따라 사용 가능성이 열린 주파수다. 어떻게 보면 방송사업자와 통신사업자 간의 갈등 요소가 있는 영역이기 때문에 수요가 폭증하는 무선통신용으로 개방한 미국 연방통신위원회의 결정은 선도적인 면이 인정되고 있다. 이에 따라 우리나라[19] 등도 TV 유휴대역에 대한 활발한 논의가 일어나고 있다. 소비자의 이득을 위해서도 산업적인 발전이 필요하다는 정책 기조를 드러낸 정책이라고 볼 수 있다.

소비자 이익을 침해하는 텔레마케팅 서비스에 대해 규제하는 DNCL (Do-Not-Call-List) 제도는 텔레마케팅 전화 수신을 원치 않는 사람이 자신의 전화번호를 등록하면 보호를 받을 수 있는 제도다. 다만 미국의 경우에는 이 제도의 주무기관이 연방공정거래위원회(Fair Trade Commission)다.

3 캐나다 방송통신위원회(CRTC) 정책 기조

1) 방송 분야

캐나다 방송통신위원회(CRTC)는 방송 프로그램 편성에서 캐나다 국내 방송 콘텐츠의 편성 비율 규제와 전통적인 방송 규제에 충실하다. 정책의 효과를 제고하기 위해서는 규제와 진흥이 함께 필요하기 때문에 캐나다 방송통신위원회가 국내 방송 콘텐츠 육성을 위해 캐나디언 헤리티지(Canadian Heritage) 장관과 협조하여 기금을 조성하고 이를 지원하는 역할도 함께 수행한다. 필요한 경우에는 진흥 업무를 같이 한다. 방송사업 허가 및 재허가에서 방송의 공익성을 강조하고 캐나다 국내 방송 콘텐츠 제작을 위해 수익의 일정 비율을 사용하도록 조건을 부과[20]하는 것도 방송 콘텐츠

lawsuits" 기사 참조.

19) 서울신문 2010년 10월 6일자, "TV 화이트 스페이스 활용한 '와이파이 서비스' 본격화" 기사 참조.

육성 차원에서 이뤄지는 것이다.

캐나다 방송통신위원회는 케이블과 위성방송사업자[21]로부터 캐나다 국내 방송 콘텐츠 육성을 위해 매년 수익의 5%를 부담금(levy)으로 내도록 하고 있으며, 최근에는 이에 더해 위기에 봉착한 지방 군소 방송사를 위해 2009년부터는 추가로 1.5%의 부담금으로 기금을 조성해 콘텐츠 지원 방안을 강구[22]하고 있다.

그러나 캐나다 방송통신위원회도 방송 분야의 신기술을 이용한 사업에는 매우 관대한 편이다. 이를 규제 완화로 볼 수도 있고 아예 규제 자체를 만들지 않는다는 점에서 의도적으로 무시하는 전략을 써서 관련 산업 육성을 고려한다고 볼 수도 있다. 대표적인 예가 Netflex사업에 대한 캐나다 방송통신위원회의 태도다. Netflix는 IP기반의 콘텐츠 서비스로서 VOD와 같은 저장물은 물론 실시간 방송 프로그램까지 제공하는 사업자다. Netflix는 미국 기업이지만 캐나다를 사업 범위에 넣어 활발하게 사업을 전개하고 있다. 지금까지의 캐나다 방송통신위원회의 입장에서 보면 Netflix도 엄연히 방송 분야 사업자이기 때문에 캐나다 방송 콘텐츠 의무 편성 비율과 같은 규제를 생각해야 할 부분이지만, 2011년 11월 현재까지 캐나다 방송통신위원회의 입장은 신기술을 이용한 사업 분야로 보아 강하게 규제할 의도를 보이지 않고 있는 것이다.

한편 캐나다 방송통신위원회의 방송 분야 활동 근간이 되는 「방송법(Broadcasting Act)」은 「캐나다 권리 장전(Canadian Charter of Rights and Freedoms, 1982)」에 기초를 두고 있는데, 법 전체를 관통하는 두 가지 권리는 표현의 자유(freedom of expression)와 공평성의 원칙(the right to equality)이다. 이에 따른 방송법상의 핵심 사항은 표현의 자유,[23] 영어와

---

20) Konrad v. Finckenstein, Speech to the Global Forum 2011(2011. 11. 7) 참조 (www.crtc.gc.ca).

21) 방송 콘텐츠 육성 지원을 위한 기금으로 CMF(CANADA MEDIA FUND, www.-cmf-fmc.ca)가 있다.

22) *The Canadian Press* 2011년 12월 19일자, "CRTC to review effectiveness of fund to support local TV programming" 기사 참조.

23) 캐나다 「Broadcasting Act」 제2(3) 참조.

불어 프로그램 편성 의무,[24] 캐나다 원주민 배려,[25] 방송정책상의 다문화주의[26]로 볼 수 있으며, 이것이 캐나다 방송통신위원회의 방송 분야 정책 기조에 해당되는 것으로 이해할 수 있다.

2) 통신 분야

캐나다 방송통신위원회(CRTC)의 통신 분야에 대한 규제는 비교적 시장 논리에 충실한 모습을 보인다. 최근 들어 캐나다 방송통신위원회의 통신 분야 정책 기조를 파악할 수 있는 정책 이슈는 인터넷 서비스에서도 도매(wholesale)에 대한 인터넷요금 종량제(UBB)에 대한 캐나다 방송통신위원회의 입장이다.

캐나다 방송통신위원회는 인터넷요금 종량제가 시장 논리를 가장 잘 반영하는 것으로서 인터넷 업계의 공존공영을 이룰 수 있는 정책이라는 공식 입장을 지속적으로 표명해 왔다. 그러나 최종 결정은 시장 논리를 만족시키면서도 독립 인터넷 사업자(ISP)들의 의사를 반영하는 장치를 만들어 결국 소비자들의 선택권을 보장하는 타협안을 선택했다. 캐나다 방송통신위원회의 시장 논리 중심 정책 기조와 소비자 선택권 보호 기조를 잘 드러내주는 사례라고 할 수 있다.

방송통신 융합 시대에 대표적인 사업전략의 하나로 등장한 방송통신 분야 수직 결합(vertical integration)[27]에 대해서는 강·온 정책을 모두 보여주고 있다. 즉, 2001년부터 시작된 통신업계의 방송시장 진출을 위한 사업합병에 대해서는 캐나다 공정거래국(Competition Bureau)의 우려에도 불구하고 차례 차례로 합병 승인을 해주었다. 캐나다 방송통신위원회는 2001년 Quebecor의 TVA 방송 합병 승인(CRTC Decision 2001-384), 2007년

24) 캐나다 「Broadcasting Act」 제3(1)(k) 참조.
25) 캐나다 「Broadcasting Act」 제3(1)(o) 참조.
26) 캐나다 「Broadcasting Act」 제3(1)(d)(ii) 참조.
27) CRTC가 규정하고 있는 수직 결합은 방송 관련 분야에서 콘텐츠(programming services, 방송 프로그램 제작 및 편성)사업과 플랫폼(distribution services, 채널 전송)사업을 하나의 회사 또는 그 계열 회사가 겸영하는 경우를 말한다. CRTC(2011), Broadcasting Regulatory Policy CRTC 2011-601 참조.

Rogers사의 Citytv 방송 합병 승인(CRTC Decision 2007-360), 2010년 Shaw Communications의 Canwest Global 방송 합병 승인(CRTC Decision 2010-782), 2011년 BCE의 CTV 합병 승인(CRTC Decision 2011-163) 등을 통해 방송통신업계의 대형화와 수직 계열화를 주도적으로 이끌었다.

그러나 통신사 주도로 이뤄지는 방송시장 수직 계열화가 자칫하면 소비자의 선택권을 제한하는 사태로 이어질 수 있다는 비판이 계속 일었다. 즉, 방송통신 융합 기술을 통해 휴대폰을 통한 다양한 콘텐츠 서비스가 이뤄지게 되는데, 특정 회사의 통신상품에 가입하지 않을 경우 원하는 콘텐츠 서비스를 받지 못할 가능성이 크다는 우려가 나타났다. 이러한 우려는 2011년 거대 통신기업 Bell Canada에 의한 거대 지상파 민영방송 그룹 CTV 합병 승인 이후 더욱 커졌다. 이에 대해 캐나다 방송통신위원회는 적극적인 대응을 보였다. 수직 결합으로 인한 폐해 가능성에 대해 대대적인 공청회를 개최한 데 이어, 2011년 9월 신속하게 수직 결합에 따른 정책을 공표했다. 이 정책(Broadcasting Regulatory Policy CRTC 2011-601)에 따르면 특정 '방송 프로그램'에 대해 독점권을 갖고 있더라도 이를 '이동매체 또는 인터넷 방송(mobile or retail Internet access services)'에 재판매할 때는 계열사나 특정 업체에게만 독점계약으로 판매하지 못한다. 이것은 방송 프로그램 저작권의 재판매 대상을 제한한 것으로서 수직 결합 기업군이 아닌 일반 사업자에게도 공정한 경쟁을 통해 방송 프로그램 방영권을 얻을 수 있는 기회를 제공하는 것인데, 수직 결합을 이룩한 기업 입장에서는 애써 얻은 방송 콘텐츠 독점권을 마음대로 행사할 수 없는 새로운 제한이 생긴 것이다.

캐나다 방송통신위원회가 모바일 서비스 정책에서 추구하는 목표는 일반 국민의 선택권을 제한해서는 안 된다는 것이다. 이러한 정책 의지는 캐나다 일반 국민들에게 인기가 높은 북미 아이스하키 리그(NHL) 등의 모바일 방송 중계권에 대한 독과점 제한 정책에서 가장 극명하게 드러난다. 실례로 2011년 12월 13일 캐나다 방송통신위원회는 Telus사의 NHL 리그 경기 중계권 재판매 요청을 거절한 Bell사에 대해 '합리적인 조건(at reasonalble commercial terms)'으로 판매하라는 명령[28]을 내렸다. Bell사는 정부의 과도한 시장개입이라고 비판하고 재심 요청을 할 뜻을 밝히고 있어 향후 추이가 관심사이기는 하지만, 소비자의 선택권 보장이라는 정책 목표를 지키고자 하는 의지를 잘 읽을 수 있다.

수직 결합에 대해 이와같이 신속한 규제로 대응한 캐나다 방송통신위원회의 입장은 수직 결합을 허용한 시장 논리로 무장한 규제기관의 모습과는 또 다른 모습이다. 기본적으로 시장의 움직임을 존중하고 정상적인 합병을 승인하지만, 소비자의 선택권 보장 또는 공익을 위해서는 정책 규제기관으로서의 역할을 충실히 수행하겠다는 의지를 표현한 것으로 보인다. 이에 대해 Bell Canada를 제외한 대부분의 업계 및 소비자단체는 대체적인 찬성 입장을 보이고 있어, 캐나다 방송통신위원회의 활동에 힘을 보태 주고 있다.

통신 서비스와 관련한 소비자 보호도 주요 정책 기조이며 스팸과 함께 소비자를 괴롭히는 텔레마케팅 등에 대해서도 적절히 대처하고 있다.

캐나다 역시 소비자 보호를 위한 제도를 위해서는 규제 신설이나 강화를 피하지 않는다. 미국에서와 같이 텔레마케팅 전화를 규제하는 DNCL (Do-Not-Call-List) 제도[29]를 시행하고 있다. 미국과 달리 캐나다 방송통신위원회가 주무기관으로서 역할을 담당한다. 캐나다의 제도를 보면 캐나다 국민 중 텔레마케팅 전화를 받지 않기를 원하는 사람은 캐나다 방송통신위원회에 자신의 전화번호를 등록할 수 있다. 만약 특정 사업자가 이렇게 등록된 목록의 전화번호로 텔레마케팅 전화를 할 경우에는 개인 사업자는 1,500달러(캐나다 달러, 원화 약 1,700,000원), 법인 사업자는 15,000달러(캐나다 달러, 원화 약 17,000,000원) 한도 내에서 벌금을 받게 된다. 캐나다 방송통신위원회는 이 제도만을 위해 별도의 팀과 홈페이지(www.lnntedncl.gc.ca)를 운영할 정도로 많은 노력을 기울이고 있다. 이 제도는 소비자 보호 강화 차원에서 비교적 최근인 2006년 신설된 제도다.

---

28) *The Globe and Mail* 2011년 12월 12일자 "CRTC orders Bell to share all mobile content" 기사 참조.

29) 캐나다 「Telecommunications Act」 제41.1조~제41.7조. 참조.

4 분석평가

방송 분야와 통신 분야를 함께 관장하는 3개 기관의 정책 기조를 일률적으로 말하는 것은 쉽지 않다.

정책 기조에 대한 사회적 기대와 예측가능성, 독립성 측면에서 볼 때 방송통신위원회는 기본적인 활동 내용에서 가장 진폭이 크다는 느낌을 준다. 방송 분야와 통신 분야 모두 규제 완화에 대한 끊임없는 정책적인 노력을 하고 있지만, 좋은 의미에서건 나쁜 의미에서건 시장에 가장 많이 개입하거나 개입해야 하는 조건에 처해 있다. 예를 들어 방송에 대한 규제 완화가 정책 기조이지만, 지상파 방송과 케이블 사업자 간의 갈등이나 방송광고 판매제도 마련(KOBACO 독점 체제 개편) 등에서는 주무기관으로서 적절한 역할을 요구받고 있는 것이다. 또한 방송통신 요금 인하정책, 통신시장 마케팅 상한제와 같은 정책은 소비자 복지와 공익이라는 좋은 취지의 정책이고 사회적인 기대도 크지만 시장에 대한 정부개입이라는 취지에서는 부정적인 측면도 있다.

방송통신산업이 21세기 국가경제 전체의 핵심 산업으로 등장한 것은 미국과 캐나다도 예외가 아니기 때문에 양 기관 모두 해당 분야의 산업적 성장에 기여하기 위한 정책 기조를 유지하고 있음을 알 수 있다. 망중립성에 대한 미국 연방통신위원회(FCC)의 기조, 인터넷요금 종량제(UBB) 및 방송통신 분야 합병에 대한 캐나다 방송통신위원회(CRTC)의 입장은 이를 잘 보여 준다. 그러나 방송통신 분야가 사회 공동체의 정신문화에 지대한 영향을 미친다는 점에서 규제 완화만이 적용될 수 있는 단순한 산업계가 아닌 점 또한 분명히 인정하고 있다.

방송 콘텐츠와 관련해서는 방송통신위원회와 캐나다 방송통신위원회가 비교적 적극적인 활동을 하고 있다. 사업자들의 부담금 또는 출연금으로 조성되는 기금이 설치되어 방송 콘텐츠 육성에 투입되고 있는 것도 동일하다.

미국 연방통신위원회의 경우, 콘텐츠에 대한 국가의 직접적인 개입의 필요성이 상대적으로 적은 면도 있고, 전통적으로도 콘텐츠 육성을 위한 지원행정이나 조장행성의 사례는 많지 않다. 방송 콘텐츠 산업 세계 1위 국가로서의 규모상 정부 주무기관의 드라이브정책이 필요한 단계가 아니기 때문일 것이다. 이에 비해 우리나라와 마찬가지로 캐나다는 국가 정체성에 대한 고민과 이를 유지하기 위한 연방정부 차원의 노력을 게을리하지 않고 있다.

제 4 장 3개국 방송통신 주무기관의 일반 현황 비교

제 1 절 공통 사항

우리나라 방송통신위원회, 미국 연방통신위원회(FCC), 캐나다 방송통신위원회(CRTC)는 모두 합의제 기관이라는 공통점이 있다. 이른바 '합의제 기관'은 정책과 규제에 관한 의사결정에서 동등한 의사결정권을 가진 다수에 결정되는 기관으로 말할 수 있다. 이와 같은 합의제 기관의 정의에 기초한다면 세 나라의 경우 방송통신 분야의 규제와 정책은 어느 일방의 결정에 따르지 않고, 다수의 의견이 반영되는 구조적인 특징을 공유하고 있는 것이다. 합의제 기관을 구성하는 주된 이유는 정치적인 균형 내지 이해관계의 반영을 위한 것이고, 이에 기초하여 세 나라의 방송통신 주무기관은 위원 선임 방식과 숫자에 차이가 있기는 하지만 국민대표성의 반영을 기본으로 한다.

우리나라의 경우 과거 독임제 부처인 정보통신부가 통신 분야 규제와 정책을 담당했었으나, 방송 분야의 경우에는 2000년부터 합의제 기관이었던 방송위원회가 규제와 정책을 담당하는 구조를 갖고 있었다. 미국 연방통신위원회는 출발 당시인 1934년부터 방송 분야와 통신 분야를 함께 관할하는 상태가 이어지고 있고, 캐나다 방송통신위원회는 1974년부터 방송통신 분야의 규제와 정책을 관할하고 있다.

방송 분야 혹은 방송통신 분야의 정부 규제와 정책이 미국과 캐나다를 비롯한 다수의 국가에서 합의제 기관을 통해 이뤄지고 있다는 것은 우리나라의 정부기구 개편 및 관련 제도 개편에도 지속적인 영향을 미친 것으로 평가할 수 있다. 방송위원회, 구종합유선방송위원회가 그랬고, 정보통신부 시절에도 통신위원회, 통신심의위원회 등 다양한 형태와 권한의 합의제 기관이 존재했던 사례들에서 잘 나타난다. 이와 같은 합의제 기관에 대한 선진국의 경험과 그에 따른 유·무형의 영향과 실험적 기관의 설립과 해체, 통합의 역사를 거쳐 현 정부 들어 방송 분야와 통신분야에 대한 정부 기능을 거의 완벽히 통합한 방송통신위원회의 출범으로 이어졌다고 평가할 수 있다.

이와같이 방송통신 분야에 존재하는 합의제 기관의 전통과 현존하는 현실을 고려할 때 기능과 형태상의 변화는 시대에 따라 바뀔 수 있겠지만, 합의제 기관이라는 근본적인 기관 형태와 규제 방식은 쉽게 바뀔 수 있는 것이 아니라는 전망을 하게 된다. 이 점은 앞으로 있을 방송통신 분야 및 IT 분야 정부기구 개편에서도 간과되어서는 안 되는 사항이기도 하다.

제 2 절 위원 구성 및 위원 수

1 방송통신위원회 위원 구성

방송통신위원회의 위원의 임기는 3년이며, 정치적 균형(중립성)을 위해 국회 여·야당 추천 및 대통령 임명직으로 구성된다. 총 5인의 위원 중 위원장은 대통령이 지명하여 국회 인사청문회를 거치도록 규정되어 있고, 나머지 4인 중 1인은 대통령 지명, 3인은 국회 교섭단체(정당)와의 협의를 거쳐 국회의장이 추천한 인사로 결정된다. 그리고 3인 중 2인은 대통령이 속

하지 않거나 속했던 적이 없는 교섭단체, 즉 야당의 추천으로 정하도록 규정되어 있다.1)

위원 간에는 위원장과 부위원장 각 1인, 3인의 상임위원으로 구분되지만 본질적인 권한인 표결권에서는 차별이 없다. 상임위원 5인 체제는 방송위원회 시절의 9인의 위원 중 5인 상임위원, 4인 비상임위원 체제에서부터 유래한다. 2000년 「방송법」 제정 당시 방송위원회의 상임위원 숫자는 4인이었으며, 위원 구성은 여야의 추천이 반영되는 구조였지만 상임위원 4인에 대해서는 정당의 추천 여부와 상관없이 4인이 위원간 호선으로 정해지도록 하고 있었다. 이는 여당 추천이 다수인 구조 속에서는 상임위원 4인이 모두 여당 추천으로 채워질 수 있다는 비판이 있었다. 이에 따라 2003년 5월 10일 「방송법」을 개정해 상임위원(위원장, 부위원장 각 1인 포함) 정수를 4인에서 5인으로 확대했을 뿐만 아니라 상임위원 선출 원칙도 변경했다. 즉, 당시 신설된 「방송법」 제21조 제4항 단서의 규정에 의거, 5인의 상임위원 중 2인 이상은 대통령이 속하지 않은 교섭단체의 대표의원과 협의해 추천된 자가 포함되어야 한다고 규정했다. 상임위원 구성 시 정치적 균형을 반영토록 한 것으로서 지금의 방송통신위원회 구성 원리로 이어지고 있다.

이와 같은 방송통신위원회 구성 원리의 핵심은 국민대표성으로 요약된다. 민주주의 국가에서 국민대표성을 구현하는 가장 직접적인 기관은 국회의원이며 그런 국회의원으로 구성된 것이 정당임을 부인할 수 없기 때문이다. 대통령은 국민 직선제에 의해 선출되는 행정수반이자 국가원수로서 국민대표성을 지니는 가장 대표적인 자리다. 이와같이 국회의원 또는 정당, 대통령이 가지는 국민대표성은 정치적인 지지와 비판과는 분리해 받아들일 필요가 있다.

방송통신위원회 위원 구성 자체에 정치성이 반영되어 있고 또 행정수반인 대통령의 지휘를 받는 행정기관의 지위를 고려할 때 정치 논쟁에서 완

1) 「방송통신위원회의 설치 및 운영에 관한 법률」 제5조 제2항. 야당의 범위를 대통령이 속하지 않은 정당 및 속했던 적이 없는 정당으로 범위를 확대했다. 정쟁으로 인해 대통령이 소속 정당을 탈당하는 경우까지를 포함한 것이다.

전히 자유로울 수 없는 것은 또 하나의 필연이지만, 그렇다고 방송통신위원회 직무 성격상 정무적인 환경과 무관하거나 동떨어져 존재하는 개인의 자유로운 판단에 맡길 경우 발생할 수 있는 사회적인 파장도 고려해야 할 사항이다. 대의제 민주주의 원칙이 완전히 붕괴되지 않는 한 방송통신위원회를 비롯한 여타 합의제 국가기관의 구성에서 국회의장(여당과 야당)의 추천과 대통령 임명이라는 기본적인 구조는 앞으로도 여전히 유효한 원칙이다.

2 미국 연방통신위원회(FCC) 위원 구성

미국 연방통신위원회(FCC)의 위원은 대통령이 임명하되 상원(Senate)의 인준(confirmation)[2]을 받아야 한다. 위원 임명이 있기 전에 미리 국회의장의 추천을 받는 우리나라와 비교하면 형식상의 차이는 있다. 그러나 상원의 인준을 위해서는 대통령의 임명 행위가 있기 전에 사전 교감 내지는 관행에 따른 배려가 필요하기 때문에 본질적인 차이는 없는 것으로 생각된다. 미국 연방통신위원회 위원 5인 중 2인은 야당 인사로 채워지는 것도 우리나라와 동일한 취지다.

미국 연방통신위원회 위원의 임기는 5년이다. 위원장이 별도로 있지만 우리나라와 달리 부위원장은 별도로 두지 않고 있다. 우리나라와 다른 또 한 가지는 명확히 법률에 규정된 것은 아니지만 오랜 관행으로 5명의 위원이 매년 1명씩 바뀌는 구조(Normally, One Commissioner is appointed or reappointed each year, for a term of five years)다. 업무의 연속성과 효율성을 지키기 위한 지혜가 녹아 있는 제도의 일종이라고 볼 수 있다.

정치적인 균형을 위한 시스템으로는 "(5인의 위원 중) 3인 이하만 동일 정당 소속이어야 한다"는 규정[3]을 두고 있다. 이 규정만 지킨다면 그것이

2) 「Title 47-Telecommunication, Chapter I-Federal Communications Commission, PART 0_COMMISSION ORGANIZATION Subpart A_Organization」 제0.1조 총칙(General) 참조.

대통령이 속한 정당인지 아닌지는 묻지 않는 것이다. 현실적으로는 임명권을 대통령이 갖기 때문에 통상 3명은 대통령이 속한 정당이 될 것이다. 설립 연도인 1934년부터 임명된 모든 미국 연방통신위원회 위원 중 소속 정당이 없었던 위원은 단 두 명에 그치는 것을 보면 미국 연방통신위원회의 구성은 정치성을 기반으로 하고 있다[4]고 평가된다.

미국 연방통신위원회 역사가 시작된 1934년부터 현재까지 미국 연방통신위원회 위원으로 근무한 전・현직 위원 79명의 정당 소속 현황을 보면 무소속(Independent)이 2명, 민주당원(Democrat)이 40명, 공화당원(Republican)이 37명으로 나타난다. 무소속 2인 중 웹스터(Edward M. Webster) 위원이 1956년 6월 30일 퇴임한 뒤로는 더 이상 무소속이 나오지 않고 있다.

3 캐나다 방송통신위원회(CRTC) 위원 구성

캐나다 방송통신위원회(CRTC)는 연방정부 소속의 방송통신 분야 규제기관이다. 위원은 13인 이내의 상임위원과 6인 이내의 비상임위원을 둘 수 있으며, 의원내각제 국가인 만큼 내각(Cabinet, Governor in Council)회의에서 임명[5]된다. 이는 법률인 「Canadian Radio-television and Telecommunications Commission Act」에서 규정하고 있는 상한선으로서 과거 10년 동안 비상임 위원이 임명된 사실이 없었다. 사회 모든 분야에서 다양성을 중요시하는 국가답게 더 많은 사회적 배려를 위해 가능성을 열어놓기는 했지만 13명의 상임위원에다 6명의 비상임위원까지 둘 현실적인 타당성

3) 「Communications Act of 1934」 제4(5)조 참조. 이 조항에서는 '전체 위원 수에서 다수결을 구성하는 최소한의 숫자'로 규정하고 있다. 이에 따라 위원이 5인이므로 다수결이 되는 3인까지가 동일 정당 소속 위원 수의 한계가 되는 것이다(The Maximum number of commissioners who may be members of the same political party shall be a number equal to the least number of commissioners which constitutes a full membership of the Commission.).

4) www.fcc.gov/commissioners 참조.

5) 「Canadian Radio-television and Telecommunications Act」 제3조 참조.

을 찾기는 어려웠을 것으로 추정된다. 위원장 1인이 있고 부위원장은 2인으로서 방송 분야 부위원장, 통신 분야 부위원장으로 나뉜다. 사안에 따라 방송분과위원회(Broadcasting Committee Meeting: BCM)와 통신분과위원회Telecommunications Committee Meeting: TCM)를 운영한다.

캐나다 방송통신위원회의 위원 구성상 중요한 특징은 지역대표 위원이 임명된다는 점이다. 단순히 지역 사무소를 두는 것이 아니라 위원 중 1인이 해당 지역에 상근하는 형태다. 현재는 온타리오 주(Ontario Region), 동부지역(Atlantic Region and Nunavut), 퀘벡 주(Quebec Region), 북서지역(Alberta and Northwest Territories), 중부지역(Manitoba and Saskatchewan), 서부지역(British Columbia and Yukon)에 각각 1인의 위원이 있다. 이들은 해당 지역 도시에 소재하는 사무소에 상근하며, 회의가 있을 때 마다 오타와에 있는 본부로 출장을 와 회의에 참석한다. 지역대표 상근위원이 있기 때문에 캐나다 방송통신위원회는 위원 수가 3개 국가는 물론 다른 어느 나라에 견줘도 가장 많은 상근위원을 가진 나라가 되었다.

캐나다 방송통신위원회는 정치적 균형을 위해 위원 임명에 별도의 제한을 두고 있지는 않다. 그렇다고 위원 임명이 정치성을 고려하지 않는다는 뜻은 아니다. 실제로 다수의 정치인 출신이 많고, 나라 전체가 그렇듯이 불어권에 대한 배려도 빠지지 않고 이뤄지는 요소의 하나다. 위원 수가 많은 만큼 여러 가지 측면에서 균형성을 배려[6]하기에는 이점이 있다고 볼 수 있겠다.

캐나다 방송통신위원회위원은 내각이 정하는 거주지 제한[7]이 있는데, 지역 대표 위원은 해당 지역에 거주해야 하며 나머지 연방위원은 수도권(National Capital Region)[8]에 거주해야 한다. 지역대표를 두고 있기 때문

---

6) 2011년 10월 현재 캐나다 방송통신위원회(CRTC) 위원 13인 중 여성 위원은 5명이며, French Canadian 배경을 가진 위원도 4명에 이른다. 아울러 캐나다 국가 전체의 이중언어 정책에 따라 모든 공식 회의에서는 영어-불어 간 상호 동시통역이 이뤄진다. 발언하는 위원은 각자의 선호에 따라 영어와 불어를 번갈아 말하거나 둘중 한 가지 언어를 자유롭게 선택할 수 있다.

7) 「Canadian Radio-television and Telecommunications Commission Act」 제10.1(1)조 참조.

에 생긴 특별한 제한으로 볼 수 있다.

4 분석평가

위원 구성 및 정치적 균형을 보장하기 위한 제도 측면에서 보면, 한국은 가장 강한 정치적 균형을 위한 규정을 갖고 있다. 미국 미국 연방통신위원회(FCC)의 위원 구성에서 동일 정당 소속이 3인을 넘지 못하도록 하는 규정을 갖고 있는 것과 실질적으로 비슷하기는 하지만 우리나라처럼 국회의장(여당과 야당)이 직접 3인을 선정하도록 법률에 규정을 두고 있는 것과는 비교되지 않는다. 이에 따라 우리나라는 방송통신위원회 위원 구성 시기가 되면 여당은 물론 야당이 직접 대학원에서 접수하듯이 자천 타천의 후보자들을 공모하고 이를 심사해 위원을 선정하는 풍경도 볼 수 있다. 이러한 모습은 비교 대상인 미국과 캐나다에서는 찾아보기 힘든 일이다. 이와 같은 명확한 정치적 균형을 배려하기 위한 위원 선임 규정이 있음에도 정치적 편향성에 대한 야당의 끊임없는 비판은 3개 국가 중 가장 높은 것은 어찌 보면 역설적이다. 정치적 편향성의 이유를 다른 곳에서 찾아야 하는 이유가 되기도 한다.

위원 숫자에 대한 3개국의 경향성도 뚜렷한 비교 대상이 될 수 있다. 우리나라와 미국이 각각 5인의 상임위원을 두고 있어 공통점을 갖고 있다. 이것은 우리나라와 미국이 비슷한 행정문화를 갖고 있기보다는 한국의 방송통신위원회 설립 시 가장 직접적인 모델이 된 것이 미국의 미국 연방통신위원회(FCC)였기 때문에 자연스러운 결과이기도 했다. 어쨌든 5인의 상임

8) 수도권(National Capital Region: NCR)은 「수도법(National Capital Act)」에 의거하여 정해졌는데, 오타와 강을 사이에 두고 붙어 있는 온타리오 주의 오타와(Ottawa)와 퀘벡 주의 가티노(Gatineau) 일대에 걸쳐 있다. 강을 경계로 주가 다르기 때문에 세금제도 등 적용 법률도 다르다. 그러나 캐나다의 국가정체성을 위해 연방정부 수도로 묶이면서 같은 생활권으로 분류되고 있다. 예를 들어 수도권을 운영하는 대중교통 버스의 경우 양쪽 버스표가 공용으로 사용 가능하다. 연방정부 청사는 70%가 오타와, 나머지 30%가 가티노 지역에 위치한다.

위원 체제는 상대적으로 신속한 의사결정이 필요한 IT 분야의 안건 처리 및 정책결정에서 상당한 효율성을 가져다 주었다고 평가할 수 있다. 과거 방송위원회가 9인의 위원 체제(5인 상임위원, 4인 비상임위원)를 유지해 방송통신 융합 분야에 대한 정책 및 규제 결정에서 비효율적이었다는 비판을 생각해 보면 그 차이를 실감할 수 있을 것이다. 이 점에 비춰 캐나다 방송통신위원회(CRTC)가 무려 13인의 위원을 그것도 상임위원 체제로 유지하고 있는 것은 경이롭기까지 하다. 방대한 영토와 다양한 문화를 가진 다민족 국가로서 정체성을 확립하고 연방정부의 정책을 수립, 시행하기 위한 독특한 경험을 반영하고 있다고밖에 평가할 수 없다. 그러나 그렇다고 하더라도 이 점은 인근의 미국도 별반 다를 것이 없는 지리적·문화적 환경을 갖고 있기 때문에 분명한 이유가 되기는 어렵다. 실제로 미국 미국 연방통신위원회 소속 직원 중 일부는 13인의 상임위원을 운영하는 캐나다에 대해 이해하기 힘들다는 반응을 보이기도 한다. 이 부분은 앞으로 구체적인 의사 운영, 집행 과정에서 살펴볼 기회가 있을 것이다. 이와 같은 다수 위원 체제에 따라 캐나다는 지역 대표성을 가장 완벽하게 구현하고 있다.

3개국 방송통신위원들의 임기도 차이를 보인다. 한국이 3년으로 가장 짧을 뿐만 아니라 정상적으로 연임하는 사례도 극히 드물다. 사회 모든 측면에서 가장 급격하게 변화를 겪은 사회 분위기를 그대로 반영하고 있다고 평가하면 고심할 필요도 없는 쉬운 설명이 될 것이다. 그러나 방송통신 분야 정책의 연속성과 일관성 측면에서 본다면 결코 쉽게 넘길 수 없는 부분이라고 생각된다. 미국의 경우 임기 5년이 보장될 뿐만 아니라 다수의 위원이 연임하는 사례도 심심치 않게 볼 수 있다. 최장 기간 재임자인 퀠로(James Quello) 위원의 재임 기간이 20년을 훌쩍 넘을 뿐만 아니라 콥스(Michael J. Copps)는 2001년 임명된 이후 2011년 12월까지 위원직을 수행했다. 또한 임기 5년도 다섯 명이 동시에 바뀌는 사례는 찾기 힘들고 매년 1명꼴로 새로운 위원이 바뀌는 방식으로 연속성과 일관성이 제대로 지켜지고 있는 것을 볼 수 있다. 캐나다 방송통신위원회 위원의 임기도 5년으로서 우리나라보다는 길며, 위원 수가 13인에 이르러 단순 비교는 어렵지만 위원들의 업무 연속성과 일관성 측면에서도 우리나라보다는 유리한 점을 발견할 수 있다. 행정기관으로서의 업무 연속성과 일관성을 확보하기 위한 미국과 캐나다의 위원 임명 방식에 대해서는 우리나라도 깊이 유념할 필요가 있다.

제 3 절 정책, 행정 업무 직무 범위 및 권한

1 방송통신위원회의 직무 범위 및 권한

방송통신위원회의 직무는 방송 분야와 통신 분야로 크게 나뉜다. 방송 분야에서는 방송법에 따른 모든 방송사업자 및 방송 관련 사업자의 인・허가와 규제 및 관련 정책을 포괄한다. 통신 분야에서도 주파수 업무를 주축으로 모든 유무선 통신사업자의 인・허가와 규제 및 관련 정책을 수행하며 인터넷 규제 및 방송통신 융합 분야 규제와 정책을 총괄하는 명실상부한 방송통신 및 융합 분야 주무기관으로서의 직무를 수행한다.

이와 같은 방대한 직무 범위는 방송 분야를 총괄하는 방송위원회의 직무와 통신 분야와 IT 업무를 총괄했던 정보통신부의 통합으로 탄생한 배경에서 유래한다. 애초부터 방송통신위원회란 단일 기관으로 출범했던 것과는 다른 역사적 배경을 안고 있는 것이다.

2 미국 연방통신위원회(FCC)의 직무 범위 및 권한

미국 연방통신위원회의 직무 범위 및 권한은 이름에서 나타나는 바와 같이 '커뮤니케이션(communications)'에 해당하는 연방정부정책 및 규제 업무를 수행한다. 구체적인 내용은 방송통신위원회와 유사해 주파수 업무를 비롯해, 인터넷 정책, 미디어(방송) 정책 관련 업무를 총괄적으로 수행하며 통신을 통한 공공 안전과 국토안보에도 상당한 역량을 집중하고 있는 것으로 나타난다. 이와 같은 연방통신위원회의 직무 범위는 1934년 출범 당시부터 이어진 것으로서 세계 여러 나라의 방송통신 분야 정부조직 개편과 설립에 많은 영향을 끼치고 있다.

미국 연방통신위원회의 주파수 관련 정책은 미국 연방통신정보관리청(NTIA)의 직무와 관련성이 높으며, 전체적인 정책 수립, 시행에서 공조 체제를 보이고 있다.

3 캐나다 방송통신위원회(CRTC)의 직무 범위 및 권한

캐나다 방송통신위원회는 방송정책 및 규제, 통신 서비스 정책 및 규제를 담당하는 점에서는 대체로 우리나라 방송통신위원회와 비슷한 직무를 수행한다. 그러나 구체적인 내용에서는 차이점이 나타난다.

통신 분야에서는 주파수 정책 권한이 산업부의 직무 범위에 속한다. 그러나 주파수 할당 정책이 확정되면 그에 따른 사업자 인·허가 사항 및 사전, 사후 규제는 캐나다 방송통신위원회(CRTC)가 수행하기 때문에 두 기관은 매우 밀접한 관련성을 갖고 있다. 통신산업과 관련된 대부분의 내·외부 행사에는 산업부 장관과 캐나다 방송통신위원장이 동시에 참석하며, 실무진 간에도 업무 협의가 자주 이뤄진다.

4 분석평가

세 나라 간의 규모와 환경의 차이가 있기 때문에 단순 비교에는 무리가 따르기는 하지만, 정부의 조직과 역할에 공통점이 있다는 가정을 도입해 관찰하는 것이 전혀 무의미하지는 않을 것이다.

전체적인 직무 범위를 살펴보면 방송통신위원회가 가장 총괄적인 직무를 수행하고 있는 점이 보인다. 예를 들어 주파수 정책은 방송통신 및 융합 분야에서 가장 기본적이고 핵심적인 권한 사항에 속하는데, 이 부분에서 방송통신위원회는 한국 정부 내에서 다른 기관과 견줄 부분이 없는 독보적인 권한을 갖고 있다. 이것은 방송통신위원회가 이와 관련되는 IT 및 융합 정책을 총괄하는 데 기본 바탕이 되는 것이며 역동적인 활동의 배경이 되기도 한다. 미국 연방통신위원회(FCC)도 주파수 정책의 주무기관 역할을 담당하고 있는 것은 사실이지만, 연방정부가 사용하는 주파수에 대해서는 미국 연방통신정보관리청(NTIA)이 담당하고 있는 점이 눈에 띈다. 따라서 미국 연방통신위원회는 여유 주파수 발굴이나 이와 관련한 정책을 수립하는데 연방통신정보관리청과 공동 업무 수행이 필수적인 것이다. 캐나다 방송통신위원회는 주파수 정책에 관한 한 직접적인 직무를 수행하지 않는다. 대신 캐나다 산업부(Industry Canada)와 국방부(Defense Canada)가 각각 소관 주파수 대역에 대한 정책권을 가지게 되며, 캐나다 방송통신위원회는 산업부와의 정책 협의를 통해 주파수 정책에 관여하는 체제다. 예를 들어 지상파 방송의 디지털 전환 정책에 관련해서 대부분의 관련 정책을 캐나다 방송통신위원회가 담당하지만, 주파수 정책에 대해서만은 산업부의 결정 사항이어서 아직 그 용도가 공식적으로 발표되지 않은 상태다.

방송 콘텐츠 정책 분야에서도 방송통신위원회가 가장 역동적이고 광범위한 활동폭을 갖고 있다. 방송통신위원회는 방송통신발전기금의 주무부처로서 문화관광부, 지식경제부 등과 협의를 통해 방송 콘텐츠의 제작 지원, 육성, 해외 진출 등의 업무를 광범위하게 수행하고 있다. 캐나다 방송통신위원회도 규제 측면에서는 국내 제작 프로그램의 편성 의무제도 등에서 방송통신위원회와 비슷한 기능을 수행하고 있다.

미국 연방통신위원회의 경우는 방송 콘텐츠 등과 관련해서는 거의 역할을 수행하지 않는다. 이는 미국 자체가 세계 최대의 콘텐츠 생산국이기 때문에 어느 정부기관이든 적극적인 개입 필요성이 거의 없기 때문이다. 미국 연방통신위원회 외에 다른 기관도 한국이나 캐나다의 경우와 같이 방송 콘텐츠 육성을 위해 정부가 직접 나서지는 않는다. 방송 콘텐츠 관련 기능이 거의 없는 미국 연방통신위원회(FCC)이기 때문에 어찌 보면 기술적이고 직무 그 자체의 의미에 충실하다[9]는 평가도 가능하다.

방송통신위원회가 미국 연방통신위원회를 모델로 했지만 그 실질적인 운영과 역할에는 따라가지 못한다는 학계의 평가도 틀린 것은 아니다. 그러나 또 한편으로 정부의 역할이 미국과 같이 이른바 '드라이'하다면 그 또한 우리나라에서 좋은 평가를 받을까 하는 의문도 갖게 된다. 캐나다의 경우 방송 콘텐츠 육성 및 지원은 캐나다 방송통신위원회와 캐나디언 헤리티지(Canadian Heritage)가 공동으로 수행한다. 이를 둘러싼 호평과 불평은 우리나라에서 거의 유사하게 전개된다. 예를 들어 정부정책에 반하는 방송·예술 콘텐츠 제작에 기금 지원이 이뤄졌다가 이를 반납하는 등의 문제가 심심치 않게 일어나는 것을 볼 수 있다. 이와 같은 혼란은 정부가 직접적이든 간접적이든 지원금을 주는 경우에는 피할 수 없는 논란일 것이다.

융합이라는 취지에서 보면 방송통신위원회가 가장 총괄적이고 융합된 정부 기능을 갖고 있다고 평가할 수 있다. 실제로 그것을 수행하는 데 적합한 체제인지 아닌지는 다른 논쟁거리가 되겠지만, 애초 방송통신 융합 시대에 걸맞은 기관을 설립하겠다는 취지는 실현되었다고 볼 수 있는 것이다. 방송 분야가 산업적으로 방송통신 융합 추세에 직접적인 영향을 받지만, 언론 기능 자체가 사라지거나 그에 대한 사회적 기대가 없어지기도 어렵기 때문에 이른바 '정치'적인 흐름에 편승했거나 할 우려가 큰 것도 부인하기 어렵다.

그런 측면에서 방송통신위원회가 3개 기관 중 가장 자주 언론 보도에 등장하고 일반인의 관심 대상이 되는 것도 쉽게 이해할 수 있는 부분이다. 이에 비해 미국 연방통신위원회(FCC)와 캐나다 방송통신위원회(CRTC)는 다소 제한적이기는 하지만 방송과 통신을 함께 관장해 온 역사가 상대적으로 깊고, 다른 정부 부처와의 협의 관행이나 매뉴얼도 정착한 지가 오래되었기 때문에 안정성 측면에서는 비교하기 어려울 정도다. 정치사회적으로

9) 이와 관련 방송통신 주무기관의 정치적 편향성 또는 정치적 균형에 대한 강조와 사회적 비판, 요구가 미국 연방통신위원회(FCC)에 가장 적다는 평가도 있다. 그 이유에 대해 미국 연방통신위원회 내부 관련 직원은 방송 콘텐츠와 관련한 기능이 거의 없기 때문이라는 의견을 제시했다. 이에 비하면 방송통신위원회와 캐나다 방송통신위원회(CRTC)는 내·외부적으로 정치적인 요소가 강한 조직이라는 평가가 가능하며, 그 이유는 방송 콘텐츠 관련 업무에서 그 이유를 찾을 수 있다.

어느 누구도 두 기관의 근본적인 위상에 문제 제기를 하거나 폐지해야 한다는 주장은 하지 않는다. 그만큼 두 기관의 역할에 대한 인식이 뿌리를 내리고 있다는 평가도 가능하다.

방송통신위원회에 제기되는 끊임없는 정치 편향성 논란이나 기능과 정책활동에 대한 불신 분위기가 있는 것과는 구분되는 모습이다. 이와 같은 차이는 단순히 '시간'이 해결해 줄 문제라고 볼 수도 있고, 아니면 방송정책, 언론정책에 대한 정치계의 시각 자체가 변해야 하는 근본적인 문제일 수도 있다. 어느 쪽이든 하나의 정부기관, 체제가 정착하기 위해서는 상당한 시간이 흘러야 한다는 사실 자체는 부인하기 어렵다.

표 14-1 3개국 방송통신 주무기관 업무 분장 현황(2010.12. 기준)

구분	한국	미국	캐나다
방송 정책·규제	방송통신위원회	미국 연방통신위원회 (FCC)	캐나다 방송통신위원회 (CRTC)
통신 정책·규제			
주파수 관리		미국 연방통신위원회 (FCC) 미국 연방통신정보 관리청(NTIA)	산업부
주파수 사용 인증, 기술연구		미국 연방통신위원회 (FCC)	산업부

제 4 절 공영방송 관련 직무 범위 및 권한

1 방송통신위원회

방송통신위원회는 공영방송의 임원 선임과 관련해 주도적인 권한을 갖고 있다. 방송통신위원회의 이러한 권한은 국민대표성을 반영한 위원 구성에서 그 이유를 찾을 수 있다. 공영방송은 주주가 일반기업이나 개인이 아니라 국가인 방송사라고 정의할 때, 공영방송의 주인은 곧 국민이다. 따라서 공영방송에 대한 권한을 행사하는 기관은 국민대표성이 반영된 중립적인 기관이어야 한다는 논리가 있는 것이다. 방송통신위원회의 정치적 편향성에 대한 야당의 주장은 여전히 사라지지 않고 있지만, 위원 구성에서 야당 추천 인사가 임명되는 구조에서는 다른 기관이 대신할 수 없는 부분인 것은 분명하다.

이에 따라 방송통신위원회는 KBS 이사 11인 선정・추천(「방송법」 제46조), KBS 감사 임명(「방송법」 제50조 제4항), KBS 정관 변경 인가(「방송법」 제45조 제2항), KBS 운영계획 제출 의무(「방송법」 제58조 제2항), KBS 결산서 제출 의무(「방송법」 제59조), KBS 부동산 취득・처분 등의 보고 및 취득할 당시의 목적을 변경한 사실의 보고 의무(「방송법」 제60조), KBS 수신료 금액 관련 자료 제출 의무(「방송법」 제65조, 「방송법시행규칙」 제12조), 수신료 면제 및 감액 대상 수상기 지정(「방송법」 제64조, 「방송법시행령」 제44조, 제45조), 수신료 체납처분 승인(「방송법」 제66조) 등 일반적인 감독 권한을 갖고 있다.

EBS에 대해서는 EBS 사장, 감사 임명(「한국교육방송공사법」 제9조 제2항・제3항), EBS 이사 9인 임명(「한국교육방송공사법」 제13조 제2항), EBS 정관 변경 인가(「한국교육방송공사법」 제5조 제2항), EBS 예산 확정 보고 및 변경 보고 의무(「한국교육방송공사법」 제20조), EBS 운영계획 보고(「한국교육방송공사법」 제22조), EBS 결산서 제출(「한국교육방송공사법」 제23조) 등이 방송통신위원회를 통해 이뤄지게 된다.

또한 방송통신위원회는 MBC의 대주주인 방송문화진흥회 이사 9인 임명(「방송문화진흥회법」 제6조 제4항), 방송문화진흥회 감사 임명(「방송문화진흥회법」 제6조 제5항), 방송문화진흥회 정관 변경 인가(「방송문화진흥회법」 제4조 제2항), 방송문화진흥회 예산서 및 결산서(「방송문화진흥회법」 제15조)를 제출받는다.

2 미국 연방통신위원회(FCC)

미국 연방통신위원회는 공영방송과 관련한 특별한 권한이 없다. PBS가 공영방송으로 분류되지만, 정부가 지분을 보유하고 있지 않기 때문에 방송사업자로서 일반적인 사항 외에 특별한 권한이나 책임 사항이 없다.

3 캐나다 방송통신위원회(CRTC)

캐나다 방송통신위원회도 공영방송의 인사와 경영에 관한 권한과 책임은 없다. 공영 CBC는 정부기업(crown corporation) 지위를 갖고 있는데, 경영을 책임지는 12인(이사장, 사장 포함)의 이사들은 내각(Governor in Council, Cabinet)이 임명[10]한다.

CBC의 재원은 의회가 승인하는 정부지원금(paliamentary appropriations)과 사업수익(commercial revenues)으로 이뤄진다. 우리나라와 달리 수신료(license fee)는 없다.

4 분석평가

공영방송의 경영책임자(사장, 이사회) 선임에서 방송통신위원회는 총괄적인 권한과 책임을 갖고 있다. 그 이유는 우리나라 지상파 방송이 공영방송 중심 체제로 되어 있으며, 두 나라에 비해 공영방송의 숫자나 위상이 매우 높다는 점에서 찾을 수 있다. 국민을 대신해 경영책임자를 선임하고, 기본적인 사항을 감독할 공적 역할이 무엇보다도 크게 요구된다.

이와 같은 공영방송에 대한 총괄적인 감독권한의 존재는 방송통신 주무기관(또는 방송 주무기관)을 합의제로 만든 중요한 이유이기도 하다. 정치

10) 캐나다 「Broadcasting Act」 제36(2)조 참조.

적인 중립성을 지키고 공영성의 취지를 살릴 수 있는 방안의 하나로 이를 관할하는 기관을 합의제로 만든 것이다.

캐나다의 경우 공영 CBC는 연방정부의 정부기업(crown corporation) 지위[11]를 갖고 있기 때문에 연방정부를 대표하는 내각이 경영 책임을 진 이사회를 선임하는 권한을 갖는 구조다. 캐나다 방송통신위원회(CRTC)는 CBC의 경영권 선임에는 관여하지 않지만, 방송 법령과 정책에 따른 규제 대상에는 CBC도 포함된다.

공영방송에 대한 감독 체계는 어느 나라의 경우에나 정치적인 논쟁의 대상이다. 특히 공영방송의 질적・양적 수준에서 큰 비중을 차지하는 우리나라의 경우에는 더욱 그러한 경향이 짙다. 캐나다의 경우에는 경영권 선임을 내각이 맡도록 하되, 의회가 예산승인권을 갖는 구조이고, 우리나라의 경우에는 경영권 선임을 정부(방송통신위원회)가 맡도록 하되 방송통신위원회 위원의 선임에 국회가 참여하는 형태다. 예산승인권은 공영방송의 자율적인 영역으로 인정되고 있다.

우리나라의 경우 공영방송의 감독 체계에 대한 논쟁은 여전히 계속되고 있는 이슈다. 결국 사회적 합의에 따라 결정되어야 할 사항으로 보인다.

제 5 절 소관 법률

1 방송통신위원회의 소관 법률

소관 법률은 특히 우리나라에서 어느 정부기관의 권한과 직무를 규정하는 데 중요한 의미를 지닌다. 즉, 우리나라에서 특정 법의 소관 기관이 정

11) 캐나다의 정부기업(crown corporation)은 1600년대 식민지 개척 당시부터 중요 사업을 국가가 선임한 관리자가 맡도록 하기 시작한 전통에서 비롯되었다. 20세기 이후 다수의 정부기업이 민영화되었지만, CBC 등에서 그 전통이 이어지고 있다.

해지면, 그 기관은 그 법률의 집행뿐만 아니라 개정 과정에서도 필수적이고도 핵심적인 역할을 수행하게 된다. 그것은 정부 발의 개정인 경우는 물론, 의원 발의인 경우에도 소관 기관은 가장 먼저 검토하게 되고, 정부간 의견 조정과 국무회의 의결 과정에서도 주도적인 역할을 하는 것이다. 방송통신위원회는 소관 법률이 있는 중앙행정기관으로서 이에 해당하는 모든 법률의 제·개정 과정에서 주무기관 역할을 수행한다. 방송통신위원장이 국무회의에 정기적으로 참석하는 것도 이와 무관하지 않다.

2011년 12월 현재 방송통신위원회의 소관 법률은 「방송통신위원회 설치 및 운영에 관한 법률」을 비롯해 「방송법」, 「한국교육방송공사법」, 「방송문화진흥회법」, 「전기통신사업법」, 「정보통신망 이용 촉진 및 정보 보호 등에 관한 법률」, 「전파법」 등 총 16개 법률이다. 그 내용을 보면 방송 분야, 통신 및 전파 분야, 융합 분야 등 방송통신위원회의 광범위한 업무 내용을 알 수 있다.

해당 법률에서 규정한 하위 법령(대통령령, 규칙, 고시)에 대해서도 주무기관으로서 제·개정 절차를 수행한다.

2 미국 연방통신위원회(FCC)의 소관 법률

미국 연방통신위원회를 규정하고 있는 법률은 「Title 47 of CFR(Code of Federal Regulations)」다. 상위 법률의 권한에 따른 하위 법령에 해당하는 '규칙(Rules)'은 미국 연방통신위원회가 독립적으로 제정, 시행할 수 있다. 우리나라와 같이 하위 법령(대통령령, 규칙 등)이 국무회의를 거치는 일은 없다. 이는 미국에 존재하는 독립규제위원회의 위상을 잘 보여 주는 것이다.

전체적으로 보면 독립규제위원회로서의 미국 연방통신위원회의 모든 활동은 의회의 통제에서 시작되고 끝나기 때문에 우리 식대로 분류한다면 대통령이 지휘하는 행정부라기보다는 의회의 산하기관이라고 볼 수도 있겠다. 이에 따라 미국 연방통신위원회는 독자적으로 정한 엄격한 절차에 따라 다양한 규칙을 제정해 시행하고 있다. 「Broadband Data Improvement Act」와 같이 미국 연방통신위원회의 구체적인 업무 수행을 규정한 법률도 있다. 이 법률에 따라 미국 연방통신위원회는 브로드밴드 인터넷과 관련 국제 비교 자료를 의무적으로 만들어야 한다.

3 캐나다 방송통신위원회(CRTC)의 소관 법률

캐나다 방송통신위원회의 권한과 책임을 규정하고 있는 법률로는 「Canadian Radio-television and Telecommunications Commission Act」, 「Broadcasting Act」, 「Telecommunications Act」, 「Bell Canada Act」[12]이 있다. 캐나다는 의원내각제 국가이므로 모든 법률은 내각과 국회의 소관 사항이 되므로 우리나라 기준대로 본다면 캐나다 방송통신위원회의 소관 법률은 없다. 공식적으로 법률안과 연차보고 등 공식적인 의회 접촉은 캐나다 방송통신위원회가 직접 수행하지 않고 내각의 일원인 캐나디언 헤리티지(Canadian Heritage) 장관과 산업부(Industry Canada) 장관을 통해 이뤄지게 된다. 그러나 현실적으로는 캐나다 방송통신위원회 관련 사항에 대해서는 위원장이 직접 의회에 출석해 의견을 진술하거나 정책 방안을 보고하기도 한다.

캐나다 방송통신위원회도 연방 정부기관으로서 상위법인 법률을 집행하거나 관련 정책 수행을 위해 '하위 법령(by-laws)'을 제정할 수 있고, '규정(Regulations)', '지침(Directives)' 또는 '정책(Policy)'을 정해 공표한다.

주파수 정책과 규제에 관한 사항을 담고 있는 「Radio Communications Act」는 해당 사항을 캐나다 방송통신위원회가 아닌 산업부의 권한으로 규정하고 있다.

12) 캐나다 최대 통신사인 벨(Bell Canada Enterprise: BCE)은 민영화 과정을 완료한 민간 회사 지위지만 관련법은 여전히 유효하다. 현재의 법은 Bell사의 허가증과 같은 법적 의미를 가지며 허가 조건(Obligations to serve)을 담고 있는 현행법이다.

4 분석평가

소관 법률과 그에 관한 제·개정 시 방송통신 주무기관으로서의 역할을 살펴보면 3개국의 국가 체제와 행정문화의 차이가 반영되어 있음을 알 수 있다. 그런 환경의 차이점을 제외하고도 3개 기관의 역할에는 상당한 차이점과 공통점이 드러난다.

방송통신위원회의 경우, 대통령제 국가이면서도 국무회의라는 독특한 회의체를 통해 정부 법률안의 발의와 대통령령 등 하위 법령 제·개정을 확정짓는 구조를 갖고 있다. 이러한 체제는 당연히 따라야 한다는 전제에 따라 방송통신위원회의 위상도 정해졌다는 분석이 가능하다. 즉, 방송통신위원회가 미국 연방통신위원회(FCC)와 같은 독립규제위원회의 틀에 맞춰 설립이 추진되었으나, 국무회의 체제에 따른 중앙정부기관으로서의 역할을 수행하기 위해서는 행정부처 또는 독임제 중앙정부기관과 같은 성격을 지니고 행정부 전체와 밀접한 관련성을 맺고 있어야 하는 것이다. 이것은 보기에 따라서는 서로 모순되는 모습일 수도 있다.

방송통신위원회는 소관 법률과 그에 따른 대통령령 등 하위 법령의 제·개정에 주도적인 역할을 수행하지만, 그것이 국무회의를 거쳐야 하기 때문에 행정기관의 일원으로서 역할과 법적 위상을 갖지 않을 수 없다.

미국 연방통신위원회의 경우에는 하위 법령과 규칙 등의 제·개정 시에 의회의 직접적인 통제를 받는다는 점에서 방송통신위원회와는 차이가 있다. 이에 따라 행정부보다는 의회와 가깝기 때문에 행정부 전체를 아우르는 정책에 휘말리는 경우가 비교적 적은 것으로 관찰되며, 미국 연방통신위원회 위원장이 대통령이 주재하는 내각회의에 참석하거나, 여타 행정부 장관과의 업무 협의를 하는 일도 극히 드물다. 소관 법령 제·개정을 위해 또는 정책 협의를 위해 다른 행정기관과 상시적인 협의 체제를 가동하고 때로는 위원장이 다른 부처 장관들과 공동 기자회견까지 하는 우리나라와는 크게 다른 부분이다. 이와 같은 점을 빼면 방송통신위원회와 미국 연방통신위원회는 소관 법률과 이에 따른 하위 법령, 규칙의 제정에서 주도적이고 독립적인 기능을 수행하고 있다.

캐나다 방송통신위원회(CRTC)의 경우에는 이와 같은 측면에서는 다소 독자적인 법령 관련 업무가 적다. 대통령제 국가에 비해 내각에 모든 권한이 집중되어 있고, 그에 대한 정치적인 책임을 지는 구조이기 때문에 당연한 일이기도 하다. 공식적인 의회 관계 업무는 내각(Cabinet)의 캐나디언 헤리티지(Canadian Heritage) 장관, 산업부(Industry Canada) 장관이 수행하고 있는 점도 한국과 미국과는 큰 차이점이다. 그러나 실제로는 캐나다 방송통신위원회위원장이 다수의 의회 회의나 논의에 참여하고 의견도 활발히 제시하고 있기 때문에 연방정부 규제기관으로서의 독립적인 역할은 수행하고 있다.

이와 같은 공식적인 대(對)의회 책임이 없는 캐나다 방송통신위원회 위원장이지만 실제로는 법령뿐만 아니라 구체적인 정책에 대해 의회에 출석해 의견을 밝혀야 하는 사례도 흔히 발생한다. 결국 전체적인 형태에서는 3개국이 비슷한 양상을 보이고 있는 것이다. 다만, 그 정도나 사회적인 관심도, 행정부 내에서 활동폭은 단연 방송통신위원회가 두드러져 보인다. 행정부 전체가 대통령의 일관된 지휘 체계 하에 있기 때문에 그 일원인 방송통신위원회도 때로는 독립된 합의제 기관의 정신을 살리지 못하고 대통령 또는 정부 여당의 정책에 무조건 동조한다는 일부의 비판에서도 자유롭지 못하다. 법논리적으로는 미국식의 독립규제위원회 제도를 살리고자 했으나 그 형식만 가져왔을 뿐 실질적으로는 전혀 그 취지를 살리지 못하고 있다는 비판도 있다.

모든 방면에서 역동적인 우리나라 분위기를 감안하면 방송통신위원회 체제 전반에 대해서도 조만간 검토가 될 것이다. 근본 방향에 대해서는 정치권의 몫이 되겠지만, 그 경우에 행정문화와 인식이 다른 미국이나 캐나다 등 외국 사례와의 단순 비교보다는 행정부와의 관계에 중점을 둘 것인지, 국회와의 관계에 중점을 둘 것인지의 논의가 가장 필수적인 과정이 아닐까 한다.

제 6 절 실무조직(사무처) 운영

1 공통점

3개국의 방송통신 주무기관은 모두 합의제 기관이라는 성격에 맞춰 유사한 형태의 실무조직(사무처)을 두고 있으며, 사무처 직원들의 신분은 국가공무원, 연방정부 공무원으로서 공통점을 지니고 있다.

과거 방송위원회(2000~2008) 시절에는 이 사무처 직원의 신분을 놓고 치열한 논쟁이 있었다. 방송위원회도 현재의 방송통신위원회와 같이 방송법과 관련 법률에 따른 행정, 정책을 담당하는 국가기관이었기 때문에 그 사무처 종사자도 당연히 국가공무원이어야 한다는 강한 논리가 있었으나, 오랜 국회 논의 과정에서 이 부분이 결론이 나지 않아 사무처 직원들의 신분이 '민간인'으로 유지되었다. 이는 당시 국회의 입법 취지가 방송위원회의 '독립성'에 가장 큰 가치를 두었기 때문에 가능했던, 우리 헌정사로 보면 초유의 입법이었다는 평가도 지나치지 않다. 그러나 8년의 존속 기간을 거친 방송위원회는 2008년 정보통신부와 통합되는 과정을 겪으면서 사무처 직원들도 모두 국가공무원으로 임명되었다. 헌정 사상 초유의 기관이 8년의 수명에 그친 것이다. 방송위원회 체제의 장점과 단점에 대해서는 또 다른 연구 대상이 되겠지만 방송위원회가 법적으로 가졌던 행정부와의 독립성과 국회와의 직접적인 관련성은 이른바 미국식 독립규제위원회에 가장 가까웠다는 평가는 가능할 것으로 본다. 물론 여기에는 견제할 수 있는 장치가 느슨해 오히려 더욱 정치 편향적이 되었다는 결정적인 비판도 함께 존재한다.

국가공무원과 연방정부 공무원으로 구성되어 있기 때문에 3개국의 행정문화에 따른 일부의 차이점은 있지만, 조직 운영 형태에서는 큰 차이가 없다. 그러나 3개국의 행정 체제와 역사에 따라 그 내용상으로는 약간의 차이점을 보이고 있다.

2 사무처 인력 운용상의 차이점

1) 방송통신위원회

방송통신위원회의 사무처는 일반직 국가공무원과 기능직 국가공무원으로 구성된다. 인원 수는 본부 기준 486명, 소속관서 기준 1,121명으로 총계 1,607명이다. 여기서 소속 관서는 국립 전파연구원과 중앙전파관리소를 말하며, 주로 주파수 관리와 전파기기에 대한 국가 인증 업무를 담당하는 조직이다. 이는 방송통신위원회가 주파수 정책을 총괄하는 기관이기 때문에 필수적으로 소속되어야 하는 기관이다.

방송통신위원회 사무처 인력 중 상시적으로 방송통신위원장 및 위원들의 업무를 보좌하고 회의 운영을 담당하는 인력은 본부 인력이다. 2008년 이후 방송통신위원회 소속 직원은 전원 국가공무원법에 따르는 공무원으로 운영되기 때문에 방송통신위원회라고 해서 특별히 다른 정부기관과 인력 운용상의 차이점을 갖고 있지는 않다. 이 부분은 방송위원회 체제와 가장 큰 차이점 중의 하나다.

방송통신위원회 본부에는 약 15명의 법률 전문인력(변호사)이 직원 신분으로 근무하고 있는데, 이 또한 다른 국가기관에 비교해서 큰 차이를 보이는 것은 아니다. 따라서 현재로서는 실무 직원에 관한 한 다른 국가기관과 별다른 차이점이 없는 것이다. 국립전파연구원과 중앙전파관리소는 광역권 대도시 및 필요성이 인정되는 지역을 중심으로 다수의 지역조직을 운영하고 있다.

표 4-2 방송통신위원회 공무원 현황(2010.10. 8. 기준) (단위: 명)

구분	총계	일반직 공무원	기능직 공무원
계	1,607	1,224	383
본부	486	438	48
소속관서(국립전파연구원, 중앙전파관리소)	1,121	786	335

2) 미국 연방통신위원회(FCC)

미국 연방통신위원회 사무처 직원의 수는 2010년 12월 현재 1,993명으로 파악된다. 미국 연방통신위원회는 우리나라의 국립전파연구원이나 중앙전파관리소와 유사한 역할은 집행국(Enforcement Bureau)의 지역사무소가 일부 수행한다.

미국 연방통신위원회 직원들의 면면을 보면 대표적인 전문 분야인 법률 전문 인력을 포함하고 있다. 법률자문 전문 부서인 법무실(General Counsel) 소속으로 78명이 근무[13]하는 것을 비롯해 여타 부서에 근무하는 법률 전문 인력(변호사)은 500명이 넘는다. 또한 기술 전문 인력, 경제분석 전문 인력 등 다양한 전문 인력이 근무하고 있다. 미국 연방통신위원회의 인력구조 현황은 [그림 4-1]과 같다.

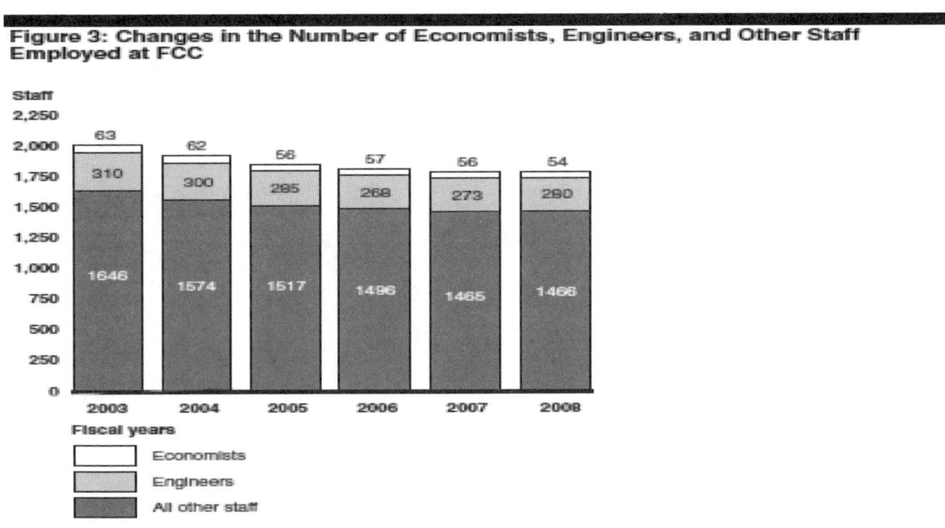

그림 4-1 미국 연방통신위원회(FCC) 인력구조 현황

출처: 미국 GAO, GA0-10-79 FCC MANAGEMENT Improvements Needed in Communication, Decision-Making Processes, and Workforce Planning, p. 39 참조.

13) FCC, *Fiscal Year 2012 Budget Estimates Submitted to Congress*(2011).

3) 캐나다 방송통신위원회(CRTC)

캐나다 방송통신위원회의 인력 규모는 435명으로 방송통신위원회의 본부 인력 규모와 비슷하다. 캐나다는 인구면에서나 경제 규모면에서 우리나라와 비슷하기 때문에 정부 규모도 그에 맞춰 따라가는 것을 볼 수 있다. 캐나다 방송통신위원회의 기능상 주파수 관리 업무 및 전자파 기기 인증 업무가 없기 때문에 방송통신위원회가 갖고 있는 국립전파연구원이나 중앙전파관리소 같은 조직이 없다. 따라서 435명의 인력 규모[14]는 방송과 통신 분야 인・허가 및 인터넷 규제에 종사하는 순수 정책, 행정 인력으로 볼 수 있다.

미국 연방통신위원회와 마찬가지로 법률 전문조직 법무실을 두고 20명의 상근직 변호사를 두고 있는 등 관련 전문 분야 인력을 운영하고 있다.

지역 행정 수요를 위해 지역사무소를 운영하고 있는 것은 방송통신위원회 및 미국 연방통신위원회와 같다. 지역사무소와 관련해 캐나다 방송통신위원회의 큰 특징은 사무 처리를 위한 직원뿐만 아니라 해당 지역을 대표하는 '위원'이 각 지역사무소의 지휘관으로 상주한다는 점이다.

4) 분석평가

3개 기관의 사무처 운영과 역할에서 본질적인 차이가 있지는 않다. 어느 국가를 막론하고 공무원의 역할과 목표에는 차이가 있지는 않기 때문이다. 3개 기관의 사무처 직원들은 소속 부서를 갖고 안건을 작성하고 이를 위원회에 보고하고, 결정 내용을 집행하는 역할을 동일하게 수행하고 있다.

방송통신위원회의 경우 국립전파연구원 및 중앙전파관리소라는 소속기관을 두고 있기 때문에, 소속 공무원의 숫자가 미국 연방통신위원회(FCC), 캐나다 방송통신위원회(CRTC)에 비해 많은 것으로 보인다. 이들 두 기관은 주파수와 관련한 국가 고유의 정책을 집행하고 규제하는 역할을 수행하는 데 필수적인 조직이다. 미국과 캐나다의 방송통신 주무기관에 비해 그만큼 방송통신위원회의 업무 범위가 광범위하다는 증거가 될 수도 있다.

---

14) CRTC, 2009-2010 Departmental Performance Report(2010).

따라서 인력 규모를 비교한다면 방송통신위원회의 경우 본부 인력을 기준으로 비교가 이뤄져야 할 것으로 보인다.

전문 인력의 운용과 그 비율에서 미국 연방통신위원회와 캐나다 방송통신위원회는 방송통신위원회에 비해 그 비중이 높다는 것을 알 수 있다. 방송통신위원회 사무처에 전문가 그룹이 부족하다는 것은 방송통신위원회만의 문제라기보다는 우리나라 전체 정부 공무원의 인력관리, 선발 방식, 근무 관행 등에서 유래하는 부분이다.

지역사무소는 3개 국가 방송통신 주무기관이 공통되게 운영하고 있다. 우리나라의 경우 중앙정부와 지방정부, 미국과 캐나다의 경우 연방정부와 주정부 간의 역할 분배에서 방송통신 분야는 대표적인 중앙정부 내지는 연방정부의 역할로 받아들여지고 있다. 우리나라는 연방제 국가는 아니지만, 그에 비교될 수 있는 지방자치제가 정착되어 있는 가운데 방송통신 분야의 경우 지방정부로 이관할 수 없는 점을 고려해 지역조직을 운영하고 있는 것이다.

캐나다의 경우 다양성에 대한 배려가 국가를 지탱하는 기본 가치 중의 하나이기 때문에 이를 위해 상당한 역량을 집중하고 있음을 알 수 있다. 주 단위 지역사무소를 운영하고 있을 뿐만 아니라 주를 대표하는 위원을 선임하고 그 위원이 해당 지역사무소에 근무하는 시스템을 채택하고 있는 것이다. 해당 위원은 수도 오타와에서 위원회 회의가 열리는 경우 출장을 통해 회의에 참석하기도 하고, 필요 시에는 화상회의 시스템을 이용해 위원회 공식회의나 보고회의를 듣고 의견을 제시한다. 방송이 갖는 사회 통합 기능에 초점을 둔 제도로 이해된다.

3 사무처 직제 비교

1) 방송통신위원회

방송통신위원회 직제는 대통령령으로 정해진다. 현재의 직제의 기본틀은

2008년 정보통신부와 방송위원회를 통합하면서 세웠던 원칙에 입각해 짜여진 것이다. 통합 당시 정보통신부의 소관 업무 중 75% 정도가 방송통신위원회로 이관되었으며, 방송위원회의 소관 업무 중 90%가 방송통신위원회로 이관되었다. 나머지 업무는 행정안전부, 문화관광부, 지식경제부로 이관되었으며, 심의 업무는 국가 검열 논란을 피하기 위해 민간기구인 방송통신심의위원회로 이관되었다.

당시의 직제 구성의 원칙은 두 기관이 합쳐져서 만들어진 신생 기관인 만큼 구(舊)정통부의 고유 기능인 주파수 업무 및 통신정책국 업무와 구(舊)방송위의 방송정책 및 규제 업무를 유지하되, 융합 분야를 강화하는 것이었다.

전파연구소와 중앙전파관리소는 정보통신부의 주파수 정책의 맥을 그대로 잇는 필수적인 정책 집행조직이다. 주파수 정책에 관한 방송통신위원회는 다른 나라 어떤 기관보다도 총괄적이고 광범위한 권한을 갖고 있는 기관이다.

방송통신위원회의 직제 및 담당 업무는 다음과 같다.

■ 방송, 통신 분야 정책, 행정 직제

- **통신정책국**: 통신사업 인·허가 행정 및 정책 수립 시행 담당
- **방송정책국**: 방송사업 인·허가 행정 및 정책 수립 시행 담당
- **방송통신융합정책실 융합정책관**: 방송통신 융합 정책 수립 시행 및 IPTV 인·허가 정책 담당
- **방송통신융합정책실 전파기획관**: 주파수 분배 및 경매 정책 수립, 시행 및 주파수의 효율적 사용 및 진흥 업무 수행. 국가 간 주파수 조정 및 주파수 관련 국제 협력 업무 담당

■ 주파수 정책 집행 직제

- **국립전파연구원**: 주파수 기기 인증, 우주전파환경 정책 담당
- **중앙전파관리소**: 주파수 관리 업무 담당

■ 진흥, 지원 직제

- **방송통신융합정책실 융합정책관**: 방송통신 융합 정책 수립 시행 및 IPTV 인·허가 정책 담당
- **방송통신융합정책실 방송진흥기획관**: 방송 분야 진흥 및 지원, 방송 콘텐츠 육성 정책 담당

■ 소비자 보호 직제

- **이용자 보호국**: 시장 조사 및 방송통신 분야 이용자 보호 정책 수립, 시행. 민원접수센터(Call Center) 운영 담당

■ 인터넷 직제

- **네트워크 정책국**: 인터넷산업 발전 및 부작용 대응정책 수립, 시행 담당

■ 비상계획 직제

- **비상계획담당관**: 전시 및 재난 대비 담당

■ 기획관리, 일반 관리 직제

- **감사담당관**: 감사 업무 담당
- **운영지원과**: 청사관리 등 일반 관리 업무 담당
- **기획조정실 정책기획관**: 위원회 정책 목표, 추진전략 수립, 시행. 위원회 회의 운영, 대외 협력 및 대국회 협력 업무 담당
- **기획조정실 국제협력관**: 국제기구 간 협력 담당
- **기획조정실 대변인**: 정책 홍보 및 취재 협조

■ 지역사무소

방송통신위원회의 지역사무소는 주파수정책관의 소관인 주파수 정책 집행과 불법 주파수 운용 조사 단속 업무, 방송통신 기기 인증, 무선국 허가 검사 등을 수행하기 위해 설치 운영되며, 그 성격상 중앙전파관리소와 국립전파연구원의 조직으로 편재되어 있다. 지역조직의 기본적인 구도는 정

표 4-3 방송통신위원회 지역조직 운영 현황

구분	장소
중앙전파관리소 소관 지역사무소	서울전파관리소, 부산전파관리소, 광주전파관리소, 강릉전파관리소, 대전전파관리소, 대구전파관리소, 전주전파관리소, 제주전파관리소, 청주전파관리소, 울산전파관리소, 서울북부사무소, 당진사무소, 위성전파감시센터(경기 이천)
국립전파연구원 소관 지역사무소	이천분소, 우주전파센터(제주)

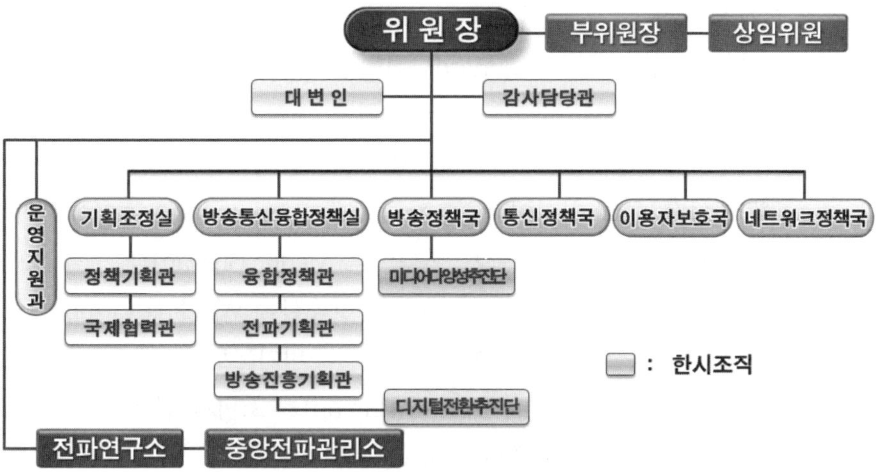

그림 4-2 방송통신위원회 조직도

보통신부 체제 하에서 정립된 것으로서, 방송통신위원회 설립 이후 해당 지역방송사들과 관련된 행정 업무를 일부 처리하고 있다.

2) 미국 연방통신위원회(FCC)

미국 연방통신위원회 사무처 직제(principal staff units)[15]는 대체로 매

15) 「Title 47--Telecommunication, Chapter I--Federal Communications Commission, PART 0_COMMISSION ORGANIZATION Subpart A_Organization」 제0.5조 참조.

체별 분류에 따른 정책과 규제, 행정 업무를 수행하는 일반적인 직제를 근간으로 미국적인 행정문화 및 법제에 따라 업무를 수행하는 직제로 구성되어 있다.

미국 연방통신위원회의 매체 담당 직제를 보면 무선(wireless), 유선(wireline), 위성(satellite), 방송(media) 등 기술 방식에 따라 나뉘어 있는데, 여기에 대해서는 여러 기술이 융합된 서비스가 속출하고 있는 디지털 시대에는 맞지 않다는 비판이 있다. 즉, 융합 서비스의 경우에 여러 개 실, 국의 다른 규제를 받을 가능성이 있다는 것이다. 이에 따라 1996년 통신법 개정 이후 역대 위원장들은 조직 선진화를 위해 여러 가지 변화[16]를 주었다. 1999년 케너드(Kennard) 위원장은 여러 국에 흩어져 있던 위법 조사, 처벌 등의 규제 기능을 통합해 현재 미국 연방통신위원회 내에서 규모가 가장 큰 집행국(Enforcement Bureau)을 만들었다. 뒤를 이은 파월(Powel) 위원장은 매스미디어국(Mass Media Bureau)과 케이블서비스국(Cable Services Bureau)을 합쳐 미디어국(Media Bureau)을 만들었고, 통신사업국(Common Carrier Bureau)을 유선통신국(Wireline Competition Bureau)으로 이름을 바꿔 정비했다. 그리고 소비자 보호 기능 강화를 위해 소비자 정보국(Consumer Information Bureau)을 소비자 및 대외협력국(Consumer & Governmental Affairs Bureau)으로 확대 개편해 총괄적인 소비자 민원 처리를 도모했다. 2006년 마틴(Martin) 위원장은 방송통신 인프라의 중요성에 부응해 공공안전 및 국토보안국(Public Safety & Homeland Security Bureau)을 신설했다.

미국 연방통신위원회(FCC) 직제 중 가장 큰 것은 집행국(Enforcement Bureau: EB)이다. 집행국은 통신법에 따른 방송사업자 및 통신사업자의 허가 조건에 따른 관리 감독은 물론 방송사업자의 어린이 프로그램의 광고 규제 등 광범위한 분야에 대한 불만 접수 및 해결을 담당한다. 집행국의 업무가 워낙 광범위하기 때문에 다른 정부기관은 물론 미국 연방통신위원회

16) 미국 GAO, GA0-10-79 FCC MANAGEMENT Improvements Needed in Communication, Decision-Making Processes, and Workforce Planning, pp. 11-13 참조.

내부의 다른 실, 국과도 다양한 관계를 맺고 있다. 예를 들어 통신사업자(common carriers)에 대한 개인 소비자의 불만 사항은 우선적으로 소비자 및 대외협력국(Consumer & Governmental Affairs Bureau)의 소관 사항이 되며, 국제통신사업과 관련한 사항은 국제국(International Bureau)의 소관 사항이 되는 것이다. 이러한 관계는 법률의 해당 조항에 명기되는데, 집행국 관련 조항[17]에 이러한 사항이 집중되어 있음을 볼 수 있다. 집행국의 광범위한 업무 범위 때문에 미국 전역에 지역사무소(Field Offices)를 운영[18]하고 있다. 집행국(EB)이 지역사무소를 운영하고 있는 것은 현장에서 소비자의 민원을 접수하고, 관련 사업자에 대한 효율적인 현장조사(on-site investigations)를 위한 것이다. 우리나라의 중앙전파관리소와 같이 불법적인 주파수 사용(unauthorized radio transmission cases)에 대해서도 감독하는 업무를 수행하기 때문에 지역조직 운영은 필수적이다.

대략적인 담당 직무는 다음과 같다.

■ 방송·통신 분야 정책, 행정 직제

- **미디어국(Media Bureau)**: 지상파방송(TV, 라디오), 케이블, 위성방송 관련 인·허가 행정과 규제 담당
- **무선통신국(Wireless Telecommunications Bureau)**: 국내 무선통신사업 허가(주파수 경매 포함) 등 행정과 규제 담당
- **유선통신국(Wireline Competition Bureau)**: 유선통신 분야 정책 수립, 보편적 서비스 정책 및 브로드밴드 등 차세대 통신 서비스 보급 정책 담당
- **국제국(International Bureau)**: 국제 통신사업 허가 등 행정과 규제, 국

17) 「Title 47--Telecommunication, Chapter I--Federal Communications Commission, PART 0_COMMISSION ORGANIZATION Subpart A_Organization」 제0.111 (a)(1) Note to paragraph (a) (1)조 참조. 집행국의 소관으로 3개 지역사무소(Regional Offices)와 24개 출장소(Field Officies)가 운영되고 있다.

18) 「Title 47--Telecommunication, Chapter I--Federal Communications Commission, PART 0_COMMISSION ORGANIZATION Subpart A_Organization」 제0.121 (b)조 참조.

제 간 주파수 조정 등 주파수 관련 국제협상 담당

- **집행국(Enforcement Bureau)**: 「통신법(The Telecommunications Act)」 및 미국연방통신위원회(FCC) 관련 규칙 집행 및 이를 위한 공공성 강화, 효율적 주파수 사용 촉진 정책 담당

■ 진흥, 지원 직제

- **통신사업 경쟁 촉진 및 지원실(Office of Communications Business Opportunities)**: 통신사업 분야에서 소유구조 개선 및 경쟁 촉진 정책 담당, 해당 분야 중소기업 및 여성 등 소수자 소유기업의 진흥 정책 담당
- **기술개발실(Office of Engineering & Technology)**: 기술 분야에 대한 자문 및 주파수 분배 관련 의안 담당, 기술 테스트 등을 위한 장비 사용 허용(equipment authorizations) 및 실험국 허가(experimental licenses and special temporary operation authority) 담당

■ 법률 분야 직제

- **행정심판관(Office of Administrative Law Judge)**: 행정처분에 대한 이의 신청에 따른 공식 청문(hearings)과 이에 대한 결정 담당
- **법무실(Office of General Counsel)**: 위원회 법률자문 및 안건에 대한 법리적 검토 담당

■ 비상계획 직제

- **공공안전 및 국토보안국(Public Safety & Homeland Security Bureau)**: 자연재난, 테러 공격 등 비상 시 법률 집행 등 공익 기능, 의료와 통신 시설 등의 보호를 위한 비상대응 능력 강화 정책 수립, 시행 담당

■ 소비자 보호

- **소비자 및 대외협력국(Consumer & Governmental Affairs Bureau)**: 장애인 및 소수자를 포함한 방송통신 분야 소비자 보호 정책 담당, 소비

자 민원 접수실(Consumer Call Center)을 통한 다른 관련 정부기관과의 소비자 보호 협력 체제 구축 담당

■ 기획관리, 일반관리 직제

- **감사실(Office of Inspector General)**: 감사 업무 담당
- **운영관리실(Office of Managing Director)**: 청사관리 등 일반 관리 업무 담당
- **인력관리실(Office of Workplace Diversity)**: 인종, 피부색, 성별, 출신 국가, 종교, 연령, 장애 및 성적 취향에 무관한 인력 고용정책 담당
- **홍보실(Office of Media Relations)**: 정책 홍보 및 취재 협조 담당
- **기록물관리실(Office of Secretary)**: 문서관리 및 보관, 연방 관보(Federal Register) 게재 담당
- **기획실(Office of Strategic Planning & Policy Analysis)**: 위원회 정책 목표, 추진전략 및 이를 위한 조사분석 담당
- **의회협력실(Office of Legislative Affairs)**: 위원회와 연방의회 간 협력 업무 담당

■ 지역사무소

미국 연방통신위원회의 지역사무소는 집행국(Enforcement Bureau: EB)에에서 민원에 대한 현장 조사, 불법 주파수 조사 등을 위해 3개 지역사무소와 24개 현장사무소를 운영하는데, 그 현황은 <표 4-4>와 같다.

표 4-4 미국 연방통신위원회(FCC) 지역조직 현황

구분	장소
지역사무소 (Regional Offices)	북동지역(시카고), 중남부지역(캔자스 시티), 서부지역(샌프란시스코)
현장사무소 (Field Offices)	애틀란타, 보스턴, 시카고, 콜롬비아, 댈러스, 덴버, 디트로이트, LA, 뉴올리언즈, 뉴욕, 필라델피아, 샌디에이고, 샌프란시스코, 시애틀, 플로리다, 앵커리지, 버팔로, 호놀룰루, 휴스턴, 마이애미, 버지니아 노포크, 포틀랜드, 세인트 폴, 산후안

미국 연방통신위원회(FCC)의 현재 직제 및 실, 국 개편 내용과 역사 현황 원문 자료는 [그림 4-3]과 같다.

Figure 2: FCC Organization Chart and Timeline of Changes

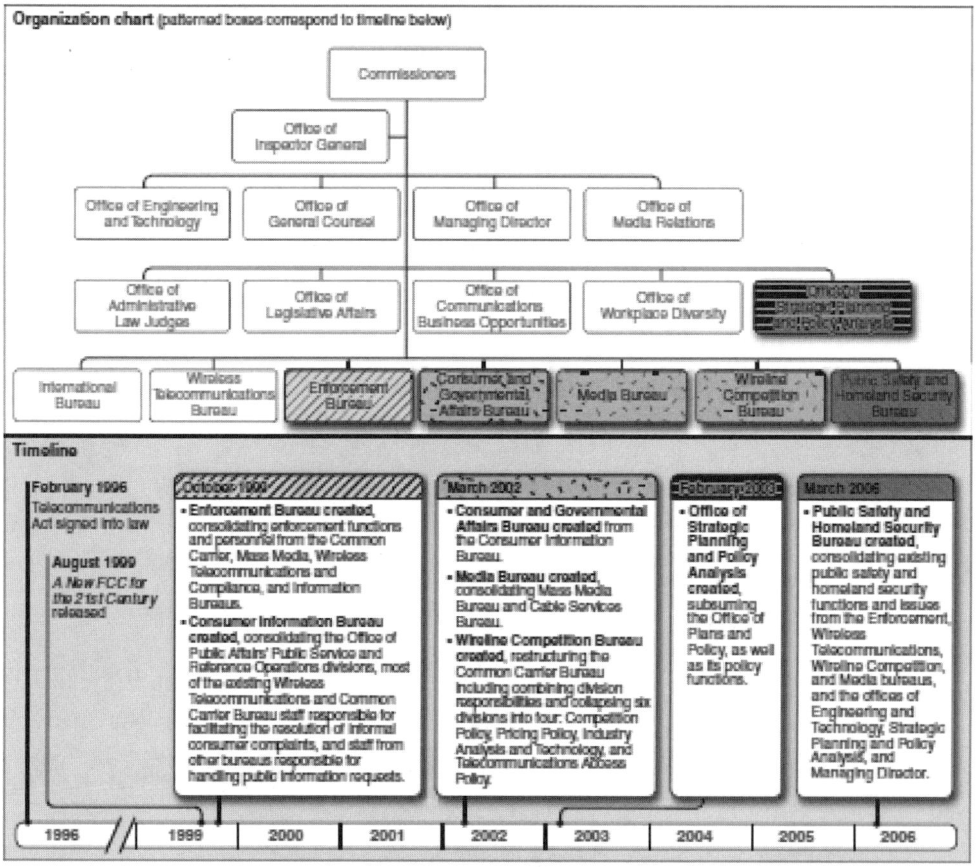

Source: GAO analysis of FCC data.

그림 4-3 미국 연방통신위원회(FCC) 직제 및 개편 역사

출처: 미국 GAO, GA0-10-79 FCC MANAGEMENT Improvements Needed in Communication, Decision-Making Processes, and Workforce Planning, p. 13 참조.

3) 캐나다 방송통신위원회(CRTC)

캐나다 방송통신위원회는 한국과 미국과는 달리 주파수 관리 업무를 수행하지 않기 때문에 상대적으로 단순한 직제를 갖고 있다. 대국 형태인 방송정책실과 통신정책실을 근간으로 방송통신 분야 규제 및 정책을 담당하고, 융합 분야 대응 및 분쟁 조정을 포함한 중장기적 전략계획을 담당하는 정책개발실(Policy Development and Research Directorate: PDR)을 별도로 두고 있다. 정책개발실은 가장 최근 설치된 기구로서 캐나다판 융합전략 수립을 위한 기구다.

연방정부 차원에서 전체 인원에 대한 통제는 따로 있지만, 각 기관별 내부 직제의 종류에 대해서는 기관장이 결정할 수 있도록 되어 있다. 우리나라의 대통령령에 해당하는 직제 규정이나 규칙이 없는 것이다. 예를 들어 차세대 방송통신정책 개발에 주력하고 있는 '정책개발실(PDR)'은 2007년 취임한 현 위원장인 핀켄슈타인(Konrad v. Finckenstein)의 정책 의지에 따라 신설된 직제다.

캐나다 방송통신위원회 사무처의 직제 및 대략적인 담당 직무는 다음과 같다.

■ 사무총장

- 실국 간 협력 유도 및 조정 업무 담당: 재정(Finances and administrative services), 전산(Information Management and Technology), 인사(Human resources), 의안 조정(Corporate Projects and Secretariat), 기획조정(Planning and Process) 관할

■ 방송·통신 분야 정책, 행정 직제

- **방송정책실(Broadcasting Directorate)**: 방송사업 인·허가 및 편성 규제 등 제반 사항 담당
- **통신정책실(Telecommunications Directorate)**: 통신시장의 경쟁 촉진, 서비스 품질 향상 담당. 통신요금 규제 및 인터넷 서비스 관련 제반 규제

담당

- **정책개발실**(Policy Development and Research Directorate): 방송통신업계의 소유구조, 기술혁신 및 시장 변화 상황에 대응한 정책 개발, 디지털 전환 등 차세대 정책 수립, 시행. 현안 정책 이슈에 대한 조사분석, 국제 협력 및 분쟁 조정 등 업무 담당

■ 법률 분야 직제

- **법무실**(General Counsel): 위원회 법률자문 및 안건에 대한 검토 담당, 방송 분야 법무실과 통신 분야 법무실을 구분 운용

■ 기획관리, 일반 관리 직제

- **기획실**(Strategic Communications & Parliamentary Affairs): 대(對)언론 및 대국민 홍보, 사업자 및 개인 민원 접수, 국제 민원 접수 및 대의회 관련 협력 업무 담당
- **집행국**(Compliance and Enforcement Officer): 텔레마케팅 전화 금지제도(Do-Not-Call-List: DNCL), 스팸 대응정책 등 규제 업무 담당

■ 지역사무소

캐나다 방송통신위원회(CRTC)의 지역사무소에는 해당 지역을 대표하는 상임위원이 근무하기 때문에 특정 업무에 종사하기보다는 해당 위원에 대한 보좌 및 지역 현황 파악에 관한 업무를 수행한다.

표 4-5 캐나다 방송통신위원회(CRTC) 지역조직 현황

구분	장소
지역사무소	노바 스코시아 주(다트머스), 퀘벡 주(몬트리얼), 온타리오 주(토론토), 마니토바 주(위니펙), 서스케처원 주(레지나), 앨버타 주(에드먼턴), 브리티시 콜럼비아 주(밴쿠버)

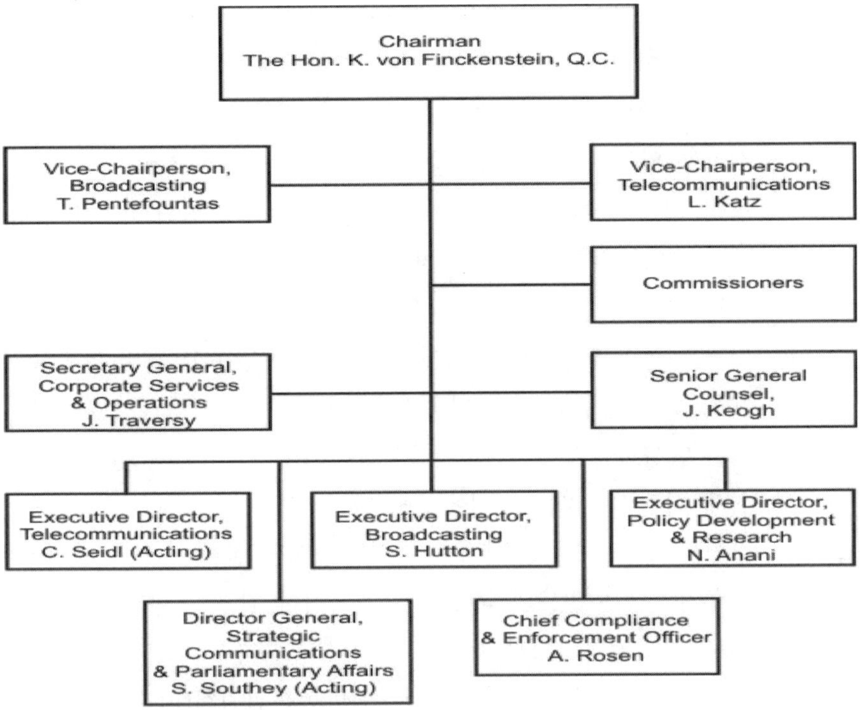

그림 4-4 캐나다 방송통신위원회(CRTC) 조직도 및 주요 직위자 현황

4 분석평가

사무처 직제는 각자 관할하는 소관 업무를 반영해 구성되어 있음을 볼 수 있다. 기능상 일치도가 높은 방송통신위원회와 미국 연방통신위원회(FCC)는 유의미한 비교 대상이다. 방송통신위원회가 규모가 큰 융합 직제를 갖고 있는 반면 매체별로 인·허가는 물론 규제 업무까지 한 개의 국에서 수행하고 있는 구조를 갖고 있다. 미국 연방통신위원회도 매체별 구분은 유사하지만 집행국(Enforcement Bureau: EB)에서 보듯이 규제 기능을 따로 떼어 전문성과 효율성을 높혔다. 같은 취지에서 여러 매체에 공통적으로 관련 있는 기능을 종합해 소비자 및 대외협력국이나 공공 안전 및 국토보안국을 신설한 것도 중장기적으로 참고할 만한 사항으로 평가된다.

방송통신위원회의 경우, 중앙정부 전체의 직제를 총괄하는 행정안전부와 공무원 인력에 대한 예산통제를 담당하는 기획재정부의 일반적인 원칙에 따라 편제되어 있다. 예를 들어 현재 우리나라 중앙정부 부처의 경우 1급 실장(고위공무원 가급)을 장으로 두기 위해서는 소속 직원 수가 일정 수 이상이 되어야 한다는 원칙이 있는데, 방송통신위원회의 '방송통신융합정책실'이 그런 원칙에 따른 직제임을 알 수 있다.

방송통신융합정책실의 경우 방송통신 융합환경에 대한 정책적 대응을 전담하는 융합정책관과 함께 전파기획관, 방송산업 및 방송 콘텐츠 진흥정책을 주요 업무로 하는 방송진흥기획관이 같이 속해 있다. 이는 업무의 연관성과 효율성을 따져서 만들어졌다기보다는 1급 실장이 관할하는 직제를 위해 어쩔 수 없는 선택에 가깝다.

담당 업무 내용과 성격으로 평가한다면 실에 소속된 전파기획관과 방송진흥기획관은 별도의 국으로 편제되어야 할 업무량과 중요도를 갖고 있기 때문이다. 전파기획관의 경우 우리나라 주파수와 관련된 모든 정책을 담당하는데 이는 비교 대상인 미국 연방통신위원회(FCC), 캐나다 방송통신위원회(CRTC), 캐나다 산업부(Industry Canada) 등과 비교해도 가장 광범위하고 전문성이 요구되는 분야다. 방송진흥기획관은 방송산업 및 방송 콘텐츠 정책을 수립, 시행하는데, 전파기획관이나 융합정책관과의 연관성이 높다는 이유로 방송통신융합정책실에 소속되어 있다고 보기는 어렵다.

방송통신위원회가 안고 있는 직제상의 한계는 방송통신위원회가 독자적으로 해결할 수 있는 수준의 문제는 아니다. 중앙정부기관의 일원으로서 방만한 인력 운용을 막기 위한 행정안전부와 기획재정부의 직제 및 인력관리정책을 충실히 따라야 하기 때문이다. 일정 정도의 시간이 요구되는 일이겠지만 방송통신 분야 정책의 중요도와 효율성에 대한 이해를 통해 일률적인 원칙 적용보다는 기능 수행에 적합한 직제를 갖추는 데 필요한 협조가 있어야 할 것으로 본다.

미국 연방통신위원회(FCC)의 직제를 보면 미국적 환경을 드러내는 독특한 직제가 있다. 행정재판관실(Office of Administrative Law Judge)[19]의 경우 미국 연방통신위원회 내부 직제이기는 하지만 업무 처리와 제반 활동에서 「연방행정절차법(Administrative Procedure Act)」에 따르는 행정재판관들로 구성되어 사법부의 판사와 동일한 역할을 수행하며, 그 직무 성격상 인사나 보수 등 기본적인 대우와 임명 자격(변호사)면에서도 다른 사무처 직원들과 구분해 관리된다 행정재판관의 판단은 법원의 1심과 동일한 효과를 갖는 만큼, 행정재판관은 출석자 소환장 발부, 선서, 증거 채택, 증언조서, 화해를 위한 회의 개최, 대체 분쟁 해결 수단 권고 등의 역할을 수행한다. 미국 연방통신위원회 전반을 관통하고 있는 사법적 업무 처리 분위기를 가장 잘 나타내 주는 직제라고 하겠다.

법무실(Office of General Counsel)은 사후에 벌어지는 법률적 분쟁에만 대응하는 것이 아니라 사전에 위원회 안건이나 정책결정에 대해 법리적인 검토 권한과 책임을 가지고 있다. 이 점은 캐나다 방송통신위원회(CRTC)의 법무실도 마찬가지다. 방송통신위원회가 이와 같은 법률자문의 대부분을 외부 법률 회사에 의뢰하는 방식으로 해결하고 있는 것과는 대조되는 부분이다.

공공안전 및 국토보안국(Public Safety and Homeland Security Bureau)은 9·11 테러 이후 범국가적인 대응 방안의 일환으로 신설된 조직으로서 통신망과 관련한 비상재난, 재해, 전시 대비 업무를 맡고 있는 조직이다. 정보화된 사회에서 통신망이 갖고 있는 중요성을 생각해 볼 때 미국 연방통신위원회의 적절한 대응이 주목되는 부분이다. 미국 연방통신위원회는 연방정부기관으로서 비상계획과 관련한 업무에 많은 에너지를 쏟고 있다고 평가된다.

캐나다 방송통신위원회의 직제는 법률이나 규칙에 의거하지 않고 기관장의 정책 의지에 따라 편제가 이뤄진다는 특징을 갖고 있다. 그렇지만 선진국 특유의 안정성 추구 특성 때문인지 직제가 자주 바뀌는 현상이 일어나지는 않는 것으로 알려져 있다. 캐나다 방송통신위원회의 경우 최근 5년 내 신설된 조직은 '정책개발실(Policy Development and Research Directorate)'

19) 「Title 47--Telecommunication, Chapter I--Federal Communications Commission, PART 0_COMMISSION ORGANIZATION Subpart A_Organization」 제0.151조 참조.

이다. 위원회 보좌를 위한 정책연구뿐만 아니라 디지털 전환, 무선통신정책 방향 및 망중립성정책 등 차세대 주요 정책 이슈에 대해 구체적인 역할을 담당하고 있는 직제다.

캐나다 방송통신위원회의 경우에도 법무실(General Counsel)을 두고 사전 안건 검토 및 법률 관련 직무를 전담토록 하고 있다. 이와 같은 기능은 미국 연방통신위원회의 법무실과 거의 유사하다. 방송 분야와 통신 분야에 대한 접근을 구분해 법무실도 방송 분야 담당 법무팀과 통신 분야 담당 법무팀을 구분해 운용하고 있는 것이 이채롭다.

캐나다 방송통신위원회는 한국이나 미국과 달리 3개 기관 중 사무총장(다른 실, 국장보다 직급이 높은 직제로서 사무총장)을 운영하고 있다. 상임위원 수가 가장 많다는 점, 연방정부 내 독립기관으로서 내각(Cabinet) 또는 정치인(연방의회 의원)이 장관직을 수행하는 산업부(Industry Canada), 캐나디언 헤리티지(Canadian Heritage)와의 협의가 필요한 구조를 생각해 볼 때 사무총장의 존재가 내외부적으로 의미 있는 것으로 평가된다.

세 기관 모두 속도의 차이는 있지만 빠르게 변화하는 방송통신 융합환경에 대응하기 위한 노력을 기울이고 있는 것으로 평가된다. 전체적인 모습에서는 미국 연방통신위원회(FCC)가 가장 치밀하고 적극적인 기능 위주의 편제를 유지하고 있음을 볼 수 있다. 동일한 성격의 업무에 대해 각 기관 내부에서 차지하는 비중에도 차이가 있다. 예를 들어, 미국 연방통신위원회의 집행국은 소관 사업자의 불법행위 조사 및 조치, 소비자 보호 등의 업무를 소관하고 있는데 조직 내부에서 차지하는 비중이 가장 크다. 방송통신위원회의 경우 여기에 해당하는 것이 이용자보호국인데 중요도에 비해 그 현실적인 비중은 크지 않다.

방송통신위원회도 국립전파연구원과 중앙전파관리소를 포함한 공무원 인력 규모와 담당 업무의 양에서는 결코 미국 연방통신위원회에 뒤지는 것이 아니기 때문에 상황과 시간이 허용하는 범위 내에서 소속기관인 국립전파연구원과 중앙전파관리소의 기능 조정까지 포함해 효율적인 직제를 연구해 행정안전부 등과 협의해 나갈 필요가 있다.

표 2-1 3개국 방송통신 주무기관 일반 현황 비교표(2010.12. 기준)

구분	한국방송통신위원회	미국연방통신위원회 (FCC)	캐나다방송통신위원회 (CRTC)
위원 수	5명(상임)	5명(상임)	13명(상임)
위원 임기	3년	5년	5년
사무처 인원 수	486명 *본부 기준	1,993명	435명
사무처 직원 신분	국가공무원	연방정부 공무원	연방정부 공무원
소속기관	국립전파연구원 중앙전파관리소	-	-
심의기관	방송통신심의위원회	-	방송심의위원회 (CBSC) 통신서비스고충처리관 (CCTS)
현 체제 수립 연도	2008년	1934년	1976년
기관 성격	대통령 직속기관 중앙행정기관	독립규제위원회	제한적[20] 독립규제위원회

제 7 절 다른 국가기관과의 관계

1 방송통신위원회와 다른 국기기관과의 관계

1) 대통령과의 관계

방송통신위원회는 대통령과 밀접한 관련이 있다. 정치적 중립 내지는 균

20) 캐나다 방송통신위원회(CRTC)가 미국 연방통신위원회(FCC)와 구분되는 점은 주파수 관리 업무 유무와 함께 미국식 독립규제위원회 지위와는 차이가 있다는 것이다. 미국식 독립규제위원회 지위를 갖고 있는 미국 연방통신위원회는 행정부의 다른 부처를 거치지 않고 독자적으로 의회에 예산안과 규칙안을 제출할 수 있지만, 캐나다 방송통신위원회는 내각을 통해 의회에 보고서를 제출하거나 법률안 관련 의견을 낸다. 실질적으로는 독립된 운영을 보이고 있고, 독립된 의견을 내지만 공식적인 창구가 다른 것이다.

형을 목표로 하는 합의제 기관이 대통령과 어떤 관계를 맺어야 하는지는 방송위원회는 물론 현 방송통신위원회 설립 시에도 중요한 논쟁거리였다. 그러나 방송통신위원회가 국가행정을 담당하는 이상 대통령과의 관계 설정은 불가피하다는 점이 인정되어 그것이 법제에 반영되어 있는 것이다. 방송통신위원회에 대한 대통령의 지위는 행정수반으로서의 지위보다는 국가원수로서의 지위와 이에 따른 국민대표성을 반영한 것으로 이해되어야 한다.

대통령은 방송통신위원회 위원장을 지명하여 임명한다(「방송통신위원회의 설치 및 운영에 관한 법률」 제5조). 위원장 지명자는 국회 인사청문회를 거쳐야 한다. 대통령은 위원장외 상임위원 1명을 선임할 수 있고, 국회의장이 추천한 위원도 임명하는 권한을 갖는다.

아울러 방송통신위원회의 법적 위상이 대통령 직속기관으로 정해져 있기 때문에 일반 행정 사항 전반에 대해서는 대통령의 업무감독권도 존재한다. 이 부분은 방송위원회(2000~2008)와는 다른 지위다. 방송위원회의 경우 대통령의 일반 업무감독권도 배제되는 극단적인 독립성이 있었다.

2) 국회와의 관계

국회는 방송통신위원회 위원 3인을 추천하고, 대통령이 지명한 위원장에 대해서는 인사청문회를 통해 검증 권한을 갖는다(「국회법」 제65조의2 제2항 제1호).

위원 임명에 대한 역할에 더해 국회 고유의 행정부 감시 및 견제 기능을 갖고 있나. 이것은 방송통신위원회에 대해서만 이뤄지는 특별한 것이 아니라 행정기관 전반에 공통된 사항이다. 즉, 방송통신위원회 위원장은 국회에 출석해 의견을 진술할 수 있으며, 국회의 요구가 있을 때에는 의무적으로 출석하여 답변하여야 한다(「방송통신위원회의 설치 및 운영에 관한 법률」 제6조 제3항). 이에 따라 방송통신위원회 위원장은 국회 소관 상임위원회인 문화관광방송통신위원회는 물론 국회 예산결산특별위원회, 국회 법제사법위원회에 출석하며, 매년 실시되는 국회 국정감사의 의무적인 피감기관이 된다.

3) 국무총리 및 다른 국가기관과의 관계

방송통신위원회는 대통령 직속기관으로서 국무총리와는 일정한 거리를 두고 있다. 그러나 행정부의 법안 제출 및 대통령령 등 하위 법령의 제・개정이 국무회의를 통해 이뤄지기 때문에 일정 부분에 대해서는 국무총리의 역할이 필수적으로 요구된다. 예를 들어 방송통신위원회 소관 법률인 방송법시행령 개정안의 의결 과정은 차관회의, 국무회의, 대통령 재가로 이어지는데, 이 과정 중 국무회의 의결을 위해서 안건 상정은 국무총리 이름으로 이뤄지게 된다. 국무회의 규정상 국무위원이 아닌 방송통신위원회 위원장의 지위를 고려한 것이다.

국무총리를 제외한 다른 국가기관과의 관계에서는 관련 업무에 대한 업무 협의 관계가 형성된다. 방송영상정책과 관련 사항은 문화관광부 장관, 공정경쟁정책에 관한 사항은 공정거래위원회 위원장, 남북 방송교류정책에 대해서는 통일부 장관과의 업무 협의 규정이 법제로 반영되어 있지만, 이외에도 개별 업무별로 관련성이 있는 경우에는 정부 어느 부처와도 의견 협의와 협조가 이뤄진다. 이것은 방송통신위원회에 해당되는 특별한 관계가 아니며 행정부 간에 이뤄지는 일상적인 협조 관계로 볼 수 있다. 예를 들어 방송통신위원회 위원장은 관련 사항이 있는 정부 간에 이뤄지는 경제정책조정회의 등에 수시로 참석하며, 개별 부처 장관과의 업무 협의 및 공동 기자회견도 이뤄진다.

2 미국 연방통신위원회(FCC)와 다른 국가기관과의 관계

1) 대통령과의 관계

대통령제 국가인 미국의 경우도 위원 임명에서는 대통령이 역할이 크다. 미국 대통령은 미국 연방통신위원회 위원 5명을 임명하며, 그 중 1인을 위원장으로 임명한다. 위원 임명을 제외한 일상 업무에서 업무를 지시하거나, 대통령과 위원장이 공식적으로 대면하는 사례는 없으나 거시적인 정책 방향에서는 대통령의 지휘 권한이 인정[21]된다.

2) 의회와의 관계

미국 연방통신위원회 위원은 미국 의회 상원의 인준을 받아야 한다. 미국 연방통신위원회 소관 법률 제·개정은 미국 의회에서 이뤄지며, 기타 관련 정책 및 업무에 대해서도 미국 의회 소관 상임위원회(하원: Committee on Energy and Commerce, U.S. House of Representative, Subcommittee on Communications, Technology, and the Internet, 상원: Committee on Commerce, Science, and Transportation, U.S. Senate)의 감독이 이뤄진다.

미국 연방통신위원회(FCC)의 경우, 대통령에 대한 정기적인 업무 보고 및 지휘 체계는 없으나 의회의 일반적인 감독을 받는다. 이러한 의회의 감독권은 다른 행정기관에도 동일하게 적용되는 감독 권한이다. 즉, 예산에 대한 승인 권한 및 의회 차원의 조사 권한, 정책 사항에 대한 청문회가 이뤄진다.

결국 미국 의회는 미국 연방통신위원회 감독기관의 지위를 갖고 있으며, 미국 연방통신위원회는 매년 연차보고서를 작성하여 의회에 직접 제출한다. 미국 의회의 정부기관 감사기관인 GAO(Government Acountability Office)[22]는 미국 연방통신위원회 업무 수행 전반에 대한 감사를 실시하고 이를 의회에 보고한다.

---

21) 2010. 6. 28. 미국 오바마(B. Obama) 대통령은 국가 미래를 위해 여유 주파수 500Mhz를 확보하라는 지시를 발표하게 되는데 그 대상 기관은 미국 연방통신정보관리청(NTIA)과 미국 연방통신위원회(FCC) 두 기관이었다. www.whitehouse.gov/the-press-office/fact-sheet-doubling-amount-commercial-spectrum-unleash-innovative-potential-wireles 참조.

22) GAO(Government Accountability Office)는 의회에 소속된 기관으로서 연방정부의 예산 집행 및 업무 전반에 대해 감사를 실시해 의회에 보고하는 기능을 갖고 있다. 원장(Comptroller General)은 대통령이 임명하고 상원의 인준을 받아야 하는데, 임기가 15년으로서 미국 연방정부는 물론 세계적으로도 가장 긴 임기를 갖고 있다. 이는 업무 수행상의 전문성과 독립성이 높은 기관으로 알려져 있다(www.gao.gov 참조).

3) 다른 국가기관과의 관계

미국 연방통신위원회는 독립규제위원회로서 방송통신위원회와 같이 방송통신 분야의 거의 모든 업무를 총괄하고 있지만 다음 두 기관과는 수행 직무 내용상 밀접한 관련을 맺고 있다. 두 기관의 현황과 업무 관계 내용은 다음과 같다.

(1) 미국 연방통신정보관리청(NTIA)

■ 미국 연방통신정보관리청 일반 현황

- 소속: 상무성(Department of Commerce) 소속기관(Executive branch agency)
- 주요 업무: ICT 분야 및 주파수 정책 관련 대통령 자문(advising the President on telecommunications and information policy issues)
- 주요 직제

• **국제업무실(Office of International Affairs: OIA)**: 미국 정부의 국제정보 및 통신기술 전략 수립, ICANN(The Internet Corporation for Assigned Names and Numbers) 활동과 관련한 미국 연방정부(Department of Commerce) 입장 대변

• **정책개발실(Office of Policy Analysis and Development: OPAD)**: 미국 기업과 소비자의 이익을 위한 기술혁신, 경쟁 촉진, 고용 촉진 및 성장 유도를 위한 정책 방향 분석, 개발

• **주파수관리실(Office of Spectrum Management: OSM)**: 연방정부가 사용하는 주파수 관리정책 담당

• **통신정보실(Office of Telecommunications and Information Applications: OTIA)**: 「American Recovery and Reinvestment Act」에 의거 지속 가능한 경제 성장을 위한 통신기술의 실용화 지원. 두 가지 지원 프로그램, 즉 BTOP(Broadband Technology Opportunities Program)과 State Broadband Initiative 운영을 통해 약 40억 US 달러 지원. 브로드밴드 보급 확산을 위한 National Broadband Map 사업[23]담당

• **통신연구소(Institute for Telecommunications Sciences: ITS)**: 통신 분야 기술 개발 및 연구 담당. 콜로라도 주 볼더(Colorado Boulder) 시에 위치

■ 미국 연방통신위원회(FCC)와의 관계

미국 연방통신정보관리청의 직무상 미국 연방통신위원회와 직접적인 관련성을 맺고 있는 것은 주파수관리실(OSM)의 연방정부가 사용하는 주파수에 대한 관리 업무다. 이 부분은 정부용은 물론 산업용을 포함한 모든 주파수 정책을 총괄하는 미국 연방통신위원회의 직무와 연관을 맺을 수밖에 없다. 이에 따라 미국 연방통신위원회는 관련 산업 진흥을 위한 여유 주파수 발굴 및 활용 방안 등에 대해 미국 연방통신정보관리청과 공동작업을 수행한다.

미국 연방통신정보관리청의 다른 실, 국이 담당하는 주요 직무에서 볼 수 있듯이 연방정부 부처인 상무부에 소속되어 있으면서 관련 산업 및 진흥을 위한 업무를 다양하게 수행하고 있음을 보여 준다. 실질적인 규제나 정책 입안이라기보다는 지원과 조성행정, 연구개발에 주안점을 두고 있는 것을 볼 수 있다.

(2) 미국 무역대표부(USTR)

■ 미국 무역대표부 일반 현황

- 소속: 대통령실 소속 기관(part of Executive Office of the President)
- 주요 업무: 양자간, 다자간 무역 협상 및 이와 관련한 대통령에 대한 정책자문
- 주요 직제

미주실(Office of American Affairs), 아프리카실(Office of African Affairs), 농업분야담당실(Office of Agricultural Affairs & Commodity Policy), 남중아시아실(Office of South & Central Asian Affairs), 중국실(Office of China), 환경 및 천연자원실(Office of Environment & Natural

23) 「2008 Broadband Data Improvement Act」에 의거한 미국의 브로드밴드 보급 현황과 이에 따른 취약지역(농촌 지역) 주민 교육 및 사용 지원 프로그램.

Resources), 유럽 및 중동지역실(Office of Europe & The Middle East), 지적재산권실(Office of Intellectual Property & Innovation), 일본, 한국 및 APEC실(Office of Japan, Korea & APEC), 중소기업실(Office of Small Business, Market Access & Industrial Competitiveness), 서비스 투자실 (Office of Services & Investment), WTO 등 다자간 협상실(Office of WTO & Multilateral Affairs), 무역개발실(Office of Trade & Development)

■ 미국 연방통신위원회(FCC)와의 관계

미국 무역대표부(USTR)는 수시로 진행되는 양자간, 다자간 무역 협상을 책임지는 기관으로서 방송통신 분야를 포함한 모든 산업 분야에 속하는 사항을 협상 테이블에서 다루게 된다. 협상의 특성상 사전에 완벽하게 조율되지 않은 내용이 논의될 가능성은 늘 존재하는 것이다.

방송통신 분야 특히 IT 분야는 거의 모든 무역 협상에서 핵심을 차지하는 분야이기 때문에 미국 연방통신위원회는 거의 항상 미국 무역대표부의 협상 내용을 파악하고 있어야 한다.

(3) 미국 법무부(DOJ)

■ 미국 법무부

- 소속: 미국 행정부처(part of Executive Office of the President)
- 주요 업무: 반독점법 집행, 미연방수사국(FBI), 마약 단속 등 광범위한 법률 관련 업무를 수행하며, 국가를 당사자로 하는 소송 수행
- 주요 직제 및 소속기관

법무차관(Solicitor General), 반독점국(Antitrust Division), 미국 연방수사국(Federal Bureau of Investigation), 마약단속국(Drug Enforcement Administration), 주류, 담배, 화기, 폭발물단속국(Bureau of Alcohol, Tabaco, Firearms & Explosives) 등

■ 미국 연방통신위원회(FCC)와의 관계

미국 법무부와의 관계에서 업무 연관성이 높은 분야는 '반독점국(Antitrust Division)'이다. 법무부의 반독점국은 모든 업계의 경쟁제한행위에 대해 조사하고 처벌할 권한을 갖고 있기 때문에, 방송통신 분야에서 일어나는 주요한 합병(예: 2011년 Comcast와 NBCU와의 합병)이 이뤄지는 경우 관련 자료를 검토해 반독점 요소가 있는지 없는지를 점검해 조건을 부과하거나 방송 콘텐츠 거래행위 등의 허용 여부를 결정하는 권한을 갖고 있다. 따라서 이러한 합병 승인 업무에서 미국 법무부(DOJ)와 미국 연방통신위원회는 관련 자료를 공유하게 되고, 부과하는 조건이 중복되지 않도록 조정[24]하기도 한다.

일반적으로 통신 분야의 합병에서 미국 연방통신위원회는 허가권의 이전(license transfers)으로 보아 통신법에서 부여한 공익성(public interest) 구현 차원에서 검토하고 조건을 부과하게 된다. 반면 법무부(DOJ)는 모든 합병에 대해 반독점 잣대를 갖고 검토하게 되는데, 이는 미국 연방통신위원회의 공익성 기준보다는 덜 광범위한 것[25]이다.

이와 아울러 미국 연방통신위원회가 부과한 몰수벌(Forfeiture)을 지키지 않고 납부하지 않은 경우에는 법무부(DOJ)로 이관되어 강제징수 절차[26]를 취하게 된다. 법집행에서 법무부와 절차적인 관계를 맺고 있는 것이다.

3 캐나다 방송통신위원회(CRTC)와 다른 국가기관과의 관계

1) 내각과의 관계

의원내각제 국가로서 한국과 미국의 대통령에 해당되는 권한은 내각

---

24) 미국 Depart of Justice 2011. 1. 18. 보도 자료 "Justice Department allows COMCAST-NBCU Joint Venture to proceed with conditions" 참조(www.justice.gov/-atr/public/press_releases/2011/266149.htm).

25) 미국 GAO, GA0-10-79 FCC MANAGEMENT Improvements Needed in Communication, Decision-Making Processes, and Workforce Planning, p. 36 참조.

26) 「Title 47--Telecommunication, Chapter I--Federal Communications Commission, PART 1_PRACTICE AND PROCEDURE Subpart A_General Rules of Practice and Procedure」 제1.80 (e)(5)조 참조.

(Governor in Council, Cabinet)이 행사한다. 내각은 캐나다 방송통신위원회 위원 전원을 임명하는 권한을 갖는다. 연방의회 선거에 따라 다수 정당이 전체 정부를 책임지는 구조이기 때문에 위원 임명에서 정치적 균형에 대한 특별한 규정을 두고 있지는 않다. 많은 위원 수를 갖고 있기 때문에 지역대표를 고려한 위원 선임 및 출신지역 및 프랑스어를 주로 사용하는 주민 대표성을 고려한 위원 임명이 이뤄지며, 정치적 입장도 중요한 고려 요소가 되는 것은 사실이다.

내각 중 1인이 캐나다 방송통신위원회 구성과 관련한 대표 역할을 수행하는데 이 대표는 캐나디언 헤리티지(Canadian Heritage) 장관이 수행한다. 캐나다 방송통신위원회가 독립된 연방 규제기관이지만 내각이 국가정책 전체에 대한 책임을 지는 구조이기 때문에 내각의 방침을 캐나다 방송통신위원회에 전달해 정책을 수립케 하는 시스템도 있는데 이 경우에도 그 전달자 역할을 캐나디언 헤리티지 장관이 수행하는 것이다.

내각은 캐나다 방송통신위원회에 대해 법에서 규정한 정책 목표 구현을 위해 필요한 사항을 정한 정책지침(Directions)[27]을 정하고, 이에 따른 세부 정책 수립 시행을 명할 수 있다.

한편 캐나다 방송통신위원회의 최종 결정 사항이 법률에서 정한 원칙이나 목적 취지를 벗어났다고 판단되는 경우, 내각은 해당 정책 결정 후 90일 이내에 재검토 명령[28]을 할 수 있다. 이때 이해관계자의 청원이 있는 경우는 물론 이해관계자의 청원이 없는 경우에도 스스로 재검토 명령을 내릴 수 있다.

2) 의회와의 관계

공식적으로 내각의 수반과 의원 출신 장관, 그리고 의회가 국가정책을 논의하는 구조이기 때문에 캐나다 방송통신위원회가 직접적으로 의회에 대한 책임이 정해져 있지는 않다. 그러나 현실적으로는 캐나다 방송통신위원

---

27) 캐나다 「Telecommunications Act」 제8조 및 캐나다 「Broadcasting Act」 제26(1)조 참조.
28) 캐나다 「Broadcasting Act」 제28(1)조 참조.

회 위원장이 의회 및 관련 상임위원회에 출석해 질의에 답변해야 하는 일이 빈번하게 일어난다. 이와 같은 구조는 대통령제 국가나 의원내각제 국가나 별다른 차이가 없는 점이다.

법률의 규정에 따라 캐나다 방송통신위원회는 매년 연차보고서(Departmental Performance Report)를 의회에 제출해야 하는데, 이 경우 캐나다 방송통신위원회 업무와 관련한 내각의 대표인 캐나디언 헤리티지 장관을 통해 제출되게 된다. 연차보고서는 개별법인 「Canadian Radio-television and Telecommunications Act」의 규정에 따른 의무 사항이기도 하지만 전체 연방정부 차원에서 이뤄지는 의무행위 가운데 하나다. 즉, 캐나다 연방정부의 모든 기관은 「국가재정법(Financial Administration Act)」에 의거 직전 회기 동안 계획 대비 추진 실적을 기록한 연차보고서를 제출해야 하는데 캐나다 방송통신위원회도 그 대상 기관 중의 하나다. 따라서 캐나다 방송통신위원회의 연차보고서만 독자적으로 제출되는 것이 아니라 모든 연방정부기관의 보고서에 포함되어 국가재정위원회(Treasury Board of Canada)가 의회에 제출하게 되는 것이다.

캐나다 방송통신위원회의 업무 분야와 관련되어 위원장 또는 부위원장이 출석해야 하는 의회의 상임위원회는 하원(House of Commons)의 '캐나디언 헤리티지 위원회(Standing Committee on Canadian Heritage)', '산업과학기술위원회(Standing Committee on Industry, Science and Technology)', '보건위원회(Standing Committee on Health)'가 있다. 상원(Senate)의 경우에는 '교통통신위원회(Standing Committee on Transport and Communications)', '공식언어위원회(Standing Committee on Official Languages)' 등으로 매우 다양한 편이다. 방송통신 분야의 사업자가 관계된 사안이 발생할 경우에는 캐나다 방송통신위원회 위원장의 출석을 요구하는 경우가 발생하기 때문이다.

3) 다른 국가기관과의 관계

캐나다 방송통신위원회는 연방정부의 독립기관으로 분류되지만, 영연방

국가로서 의원내각제를 채택하고 있는 캐나다의 특성상, 연방의회 의원이 장관으로 임명되고 이들로 구성되는 내각의 영향에서 완전히 독립적이지는 않다. 내각을 구성하는 장관 중 캐나다 방송통신위원회와 직접적인 관계를 맺고 있는 기관은 캐나디언 헤리티지(Canadian Heritage)[29]와 산업부(Industry Canada)다.

두 기관의 현황과 관계 내용은 다음과 같다.

(1) 캐나디언 헤리티지(Department of Canadian Heritage)

■ 캐나디언 헤리티지 일반 현황

- 주요 직무 : 예술, 문화, 미디어, 공식 언어, 여성 지위 향상, 스포츠 및 다문화주의 보호 및 발전 도모
- 주요 직제

● **문화차관보실(Assistant Deputy Minister of Cultural Affairs)**: 문화, 커뮤니케이션, 방송 분야 투자 지원, 예술 진흥을 담당하며 다음 직제 관할

- 문화투자국(Cultural Sector Investment Review)
- 저작권국(Copyright Policy Including Cultural Rights)
- 예술정책국(Arts Policy)
- 전략관리국(Strategic Policy and Management)
- 방송 및 디지털커뮤니케이션국(Broadcasting and Digital Communications)
- 문화산업국(Cultural Industries)

● **국가유산차관보실(Assistant Deputy Minister of Citizenship and Heritage)**: 공식 언어, 원주민 문화, 국가 유산 보호 및 진흥 업무를 담

29) Department of Canadian Heritage는 영연방 국가에 존재하는 독특한 정부 부처로 흔히 문화부로 번역되기도 하지만 Heritage를 정확한 우리말로 번역하기는 힘들어 보인다. 이 책에서는 원어 그대로 표기하기로 한다.

당하며 다음 직제 관할

- 국어지원국(Official Languages Support Program)
- 원주민국(Aborignal Affairs)
- 주민참여국(Citizenship Participation)
- 인권국(Strategic Management and Human Rights)
- 국가유산실(Heritage)
- 문화재국(Canadian Conservation Institute)

- **스포츠 및 지역문화차관보실(Assistant Deputy Minister of Sport, Major Events and Regions)**: 스포츠 및 지역 행사 육성 지원

- 지역총괄실(Public and Regional Affairs)
- 중부지역담당국(Prairies and Northern Region)
- 동부지역담당국(Atlantic Region)
- 퀘벡지역담당국(Qebec Region)
- 서부지역담당국(Western Region)
- 온타리오지역담당국(Ontario Region)
- 특별행사담당국(Special Events)
- 스포츠국(Sport Canada)

- **전략 및 협렵담당차관보실(Assistant Deputy Minister of Strategic Policy, Planning and Corporate Affairs)**: 기획, 재정 및 협력 업무 담당

- 재정관리국(Financial Management)
- 전략기획국(Strategic Policy, Planning and Research)
- 홍보팀(Chief Information Officer)
- 국제협력국(International Affairs)
- 대외협력국(Planning and Intergovernmental Affairs)

■ 캐나디언 헤리티지와 캐나다 방송통신위원회(CRTC)와의 관계

캐나디언 헤리티지 장관은 캐나다 방송통신위원회(CRTC)와 내각(Cabinet)과 의회(House of Commons, Senate)를 공식적으로 연결하는 역할을 맡는다. 내각에서 위원장 및 위원 임명을 결정하면 이를 공식 발표하게 되며, 캐나다 방송통신위원회의 공식 연차보고서(Departmental Performance Report)의 공식 제출 창구가 되기도 한다.

캐나디언 헤리티지는 네 명의 차관보(Assistant Deputy Minister)를 중심으로 편제된 부서를 중심으로 실무 정책을 수행하게 되는데, 이 중 캐나다 방송통신위원회의 업무와 관계가 깊은 부서는 문화차관보실의 방송 및 디지털 커뮤니케이션국과 국가유산차관보실의 국어지원국에 해당한다. 방송 및 디지털 커뮤니케이션국은 주로 캐나다 국내 콘텐츠의 육성에 주력하고 있는 부서다. 국내 콘텐츠 육성을 위한 펀드 조성 및 지원사업에서 캐나다 방송통신위원와 공동보조를 취하고 있다. 국어지원국은 캐나다의 국가적 특성을 반영하고 있는 업무를 수행한다. 영어와 프랑스어를 이중 공식 언어(bilingual)[30]로 규정하고 사회 각 방면에서 이를 정착시키기 위한 노력을 기울이고 있는데 방송은 가장 역점적인 국어 지원 사업 분야에 해당한다. 공영방송 CBC가 프랑스어 채널을 별도로 운영하고 있을 뿐만 아니라 방송사업 허가 시에는 프랑스어 프로그램 편성 비율을 허가 조건으로 부여하기도 한다. 이러한 업무 성격상 캐나디언 헤리티지와 캐나다 방송통신위원회는 공동의 정책 목표를 갖고 있는 것이다. 의회에 제출하는 연차보고서에서도 국어(이중언어) 육성과 관련한 정책은 중요한 항목으로 분류

30) 캐나다 연방정부 내에서 공식 언어인 영어와 불어 중 불어에 대한 배려는 매우 치밀하고 철저하게 이뤄진다. 영어를 모국어로 하는 사람의 경우 정부 내 실장(executive director) 이상의 고위직에 임명되기 위해서는 모든 업무에서 열외된 상태에서 6개월 가까이 진행되는 불어 교육을 이수한 뒤, 3인 으로 구성된 평가 패널의 합격 판정을 받아야 하는 등 형식적인 절차 이상의 철저한 불어 습득이 요구된다. 일반 직원의 경우에도 일정 수준 이상의 불어 수준 등급을 받게 되면 성과급을 지급해 불어 습득을 장려하기도 한다. 캐나다 방송통신위원회의 경우 모든 연방정부기관과 마찬가지로 모든 공식문서는 불어와 영어로 작성되며, 기관장이나 간부의 지시 사항, 각종 공식 비공식 행사 안내도 모두 불어와 영어로 각각 이뤄진다. 공식회의에서는 연방정부 통역원이 배치되어 불어로 말하는 경우에는 영어로, 영어로 말하는 경우에는 불어로 동시 통역이 이뤄지고 있다.

되어 정책 추진 내역이 기록된다.

이중언어, 그 중에서도 불어권 문화에 대한 배려는 모든 연방정부 차원에서 이뤄지는 것이지만 방송을 관장하는 캐나디언 헤리티지와 캐나다 방송통신위원회의 경우에는 더욱 철저한 자세를 보이고 있다.

(2) 산업부(Department of Industry, Industry Canada)

■ 산업부 일반 현황

- 주요 직무: 산업 및 기술 개발·진흥, 과학연구 육성, 통신정책 수립, 무역 및 투자 진흥, 관광 및 중소기업 지원, 시장 기능 육성 지원
- 주요 소속 기관 및 직제

- **저작권국(Canadian Intellectual Property Office: CIPO)**: 저작권 정책, 시행을 담당하는 소속 기관
- **공정거래국(Competition Bureau Canada: CB)**: 공정경쟁을 통한 소비자 이익 증진에 목적을 둔 독립기관. 소관 법률(「Competition Act」, 「Consumer Packaging and Labelling Act」, 「Textile Labelling Act」, 「Precious Metals Marking Act」)의 집행에 대해서는 독립적인 권한을 행사하지만, 위원장(Commissioner of Competition)은 산업부를 통해 의회에 대한 보고 의무가 있고 일반 관리행정과 재정(예산)은 산업부 차관(Deputy Minister)의 지휘 감독을 받아야 함.
- **협력실(Corporate and Portfolio Office: CPO)**: 산업정책 관련 조직(Business Development Bank of Canada, Canadian Space Agency, Canadian Tourism Commission, Copyright Board Canada, National Research Council of Canada, Natural Sciences and Engineering Research Council Canada, Registry of the Competition Tribunal, Social Sciences and Humanities Research Council of Canada, Standards Council of Canada, Statistics Canada, Canada Foundation for Innovation, Council of Canadian Academies, Genome Canada, Pierre Elliott Trudeau Foundation, Science Technology and Innovation Council)과 협력과 조정을 통한 산업정

책, 규제 담당

- **산업실(Industry Sector: IS)**: 항공산업, 군수, 자동차, 교통, 생명과학, 제조업 등 분야별 산업 육성 담당
- **지역경제실(Regional Operations: RO)**: 지역 경제 발전을 위한 조정 및 지원, 정보화를 위한 인터넷 이용환경 개선 정책 담당. 학교, 도서관 등 공공시설의 컴퓨터 시설 개선 지원. 북부온타리오경제청(Federal Economic Development Initiative for Northern Ontario: FedNor) 등 지역경제 발전조직과의 협력 및 지역 발전을 위한 펀드 운용 담당. 효율적인 업무 수행을 위한 지역청 운용
- **주파수 및 IT정책실(Spectrum, Information Technologies and Telecommunications Sector: SITT)**: 주파수 할당, 무선 사용 허가, 인증 등 주파수 정책 총괄(*방송통신위원회의 주파수정책관, 중앙전파관리소, 국립전파연구원의 업무와 동일한 내용)

  - 기획표준본부(Engineering and Planning and Standards Branch: DGEPS): 무선주파수 및 위성의 효율적 활용 도모. 주파수 관련 국제협상 및 조정. 기술표준 제정. 통신장비 인증. 전기통신망의 안정성 분석 및 재난 시 비상통신 지원
  - 주파수본부(Spectrum Management Operations Branch: DGSO): 주파수 운용 규제와 장비 개발 지원 등을 통한 주파수의 경제적·효율적 이용 도모
  - 전자상거래본부(Electronic Commerce Branch: ECOM): 브로드밴드를 이용한 전자상거래 업계의 혁신과 성장 유도, 전자상거래망의 안정성 지원
  - IT본부(Information and Communications Technologies Branch: ICTB): ICT산업 육성을 위한 기술 개발 지원
  - 통신연구소(Communications Research Center Canada: CRC): 차세대 정보통신기술 연구. 국방 및 공공 안전을 위한 통신기술 연구 및 지원

• 기획실(Governance, Policy Cordination and Planning Branch: GPP): 핵심 전략 수립 및 기획관리, 대외협력 업무 담당

• 디지털경제실(The Digital Economy Planning and Coordination Branch: DEPC): 캐나다 정부의 '디지털 경제발전 전략(Digital Economy Strategy)' 기획 및 실행을 위한 협력 담당

■ 산업부와 캐나다 방송통신위원회(CRTC)와의 관계

산업부의 조직 중 '주파수 및 IT정책실(Spectrum, Information Technologies and Telecommunications Sector: SITT)'의 대부분의 업무는 캐나다 방송통신위원회의 '통신실(Telecommunications Directorate)'과 밀접한 관련성이 있다. 「통신법(Telecommunications Act)」상의 규정을 보면 산업부와 캐나다 방송통신위원회 소관 사항이 공통적으로 포함되어 있고, 기능상으로도 두 기관의 협력 관계는 필수적이다. 대체로 보면 산업부의 이러한 기능은 방송통신위원회가 보유하고 있는 본부조직 '주파수정책관'과 소속기관인 중앙전파관리소, 국립전파연구원의 업무와 거의 100% 일치[31]하는 것이다. 방송통신위원회 내에서 이들 조직의 업무와 다른 조직 간의 업무연관성을 생각해 본다면 그 정도를 가늠할 수 있다.

예를 들어 최근 진행된 캐나다 지상파 방송의 디지털 전환 정책의 경우 캐나다 방송통신위원회는 디지털 전환을 위한 시한(deadline)과 전환 의무 지역 설정 등에 관한 전반적인 정책을 담당했고, 산업부는 주파수와 관련해 인근 미국과의 주파수 조정(negotiation and coordination),[32] 디지털 방

31) 방송통신위원회의 주파수 정책관과 중앙전파관리소, 국립전파연구원의 인력 규모는 약 1,200여 명 수준이다. 캐나다 산업부 주파수 및 IT정책실(SITT)의 경우에도 인력 규모가 1,000명 수준이다 두 나라의 인구 규모(한국 4천만 명, 캐나다 3천 4백만 명)를 고려하면 거의 비슷한 규모다.

32) 이와 같은 미국과의 주파수 조정에서 산업부의 협상 파트너는 미국 연방통신위원회(FCC)다. 이러한 부분을 두고 캐나다 방송통신위원회(CRTC)의 위상에 대해 관심이 있는 사람들 사이에서는 산업부의 주파수 관련 업무를 캐나다 방송통신위원회로 이관해야 한다는 논의가 있다. 그러나 동일한 연방정부라는 관념 때문인지 심각한 주장을 찾아보기는 어렵다.

송을 위한 채널 할당(channel assignment), 기술장비 설치 승인, 시험방송 등에 관한 정책을 담당했다.

통신 등 ICT산업 진흥과 관련해서도 두 기관은 협력 관계를 갖고 있다. 인터넷 등 산업 진흥과 관련된 사항에 대해서는 산업부 장관과 캐나다 방송통신위원회(CRTC) 위원장이 수시로 의견 교환을 가지며, 통신사업자 등이 주최하는 공식·비공식 행사에는 산업부 장관과 캐나다 방송통신위원회 위원장이 반드시 참석해 연방정부의 관련 정책에 대해 연설하거나 질의에 답변하는 순서가 있다.

한편, 산업부와 캐나다 방송통신위원회의 관계는 이와 같은 통신법상의 업무에 국한하며 대외적인 활동에 대해서는 서로 관여하지 않는다.

4 분석평가

다른 정부기관과의 관계에서 가장 활발하게 움직이는 것은 방송통신위원회다. 기본적으로 국무회의라는 중앙정부기관장(장관)의 회의체가 있고 이와 관련한 차관회의, 실장회의가 활발하게 이뤄지는 전체 행정부 차원의 특성에 따른 것이다. 따라서 이 점은 방송통신위원회가 방송통신정책이라는 중앙정부의 핵심 정책을 담당하는 한 어쩔 수 없는 선택의 문제이기도 하다. 이 경우 비판의 소지가 되는 것은 방송의 공정성과 정치적 균형을 어떻게 반영할 수 있는가의 문제다. 대통령이 국가원수로서의 지위도 있지만 행정수반이자 정치적으로는 여당의 지위를 갖고 있기 때문에 방송통신위원회가 행정부의 일원으로 움직일 때 공정성에 대한 문제 제기를 피하기는 어렵다. 방송통신위원회로 하여금 국무회의나 기타 행정부의 논의체로부터 거리를 둘 경우 논란의 소지가 줄어들 수 있으나 이 경우에는 방송통신정책에 대한 방송통신위원회의 주도적인 역할이 위협받을 가능성이 높아질 것이다.

방송통신위원회의 경우, 방송위원회와 정보통신부와의 통합으로 이뤄진 신생 기관이며 대통령 직속기관이라는 기관 위상이 법률에 명시되어 있기 때문에 대(對)정부 관계에서는 독임제 관청과 큰 차이가 없는 위상을 갖고 있다. 이것이 방송통신위원회의 독립성과 조화되지 못한다는 비판이 있는 것도 사실이지만, 정부입법이나 하위 법령의 제·개정이 국무회의라는 독특한 회의체를 거쳐야 하는 이상 어쩔 수 없는 기관 위상이라고 볼 수 있다. 방송통신위원회의 정치성을 배제한다는 목적을 취하기 위해 만약 방송통신위원회 위원장이 국무회의 또는 정부 간 협의회의에서 빠진다면 그 역할을 다른 정부부처에서 대신해야 한다는 것인데 이는 방송통신위원회의 독립성 보장과 배치되는 일이 될 것이다.

미국 연방통신위원회(FCC)의 경우에는 미국식 독립규제위원회로서 쌓아온 오랜 전통에서 보듯이 행정부와의 관계가 밀접하지 않다. 미국 연방통신정보관리청(NTIA)과의 직접적인 협력 관계가 있기는 하지만 이 기관은 정부가 직접 사용하는 주파수에 초점이 맞춰져 있기 때문에 마찰의 소지가 크지 않은 것으로 분석된다. 미국 연방통신위원회 위원장이 대통령을 정기적으로 만나거나 내각회의에 비정기적으로라도 참석하는 예가 없다. 위원들이 정치적 배경을 바탕으로 임명되기는 하지만 평상시 미국 연방통신위원회의 정책 수립, 시행 시에 정치적 편향성 논쟁에 휘말리는 사례도 거의 없다. 그 이유에 대해서는 여러 가지 측면에서 분석이 가능하지만, 관할 업무에서 보면 정치적 편향성이 핵심 사항이 되는 사안이 많지 않음을 알 수 있다. 예를 들어 방송통신위원회가 수행하는 공영방송 인사 업무(이사 추천·임명, 사장 임명)와 같은 정무적인 성격의 업무가 없다. 미국 연방통신위원회 관련 직원과의 면담에서 정치적 논쟁에 휘말리는 사례가 없는 이유는 어떤 방식으로든 미국 연방통신위원회가 '방송 콘텐츠'에 개입하는 업무가 없기 때문이라고 내부 직원은 설명했다.

의원내각제가 시행되고 있는 캐나다의 경우 내각의 일원이 아닌 캐나다 방송통신위원회(CRTC)는 연방정부기관으로서의 위상은 가장 낮아 보인다. 예를 들어 연차보고서도 캐나다 방송통신위원회의 독자 이름으로 제출되지 않고 캐나디언 헤리티지(Department of Canadian Heritage) 장관을 거쳐 이뤄지는 것을 볼 수 있다. 그러나 실질적으로는 연방정부 간 업무에서 상호 역할에 대한 존중이 잘 이뤄지고 있기 때문에 캐나다 방송통신위원회의 업무상 권한이 가벼운 것은 아니다.

캐나다 방송통신위원회와 캐나디언 헤리티지, 산업부(Industry Canada)는 얼핏 보면 갈등 관계가 형성될 여지도 있어 보이지만, 그러한 갈등 또는 분쟁이 정부 내외부로 나타나는 사례는 극히 드물다. 오랜 기간 같은 연방정부기관으로서 동질성이 강하며, 세 기관 사이에 관련 전문 인력의 이동이 끊이지 않고 이뤄지는데 그 이유가 있다. 캐나다 방송통신위원회도 연방정부기관의 일원이며 사무처 직원의 신분도 모두 동일한 연방공무원들이기 때문에 이질성이 크지 않다는 것을 말해 준다.

내각이 법률상의 목표 구현을 위해 정책지침(Directions)을 정할 수 있다는 점, 그리고 캐나다 방송통신위원회의 최종 결정이 법률상의 기본 취지를 벗어났다고 판단되는 경우에는 내각으로 하여금 재검토 명령을 할 수 있도록 규정해 놓고 있는 것은 분석이 필요한 부분이다.

먼저 최종 결정에 대한 재검토 명령이 아닌 정책지침은 사전에 이뤄질 뿐만 아니라 그 내용을 정하는 데도 캐나다 방송통신위원회와 충분한 상의가 이뤄지기 때문에 실질적으로는 독립성 침해 요소가 전혀 없는 것으로 판단된다.

두 번째, 이미 이뤄진 최종 결정에 대해 사후에 내각이 재검토 명령을 내리는 경우에 대해서는 긍적적인 측면과 부정적인 측면이 엇갈리는 것으로 보인다. 즉, 합의제 독립기관으로서의 지위가 훼손되는 것은 분명한 일이지만, 의원내각제 특유의 책임정치 구현의 한 방편으로서 국민에게 이익이 되는 방향이라면 재검토라는 안전장치를 갖는 것이 바람직할 수도 있는 것이다. 결국 이를 두고 방송통신 주무기관의 독립성 보장이 미약한 것으로 볼 것인지, 국민의 이익이 훼손될 위험에 대한 이중 안전장치로 볼 것인지는 가치판단의 문제라고 할 수 있다.

5 갈등 사례

1) 한국

방송통신위원회의 경우 문화체육관광부와는 콘텐츠 육성정책과 관련해서 자주 협의가 이뤄지며, 지식경제부와는 IT산업 분야 육성정책에 대해 협의가 필요한 경우가 많다. 과거 방송위원회의 경우에는 행정부와도 일정한 거리를 두고 있었기 때문에 갈등의 정도와 양상이 심각한 경우가 나타나기도 했다.

그러나 현재의 방송통신위원회의 경우에는 대통령 직속기관으로서의 지위를 갖고 있으며, 경제정책조정회의 등 정부기관 간 논의체에 수시로 참석한다. 또한 위원장은 국무회의에 정기적으로 참여하기 때문에 정부기관 간 갈등이나 견해 차이를 논의하는 데 서 특별히 다른 기관과 차이가 있다고 보이지는 않는다.

2) 미국

미국 연방통신위원회(FCC)와 가장 많은 사안에서 의견차를 보이는 기관은 무역대표부(United States Trade Representative: LSTR)로 알려져 있다. 미국 국무성 산하의 무역대표부는 다른 분야 무역 협상을 비롯해 미국 연방통신위원회 소관 업무와 관련이 있는 전파 할당, 통신위성 궤도 관련 외국과의 협의 및 통신기기 무역과 관련 협상을 담당하는 조직이다. 무역 협상의 특성상 사전에 관련 기관과 자세한 협의를 할 시간이 없는 경우가 다수 발생하기 때문에 무역대표부 입장에서는 미국 연방통신위원회에 사전 의견 제출 요청이나 고지 없이 협상을 진행하는 경우가 많다고 한다.

미국 연방통신위원회 내부 직원은 이와 같은 무역대표부의 업무 관할 침해에 대해서는 서슴없이 항의하고 바로잡기 위해 노력한다고 말했다.

3) 캐나다

캐나다 방송통신위원회(CRTC)의 최종 결정에 대해 내각과 갈등을 빚은 가장 최근 사례는 2011년 초 인터넷요금 종량제(Usage-Based Billing: UBB) 실시 여부에 대한 정책에서 발생했다. 인터넷요금 종량제는 인터넷 트래픽을 많이 유발하는 인터넷 사업자에게 사용 용량에 따라 요금을 달리 부과하겠다는 정책이다. 이른바 산업 논리를 반영한 것으로서 많이 쓰는 사업자에게 많은 요금을 부과하겠다는 단순한 논리이지만, 이것이 결국은 소비자에게 전가되어 자유로운 의사 표현을 가로막아 민주주의 원리에 역행한다는 비난이 존재했다.

캐나다 방송통신위원회는 애초 산업 논리를 존중해 인터넷요금 종량제를 2011년 3월부터 실시하려 했으나 일부 시민단체의 반대[33]와 정치권의 반대로 시행 시기를 늦춰다. 캐나다 방송통신위원회 위원장인 핀켄슈타인(Konrad v. Finckenstein)이 2011년 2월 3일 의회에 출석해 인터넷요금 종량제(UBB) 시행 연기를 발표했다. 당시 의회에 출석해 밝힌 내용에 따르면 60일 동안 숙고할 기회를 갖겠다는 것이었는데, 이 정책은 결국 시행되지 않는 것으로 결론짓고 새로운 정책을 의결했다.

여론과 정치권(내각, 의회)의 반대가 극심했던 인터넷요금 종량제에 대해 캐나다 방송통신위원회의 해법은 모든 주체의 불만을 반영한 타협(compromise)안이었다. 인터넷요금 종량제는 허용하지 않았지만 망을 소유한 거대 사업자들로 하여금 ① 망사용량과 무관한 정액요금(flat rate)을 받는 방안과 ② 미리 일정한 망사용량을 정해 주고 도매가격(wholesale)을 받는 방안 중 선택할 수 있도록 했다. 두 번째 안을 택해 일정한 망사용량을 정할 때 망소유 기업이 독자적으로 정하는 것이 아니라 독립 인터넷 사

33) 인터넷요금 종량제 도입을 반대하는 시민 서명운동에 캐나다 시민 50만 명이 참여했다(www.openmedia.ca 참조). 2011년 2월 캐나다 국민 1,024명을 대상으로 실시한 여론조사에서도, 76%가 인터넷요금 종량제(UBB)에 반대하는 것으로 나타났다. 반대 논리의 핵심은 BCE 등 사업자가 제시하는 통계는 더 많은 요금 수익을 올리기 위해 자의적으로 해석된 것이며, 결국 소비자의 경제적 부담만 더 늘어나고 인터넷 사용이 억제되어 민주주의의 중요한 요소인 다양한 의견 제시 통로가 막힌다는 것이다. 네트워크 혼잡은 인터넷 용량을 많이 사용하는 몇몇 사용자(heavy user)에 의해 유발되는 것이 아니라 용량과 관계 없이 동시에 많은 사람이 접속할 때 나타난다는 주장도 있었다. 거대 통신사 계열 ISP들과 달리 독립 ISP들은 대체로 무제한 요금제로 소비자들에게 유리한 서비스를 제공하고 있는 점도 인터넷요금 종량제 반대 여론을 증폭시켰다.

업자가 평소 자신의 고객들의 수와 사용량을 파악해 미리 정할 수 있는 선택의 기회를 주는 방식으로 시민단체와 소비자들의 격렬한 반대를 불러왔던 요소를 없앴다.

당시 내각을 대표해 캐나다 방송통신위원회의 인터넷요금 종량제 허용에 제동을 걸었던 사람은 산업부(Industry Canada)의 클레멘트(Tony Clement) 장관이었다. 그는 캐나다 방송통신위원회 위원장이 의회에 출석해 의견을 밝히기 전에 자신의 트위터를 통해 인터넷요금 종량제를 시행할 수 없을 것이라는 점을 기자들에게 알렸다. 합의제 기관인 캐나다 방송통신위원회의 결정에 대한 내각의 명백한 개입이라는 비판이 제기될 수도 있는 사안이었지만 인터넷요금 종량제에 대한 반대 여론이 워낙 컸기 때문인지 별다른 논란의 대상이 되지는 않았다.

2011년 2월 당시 제도 시행 연기를 발표하면서도 핀켄슈타인 위원장은 인터넷요금 종량제가 시장 논리를 가장 잘 반영하고 인터넷업계의 공존공영을 이룰 수 있는 가장 적합한 정책이라는 소신을 굽히지 않았지만 최근 그는 공개석상에서 의회와 내각이 옳았다는 점을 시인[34]했다. 그는 내각(산업부 장관)의 제동이 있은 다음 의회에 출석했을 때 의원들 중 아무도 자신의 허용 결정 취지를 이해하지 못하는 것을 보고 인터넷요금 종량제 허용이 잘못된 결정임을 깨닫게 되었고, 그때가 자신의 인생에서 가장 참담했던 날이었다고 회고했다. 결과적으로 캐나다 방송통신위원회의 결정에 내각이 제동을 걸어 옳은 길로 가게된 것이기 때문에 이러한 (내각이 캐나다 방송통신위원회에 제동을 걸 수 있는) 시스템이 실질적으로 도움이 되는 제도라고 느낀다는 말도 했다.

---

34) The GLOBE AND MAIL 2011년 11월 30일자 “CRTC head, once at odds with cabinet, lauds its directives” 기사 참조.

제 8 절 심의 관련 사항 등

1 심의 업무 직무 범위 및 권한

1) 방송통신위원회

방송 분야 및 통신 분야의 규제 업무 중 '내용 심의'는 법률적으로 민간 기관인 방송통신심의위원회가 수행하지만, 행정기관으로서의 법적 권한과 집행 등의 고유 직무는 방송통신위원회의 직무 범위에 속해 있다.

방송통신심의위원회는 방송 및 인터넷 등의 내용물에 대해 독자적으로 1차적인 심의 의결하며, 방송통신위원회는 방송통신심의위원회의 결정 사항을 법률적으로 최종 결정해 집행한다.

2) 미국 연방통신위원회

방송 프로그램에 대한 '내용 심의'는 미국 연방통신위원회(FCC) 내부나 외부에 특별히 드러나는 조직이 있지 않을 정도로 연방정부의 기능에서는 축소되어 있음을 볼 수 있다. 1987년 레이건 행정부 출범 이후 미국 연방통신위원회가 방송 내용에 대한 문제(Indecency, 화면, 내용, 언어상의 문제점을 모두 포함한다)를 갖고 제재 조치를 취한 일이 없었다.

그러나 2004년 2월 1일 미식 프로축구 수퍼보울 하프타임 쇼에서 재닛 잭슨(Janet Jackson)의 가슴을 노출한 사건[35]은 방송 내용 심의에 대한 사회적 관심을 촉발시킨 중요한 사건이었다. 이 사건 이후 미국의회는 방송사가 심의 규정[36]을 위반할 경우 부과할 수 있는 과징금 범위를 10배 이상

35) 중앙일보, 2004년 3월 13일자, 15면 기사 참조.

36) 「Title 18 of the United States Code」 제1464조 참조. 주파수를 이용한 서비스(radio communication)에서 저속하거나 음란한 용어(obscene, indecent or profane language)를 금지하고 있다.

확대(3만 5천 달러→35만 달러)하는 법률 「방송품위유지법(Broadcasting Indecency Enforcement Act of 2005)」을 제정하는 적극적인 행보를 보였다.

2006년 7월 14일 당시 부시(George W. Bush) 미국 대통령은 미국 연방통신위원회 위원장을 비롯한 주요 상하원 의원이 참석한 가운데 이 법에 최종 서명[37]하면서, 전국민이 일상적으로 시청하는 방송 프로그램에서 저급하고 저속, 음란한 방송물에 대해 좀 더 효과있는 제재 조치의 필요성을 역설하고, 이에 대한 미국 연방통신위원회의 역할을 강하게 주문했다.

「방송품위유지법」에 대해서는 미국 헌법에서 보장하고 있는 표현의 자유를 제한할 우려가 있다는 미국 의회 내에서도 강하게 제기되었지만, 이 법이 최종 의결된 것을 보면 미국에서도 방송 프로그램이 미치는 영향력에 대한 사회적 여론이 매우 강하다는 점을 유추해 볼 수 있다. 이런 점을 고려해 부시 대통령은 이 법이 초당적(bipartizen)인 입법이라고 말하고 있다. 앞으로 방송 심의 위반에 대한 미국 연방통신위원회의 행보가 강해질 것임을 예상해 볼 수 있다.

3) 캐나다 방송통신위원회(CRTC)

캐나다 방송통신위원회는 심의 업무를 직접 수행하지는 않으며, 방송사업자협회가 운영하는 방송심의위원회(Canadian Broadcast Standards Council: CBSC)가 심의 업무를 담당한다.

캐나다 방송통신위원회는 방송심의위원회의 설립과 운영을 지원하는 형태를 취하고 있다. 그러나 방송사업자의 제반 활동 내역은 캐나다 방송통신위원회의 재허가 과정을 통해 심사에 반영되고, 허가 취소되는 일도 있기 때문에 심의 업무가 소홀히 취급되고 있지는 않다.

---

37) 미국 백악관 보도 자료 참조(georgewbush-whitehouse.archives.gov/news/releases/-2006/06/20060615-1.html).

4) 분석평가

3개 기관 모두 심의 업무가 소홀히 취급되지는 않지만 그 방식과 비중에서는 상당한 차이를 보이고 있는 것은 사실이다.

한국의 경우 방송통신심의위원회가 민간기관으로서 성격을 갖고 있지만 공적 재원이 지원되고 모니터링 등 직접적인 관련 인력이 수백 명에 이르는 등 구체적인 심의 활동에서 가장 적극적이다. 그만큼 심의 업무가 사회적으로 차지는 비중이 크다는 증거가 될 수 있다. 방송법에 따른 법적 제재 행위의 경우는 행정기관이 아니면 안 된다는 법리적 논리에 따라 방송통신심의위원회가 아닌 방송통신위원회의 이름으로 이뤄지게 된다.

미국의 경우 우리나라와 같은 별도의 조직을 두거나 지원하는 등의 활동은 없지만 최근의 입법 동향을 보면 처벌 조항을 강화하는 등 적극적인 행보를 보이고 있다. 평상시 표현의 자유와 자율 규제를 존중하지만 위반 시에는 그에 따른 책임을 묻겠다는 입법적 의지가 담겨 있는 것이다.

캐나다의 경우 심의 기능은 민간협회 산하의 방송심의위원회(CBSC)에서 이뤄진다. 캐나다 방송심의위원회는 역할은 우리나라의 방송통신심의위원회와 비슷하지만, 법적 위상이나 재원 구성, 활동 방식 등에서는 많은 차이가 난다. 캐나다 방송심의위원회의 경우 공식적인 소속이 방송사업자협회가 연합해 설립한 형태이고, 구성이나 운영에 정부가 개입하는 정도가 우리나라에 비해 현격하게 적다. 민간독립기관 성격에 맞게 체제가 갖춰져 있다.

캐나다 방송심의위원회의 제재에 대해 해당 사업자가 따르지 않을 경우, 이러한 사실은 캐나다 방송통신위원회로 보고되고 방송법에 따른 재허가 심사 시 중요한 심사 사항으로 반영되는 구조는 우리나라와 비슷하다.

심의 업무 수행 방식과 권한 범위를 보면 우리나라는 미국과 캐나다의 중간 형태로 볼 수 있다. 심의 업무의 성격상 표현의 자유를 보장하되, 사회적으로 용납되지 않는 비윤리적인 프로그램에 대한 제재의 필요성이 인정되는 것은 3개국에서 동일하다.

2 심의 및 민원 관련 민간독립·유관기관

1) 한국: 방송통신심의위원회

방송통신위원회의 법률상 직무 중 「방송법」 및 「정보통신망 이용 촉진 및 정보 보호 등에 관한 법률」상의 방송 내용과 인터넷상의 내용에 대한 심의 제재 업무는 민간독립기관인 방송 방송통신심의위원회(이하 "심의위원회"라 한다)와 절차적으로 구분되어 이뤄진다.

심의위원회는 「방송통신위원회의 설치 및 운영에 관한 법률」에 의거해 설립된 민간 독립기관이다. 정보통신부의 정보통신심의원회와 방송위원회의 심의 관련 업무를 통합해 이를 담당하는 기관을 신규로 설립되었다. 민간독립기관이지만 위원장과 위원은 국회의 추천으로 대통령이 임명[38]하며, 예산은 방송통신위원회가 운영 관리하는 방송통신발전기금으로 지원된다.

9인의 위원 중 위원장을 포함한 부위원장 1인, 상임위원 1인을 제외한 6인은 비상임위원이다. 민간기구이지만 독립성과 정치적 균형이 요구되는 심의 업무의 특성상 행정공무원과 정당원, 방송과 통신 관련 사업에 종사하는 자는 심의위원회 위원이 될 자격이 없다. 다만, 전문성이 인정되는 교육공무원(교수), 판사, 대법관은 공무원 신분이지만 위원직을 맡을 수 있다.

심의위원회의 주된 직무는 「방송법」 제100조에 따른 제재 조치 등에 관한 심의, 「정보통신망 이용 촉진 및 정보 보호 등에 관한 법률」 제44조의 7에 규정된 인터넷 심의다. 이와 연관해 전기통신 회선을 통해 일반에게 공개되어 유통되는 정보 중 건전한 통신윤리의 함양을 위해 필요한 사항도 대통령령이 정하는 바에 따라 심의하고 시정 요구를 할 수 있으며, 명예훼손 분쟁 조정, 이용자에 대한 정보 제공 청구심사, 청소년 유해물 결정, 선거방송심위원회 구성 및 운영에 관한 직무도 별도의 법률이 정하는 바에

38) 「방송통신위원회의 설치 및 운영에 관한 법률」 제19조 참조. 임명은 대통령이 하지만 3인은 국회의장이 여야 대표와 협의하여 추천하고, 3인은 국회 문화관광방송통신위원회에서 추천한다.

따라 수행한다. 되어야 할 것이다. 실제로 방송통신위원회는 심의위원회의 결정을 바꾼 사례는 2008년 출범 이후 없었다. 심의위원회의 이러한 위상은 우리나라 법률 관행상 전형적인 '반관반민(半官半民)'의 위상으로 볼 수 있다.

방송통신위원회는 심의위원회의 제재 조치 결정에 대해 최종적으로 법률상의 처분을 하게 된다. 이러한 제재 조치에는 방송 심의 분야에서의 사과방송, 프로그램 중단, 경고, 주의 등의 법정 제재 조치가 해당되며, 통신 심의 분야에서는 불법정보 유통에 대한 취급 거부, 정지 또는 제한이 그 대상이다. 민간 사업자에 대한 법률상의 제재 조치를 국가(정부)가 아닌 민간 조직이 취할 수 없다는 법논리에 따른 것으로서, 심의 업무의 성격상 결정 과정에는 국가(정부)가 개입하지 않되 제재 조치의 법적인 효과를 부여함으로써 규제의 목적을 달성하기 위한 것이다.

민간조직인 심의위원회와 정부인 방송통신위원회 간의 관계에서 주의가 필요한 부분은 재심 청구가 있는 경우[39]다. 재심은 그 성격상 최종 조치를 취한 방송통신위원회에 제기하게 되는데, 이때 방송통신위원회가 심의위원회의 결정 사항을 바꿀 경우 발생할 수 있는 법적·사회적 논란의 가능성이 여전히 존재한다. 또한 방송통신위원회가 재심 청구의 경우에도 심의위원회의 결정을 그대로 따를 경우, 사실상 재심 청구 제도를 둔 취지가 없어진다는 것은 또 다른 논란거리가 된다. 현재까지는 방송통신위원회가 민간기구인 심의위원회의 설립 취지를 존중해 심의위원회의 결정을 바꾼 경우도 없으며, 재심 청구인 경우에도 심의위원회의 결정을 존중해 이뤄지고 있는 상태다.

민원은 방송통신위원회 사무처 이용자보호국 내부에 민원접수실(Call Center)을 운영하고 있다. 민원접수실은 방송 분야나 통신 분야를 특정하고 있는 것은 아니며, 방송통신위원회 업무 전반과 관련된 모든 민원을 처리하고 있다. 이와 같은 민원 접수 시스템은 심의위원회도 독자적으로 운영한다.

---

39) 「방송법」 제100조 제6항 및 제7항 참조.

2) 미국

미국 연방통신위원회(FCC)는 심의 업무 등에 관해 관계를 맺고 있는 민간기관이 없으며, 민원 접수 처리는 소비자 및 대외협력국(Consumer & Governmental Affairs Bureau) 내에 소비자 민원접수실(Consumer Call Center)을 두고 다른 관련 정부기관과의 소비자 보호 협력 체제를 구축하고 있다.

3) 캐나다

캐나다 방송통신위원회(CRTC)는 방송 분야의 심의 업무 및 통신 분야의 사업자 간 민원처리 업무와 관련해 다음 두 개 기관에 대해 지원 및 협조 관계를 맺고 있다.

(1) 캐나다 방송심의위원회(CBSC)

캐나다 방송심의위원회는 캐나다방송협회(Canadian Association of Broadcasters: CAB)에 의해 설립된 민간독립기관으로서 자체적으로 정한 심의규정(Code of Ethics, CAB Violence Code, Sex-Role Portrayal Code 등)에 의거 방송 내용에 대한 심의를 담당하며, 시청자들의 불만 접수 처리 업무를 담당한다. 이에 대해 캐나다 방송통신위원회(CRTC)는 1990년 캐나다 방송심의위원회의 체제에 공식적으로 인증(endorsement)했으며 그 활동을 공식 지원하겠다는 입장을 밝혔다. 캐나다방송협회에는 730여 개의 각종 방송사업자가 회원으로 가입한 단체다. CBSC에는 전국 관할 위원장(Naitonal Chair)이 있으며, 분야별 위원회(panel) 및 지역별 위원회가 운영되고 있다.

(2) 통신서비스고충처리관(CCTS)

통신서비스고충처리관(Commissioner for Complaints for Telecommunications Services: CCTS)은 통신업계의 불만 사항을 처리하기 위해 설립된 민간독립기관이다. 통신서비스고충처리관은 2005년 통신정책 전반에 대한 자문위위원회(Telecommunications Policy Review Panel)가 캐나다 국민의 통신 서비스 분야 복지 향상을 위해 소비자(개인, 중소사업자 등)의 불만을 해결하는 데 도움을 줄 수 있는 독립된 기구의 설립을 건의하면서부터 역사가 시작되었다. 내각(Governor in Council)은 이와 같은 건의를 받아들여 2007년 4월 4일 캐나다 방송통신위원회로 하여금 사업자의 기여금을 재원으로 독립적으로 운영되는 소비자 민원 해소 기구를 설립하도록 명령[40]했고, 이에 따라 캐나다 방송통신위원회는 2007년 12월 20일 통신서비스고충처리관의 구조와 담당 직무를 승인[41]하여 통신서비스고충처리관이 구축되었다. 이때 캐나다 방송통신위원회(CRTC)는 연간 통신사업 수익이 1천만 캐나다 달러가 넘는 사업자는 의무 가입 대상으로 지정하여 통신서비스고충처리관(CCTS)의 안정성을 지켜 주었다. 2010년 12월부터는 가입 의무를 강화[42]해 수익 규모와 관계 없이 모든 사업자가 의무적으로 회원으로 가입하도록 했다.

통신서비스고충처리관 체제는 통신복지를 위해 기본적으로 개인의 불만사항은 해당 사업자가 해결하는 것이 가장 바람직하다는 기조를 갖고 있다. 따라서 통신서비스고충처리관의 역할은 접수된 소비자의 불만에 대해 해당 사업자와의 사이에서 효율적인 해결 및 중재를 담당하며 법률적인 조치를 내릴 수 있는 권한을 갖고 있지는 않다.

4) 분석평가

방송 내용 심의 및 인터넷 내용 심의와 관련해서는 세 기관의 업무 수행 내용과 접근법이 상당한 차이가 있다. 한국의 경우 심의 위원회의 위상이 가장 명확하고, 관계 법률상의 근거가 충분히 마련되어 있음을 볼 수 있는데 그만큼 심의 업무가 사회적으로 중요하다는 점을 나타내 주고 있다고

40) 소비자 민원 처리를 위한 업무 방향(Order requiring the CRTC to report to the Governor in Council on consumer complaints), P.C. 2007-533 참조.

41) CRTC Telecom Decision 2007-130, Establishment of an Independent Telecommunications Consumer Agency 참조.

42) The Wire Report 2011년 12월 15일자 "CRTC orders telco disconnection for failure to join complaints commission" 기사 참조(www.thewirereport.ca/reports).

평가된다.

미국의 경우 심의와 관련한 인력을 상시적으로 두거나 민간조직을 지원하거나 하는 활동이 보이지 않는다. 그러나 잭슨(Jamet Jackson)의 음란 영상에 대응해 제재 수준을 상향하는 법 개정까지 이뤄지는 것에서 보듯이 무관심한 것은 아님을 알 수 있다. 미국의 경우 심의와 관련한 직무 수행을 보면 사전 심의나 제3의 기관에 의한 심의를 하지 않고, 사후에 문제가 되는 경우 이에 대한 엄격한 처벌을 추구하고 있는 것으로 평가된다.

캐나다의 경우에는 미국과는 달리 심의조직[43]이 존재한다는 사실은 한국과 유사하지만, 정부와의 관계나 법적 근거 측면에서는 한국과 다른 점이 있다. 방송 심의조직이 방송사업자협회 소속으로 설립되어 있어 개념상 자율심의 체제가 굳어져 있는 것이다. 통신민원 처리를 위해 최근에 설립된 통신서비스고충처리관(CCTS)의 활동은 지켜볼 가치가 있어 보인다. 방송 심의와 달리 정치, 사회적 논란이 되는 대형 이슈를 다루는 것이 아니라 소비자들의 불만 처리에 중점을 두고 이를 지원하는 역할은 향후 더욱 늘어날 개인 정보통신 서비스를 생각해 볼 때 앞서가는 측면이 있기 때문이다. 캐나다 방송통신위원회(CRTC)는 매년 통신서비스고충처리관의 활동 상황을 보고받고 이를 분석하는 업무도 병행하고 있는 것을 보면 하나의 '실험적인 체제'로 인식하고 있는 것으로 보인다.

심의 업무의 중요도가 비교 대상 어느 국가보다 크고, 법률상의 근거도 명확한 한국적 상황이 언제까지 지속될지 예단하기는 쉽지 않다. 방송을 포함해 인터넷도 청소년 교육이나 선거 등 정치적 균형의 문제와 연관되는 경우 범사회적 이슈[44]가 되는 우리나라의 상황을 생각해 볼 때, 방송정책 및 규제 분야에서 심의 업무의 중요도가 미국이나 캐나다처럼 떨어질 것으로 보기는 어렵기 때문이다.

전면적인 체제 개편보다는 자율 심의의 영역을 지속적으로 확대해 나가는 노력이 필요할 것으로 보인다.

---

43) 방송 심의 담당기관을 말한다. 캐나다의 경우 인터넷 내용 심의 업무를 관장하지 않는다.
44) 전자신문 2011년 10월 20일자, "전병헌 의원, 앱·SNS 심의는 선거 개입행위" 기사 참조.

제 5 장 심결(의사 진행) 체제 및 과정 비교 분석

제 1 절 회의체

1 방송통신위원회의 회의체

방송통신위원회의 회의체는 위원장과 부위원장 각 1인, 3인의 상임위원 등 5인이 모두 참여하는 전체회의 하나로 운영된다. 방송위원회(2000~2008)는 5인의 상임위원과 4인의 비상임위원으로 구성되어 5인의 상임위원이 참석하는 상임위원회와 비상임위원 4인을 포함한 9인의 위원 전원이 참석하는 전체회의로 구분되어 운영되었던 것과는 차이가 있다. 비상임위원을 없앤 것은 회의의 효율성을 제고해 방송통신 융합환경에 부합한 신속한 의사결정을 위해 불가피하다는 의견이 주류를 이뤘기 때문이었다.

방송통신위원회가 채택한 5인 상임위원 체제는 그 동안 존재했던 방송통신 분야의 모든 회의체 기관 및 다른 분야나 대법원, 헌법재판소 등 거의 모든 합의체 기관에서도 찾아보기 힘든 체제다. 의사결정의 신속성과 효율성에 대해서는 별도의 관찰과 분석이 필요하겠지만 그만큼 선도적인 면이 있는 것은 부인하기 힘들다.

2 미국 연방통신위원회(FCC)의 회의체

미국 연방통신위원회의 회의체는 위원장 1인 및 4인의 상임위원으로 구성되는 전체회의의 하나로 운영된다. 미국 연방통신위원회의 5인 위원 및 단일 회의체는 방송통신위원회의 위상에 직접적인 영향을 끼쳤다. 5인 상임위원에 의한 매월 정기회의, 특별한 사안이 있을 경우 실시하는 특별회의, 서면회의 등의 방식으로 회의를 운영하고 있다.

3 캐나다 방송통신위원회(CRTC)의 회의체

1) 전체회의(FCM)

회의체 측면에서 가장 독특한 구조를 띠고 있는 것은 캐나다 방송통신위원회다. 캐나다 방송통신위원회는 위원 수에서도 가장 많아 최고 19인(13인 이내의 상임위원, 6인 이내의 비상임위원)까지 둘 수 있다는 것도 큰 특징 중의 하나다. 다양성 구현에 높은 가치를 두고 있는 범국가적 분위기를 가장 잘 반영하고 있는 연방정부기관이라고 할 수 있다.

19인은 법률상의 상한이고, 현재는 비상임위원은 두지 않고 있으며 상임위원만으로 운영되고 있는데 상임위원 숫자도 13인으로 상한선까지 차 있는 상태다. 전체회의는 이들 13인이 모두 참석하는 전원회의체를 말한다.

2) 방송분과위원회(BCM)

캐나다 방송통신위원회의 회의체는 전체회의(FCM) 외에 세 개의 분과위원회가 운영되고 있다. 분과위원회 설치 근거는 법률에 근거[1])를 두고 있으며, 분과위원회의 활동은 「방송법(Broadcasting Act)」과 「통신법(Tele-

1) 「Canadian Radio-television and Telecommunications Commission Act」 제11조 및 제12조 참조.

communications Act)」의 규정에 따라 제정, 시행되는 「CRTC Rules and Procedures」[2]에 의거해 활동하게 된다.

방송분과위원회(Broadcast Committee Meeting: BCM)는 방송 분야에 대한 안건을 다루는 분과위원회다. 현재는 없지만 만약 캐나다 방송통신위원회 내에 비상임 위원이 있다면 방송분과위원회에 참석 가능하다. 방송분과위원회는 대체로 전체회의에 올라가기 전에 사전 논의 성격을 갖고 있다. 전체회의에 상정되는 방송 분야 안건에 대해 방송분과위원회의 논의 내용은 참고 사항이 되는 것이다. 방송분과위원회에 비상임 위원의 참석 가능성을 열어놓은 것 자체는 흥미로운 부분이다. 통신 분야에 비해 사회의 다양한 의견 수렴 필요성에 부응할 수 있는 제도라고 볼 수 있다.

방송분과위원회의 정족수는 3인이다. 즉 3인 이상이 참석하면 회의가 성립되는 것이다. 방송분과위원회는 방송담당 부위원장이 주재하며 대체로 6~7명의 위원이 참석한다.

3) 방송분과소위원회(BCSC)

방송 분야 사안 중 일상적이고 중요 사항이 아닌 안건에 대해서는 방송분과소위원회(Broadcasting Committee Sub Committee: BCSC)에 위임되어 처리된다. 방송분과소위원회는 위원장이 지명하는 3인의 위원으로 구성되며 3개월 단위로 번갈아 가며 임명되는 것이 관행이다.

4) 통신분과위원회(TCM)

통신분과위원회(Telecommunications Committee Meeting: TCM)는 통신 분야의 의안을 다루는데 방송분과위원회와의 차이점은 상임위원만 참석할 수 있으며, 전체회의(FCM)로부터 위임받은 사항 또는 법률의 규정에 따라 위임받은 사항에 대해 전체회의와 동일한 효력을 갖는 의사결정이 가능하다는 점이다. 상대적으로 방송분과위원회(BCM)보다는 위임의 범위가

2) 캐나다 「Broadcasting Act」 제21조 및 캐나다 「Telecommunications Act」 제57조 참조.

넓은 것이다. 이에 따라 만약 비상임 위원이 있더라도 이들은 방송분과위원회에는 참석이 가능하지만 통신분과위원회에는 참석할 수 없다.

통신분과위원회(TCM)의 정족수는 3인이다. 즉 3인 이상이 참석하면 회의가 성립되는 것이다. 통신분과위원회은 통신 담당 부위원장이 주재하며 대체로 6~7명의 위원이 참석한다.

4 분석평가

방송통신위원회와 미국 연방통신위원회(FCC)의 회의체는 위원 수에서 보듯이 거의 유사한 모습을 띠고 있다. 5인의 회의체는 합의제 기관으로서는 효율성을 최대한 고려한 숫자라고 할 수 있다. 두 기관 모두 따로 분과위원회를 두지는 않고 있다.

이에 비해 캐나다 방송통신위원회(CRTC)의 회의체 운영은 매우 독특하다. 방송 분야와 통신 분야로 분과위원회를 운영하고 있으며, 비상임위원이 있을 경우 방송분과위원회에만 참석토록 하고 있는 것도 다른 어느 나라에서도 찾아보기 힘든 구조다. 위원장, 부위원장을 비롯한 13인의 상임위원에게 양쪽 분과 어느 회의에도 참석의 길을 열어놓은 것도 특이한 규정이다. 각 위원은 자신들의 판단에 따라 분과위원회 회의 어느 쪽이든 참석이 가능한 것이다. 현실적으로 위원장은 어느 분과위원회에도 참석하지 않고 있으며, 방송 부위원장은 통신분과위원회에 참석하지 않고 반대로 통신 부위원장은 방송분과위원회에 참석하지 않는 것이 관례이지만 규정상으로 제한을 두고 있는 것은 아니다.

캐나다 방송통신위원회의 분과위원회 운영 현황은 방송 분야와 통신 분야의 정책과 규제 업무가 갖는 차이점을 인정한다면 단일 방송통신 주무기관에서 선택할 수 있는 최선의 방안이 될 수 있다고 보인다. 그러나 분과위원회 운영을 위해서는 기본적인 위원 숫자가 많아야 한다는 점을 고려하면 방송통신위원회와 미국 연방통신위원회(FCC)에서 차용하기에는 어려움이 있어 보인다.

절대적인 위원 수가 많은 캐나다 방송통신위원회의 기본 조건 하에서 효율성을 기하기 위해 가상회의를 활용하고, 분과위위원회와 분과소위위원회에 일정한 사항을 위임해 신속하게 의결 처리토록 한 것은 높이 평가할 만하다.

제 2 절 회의 개최 횟수

1 방송통신위원회의 회의 개최 횟수

현재 방송통신위원회의 전체회의는 주당 평균 1회 정도 개최된다. 방송통신위원회 제1기 위원회 시절(2008. 3~2011. 3)에는 주당 평균 2회 정도 열렸는데, 최근 들어 서면회의를 늘리는 등 안건을 줄이기 위한 노력이 이뤄진 결과다. 잦은 회의 개최로 인한 피로감과 비효율성을 해소할 필요가 있었던 것이다. 위원회 회의는 위원장이 소집하는 것이 관행이지만, 위원 2인 이상의 요구[3]가 있으면 위원장은 회의를 소집해야 한다.

서면회의[4]는 토론을 요하지 아니하는 일상적·반복적 안건이나 경미한 안건으로서 사전에 위원회에서 서면 결의 대상으로 의결한 경우, 긴급하게 처리할 필요가 있는 등 부득이한 사정이 있는 경우에 이뤄진다. 전체회의 일정에 구애받지 않기 때문에 신속하게 의결 처리가 이뤄질 수 있도록 한 것이다. 서면 결의 안건은 위원장이 서면 결의 취지를 명시해 제의하는데, 만약 위원 중 1인이 서면 결의 반대하는 의사를 표시하는 경우에는 서면회의가 성립하지 않는다.

---

3) 「방송통신위원회의 설치 및 운영에 관한 법률」 제13조 참조. 방송통신위원회가 출범한 2008년 이후 위원장이 아닌 위원 2인 이상의 요구로 회의가 열렸던 사례는 단 1차례밖에 없었을 정도로 흔치 않은 일이다. 2008년 상임위원 2인의 요청으로 열렸던 회의의 안건은 한국방송공사(KBS) 이사 추천에 관한 사항으로서 비공개 사항이었다.

4) 방송통신위원회, 『방송통신위원회 회의 운영에 관한 규칙』 제14조 참조.

2 미국 연방통신위원회(FCC) 회의 개최 횟수

미국 연방통신위원회의 회의 개최에 관한 사항은 법률에 규정[5]되어 있다. 정규 전체회의(regular monthly meetings)는 월 1회 개최된다. 정규회의 외에 특정 사안을 논의하기 위해 특별회의(special meetnigs)가 소집될 수 있다. 미국 연방통신위원회도 다수의 안건은 상대적으로 간략한 절차인 서면회의(by circulation)를 거쳐 의결하는데 이는 안건서류를 위원들에게 배포하고 승인(approval)을 얻는 형태를 취하기 때문에 'by circulation'으로 부른다. 2010년도 미국 연방통신위원회가 안건으로 처리한 206건 중 정식 대면회의에서 처리한 것은 37건, 서면회의에서 처리한 안건은 169건으로서 훨씬 비중[6]이 높다.

3 캐나다 방송통신위원회(CRTC) 회의 개최 횟수

1) 전체회의(FCM)

캐나다 방송통신위원회의 전체회의는 월 1회 개최된다. 캐나다 방송통신위원회(CRTC) 설치법에는 최소 회의 횟수를 규정해 두고 있는데 1년에 6회 이상 개최[7]하도록 규정하고 있다. 다른 두 나라에 비해 매우 독특한 규정이라고 볼 수 있다. 주 단위 지역사무소에 상근하는 위원들이 모두 참석하는 전체회의는 매달 마지막 주에 개최되는데, 안건 수에 따라 약간의 차이가 있기는 하지만 대체로 이틀 동안 연이어 개최해 안건 처리에 신중을 기한다.

---

5) 「Title 47--Telecommunication, Chapter I--Federal Communications Commission, PART 0_COMMISSION ORGANIZATION Subpart A_Organization」 제0.5 (d)조 참조.
6) 방송통신위원회, 조사자료 참조.
7) 「Canadian Radio-television and Telecommunications Commission Act」 제10. (2)조 참조.

2) 방송분과위원회(BCM)

방송분과위원회는 대체로 주당 1회 정도 개최된다.

3) 방송분과소위원회(BCSC)

방송분과소위원회의 경우에는 대면회의도 열리지만 간단한 사안이 많기 때문에 통신망(사내전산망 이메일)을 이용한 가상회의(Virtual meetings, Walk-Around Meetings, 약어 BCSC_WA로 부른다)[8]가 활용된다. 우리나라 방송통신위원회의 서면회의에 해당한다.

4) 통신분과위원회(TCM)

통신분과위원회의 대면회의는 2주일에 한 번 정도 개최된다. 그러나 간단한 안건의 처리는 가상회의(TCM_WA)를 주당 2회 개최해 신속한 안건 처리 체제를 유지하고 있다.

TCM-WA에서는 내부 규정에 따라 작성된 안건의 설명문 길이가 3페이지 이하인 안건이 논의 대상이며 위원들은 제출된 서류를 검토한 후 승인 여부를 사내 전산망 이메일을 통해 통보하면 의결 과정이 끝나는 것이다. 3페이지가 넘는 안건은 실제 회의에서 다뤄진다.

4 분석평가

회의 개최 횟수를 놓고 단순 비교하는 것은 큰 의미는 없어 보이지만, 합의제가 기본적으로 비효율성을 보일 수밖에 없다는 비판론자가 있는 점을 고려하면 무시할 수 없는 요소가 있다. 아무리 신속하게 처리한다 하더라도 어떤 방침이 마련되어도 이를 정규회의에 상정하여 의결 과정을 거치고 집행 과정을 거친다면 상당한 여유 시간이 필요하기 때문이다. 신속한 결

8) 전체적인 운영 형태로 보면 미국 연방통신위원회(FCC)의 'by circulation'과 매우 유사하다.

정이 필요한 분야에서는 분명한 약점이 될 수도 있는 것이다. 방송통신위원회의 경우 가장 역사가 짧기 때문에 합의제 기관의 법리에 가장 충실하게 임하고 있다. 거의 모든 직무에 관한 사항을 정식 회의에서 처리해 왔다고 볼 수 있다. 방송통신위원회 제1기(2008~2011) 때는 매주 2회씩 정기적으로 회의가 개최되었다. 제2기(2011~) 방송통신위원회 출범 이후 위임전결 규정의 정비와 서면 의결의 범위를 확대하는 등 내부적인 노력을 거쳐 현재는 주 1회 정도로 회의 개최 횟수가 줄어든 상태다.

방송통신위원회는 2008년 출범 초기부터 정식 회의에 상정되는 안건을 줄이기 위한 노력을 계속해 왔기 때문에 최근의 회의 횟수가 감소하고 있는 것은 그러한 노력의 결과라고 할 수 있다. 서면회의로 간소한 의결 절차를 거치는 안건이 늘고 있으며, 정무적인 판단 여지가 많지 않은 사안은 사무처에 대한 위임전결로 처리토록 하고 있다.

이와 같은 관점에서 미국 연방통신위원회(FCC)와 캐나다 방송통신위원회(CRTC)는 오랜 역사만큼이나 방송통신위원회 비해서는 상당히 많은 부분이 위임전결과 서면 의결로 처리되는 것이 관행화되어 있는 것으로 평가된다. 미국 연방통신위원회의 경우 정규 전체회의는 월 1회 개최되는데, 상정되는 안건 수도 5~6건을 넘지 않는다. 미국이 갖는 국가 규모와 업무 범위 등을 고려할 때 이는 방송통신위원회의 정규 회의 개최 횟수에 비교해 상당히 적은 편이다. 그만큼 위임전결과 서면회의를 통해 처리되는 업무량이 많다는 뜻이다.

캐나다 방송통신위원회는 정규 전체회의가 개최되면 주 단위 사무소에서 상근하는 위원들이 수도 오타와로 이동해 참석하는 경우가 많기 때문에 한국과 미국과는 다른 조건이 한 가지 더 있는 셈이다. 정규 전체회의에서는 통상적인 안건 처리 외에도 사업자 의견 청취 및 관련 보고 등도 활발히 이뤄진다. 회의 개최 시 이틀에 걸쳐 회의를 진행해 멀리서 오는 상임위원의 여건을 배려하고, 신속한 안건 처리에도 상당히 기여하고 있는 것으로 평가된다.

제한된 위임 사항이지만 결정이 필요한 안건을 다루는 분과위원회, 분과소위원회 운영에서 가상회의(walk around meetings)를 활발히 활용하고 있는 것도 장점으로 평가된다. 분과위원회의 가상회의인 경우에도 화상회의가 활용되기 때문에 참석을 원하는 위원은 출장 중이든 지역사무소에 근무하든 회의에 참석할 수 있다.

이와 같은 가상회의는 합의제 기관의 약점으로 지적될 수 있는 효율성을 제고하는 데도 긍정적인 역할을 한다.

제 3 절 의견 제출, 의견 청취, 공청회 등 절차 비교

1 방송통신위원회

방송통신위원회의 의견 제출, 의견 청취, 공청회 등 대외적인 의견 수렴 절차는 다른 정부기관과 동일하다. 대통령령, 고시 등 제・개정안에 대해서는 입법예고 절차를 따라야 한다. 개정안이 아닌 경우에는 공청회를 의무적으로 거쳐야 한다.

방송사업자 허가, 재허가 등 방송법에 따른 사업자 허가의 경우에도 관보나 일간지 신문에 일반인을 상대로 의견을 청취하고 그 반영 여부를 공표하도록 규정하고 있다. 의견 청취 공고를 내고 의견 수렴 절차를 거치도록 규정[9]하고 있다. 이와 같은 규정은 2000년 방송법 개정 시 반영된 사항으로서 방송의 주인이 시청자라는 가치를 구현하기 위한 핵심 제도로 인식된다. 이를 위해 방송통신위원회는 관련 사업자 허가, 재허가 시 관보와 일간신문을 2개 정도 선정해 의견 제출 요청 공고문을 게재하고 허가행정 후 그 반영 여부를 밝히는 백서를 발간하는 형태로 운영하고 있다.

입법예고 절차는 정부(방송통신위원회) 발의 법률안, 대통령령 제・개정안, 고시 등 법률적인 효력을 가진 사항을 정할 때 필수적으로 거쳐야 하는 사항이다. 2011년 12월 한미 FTA에 따라 개정된 「행정절차법」에 따르면

9) 「방송법」 제10조 제2항 참조.

40일 이상 입법예고를 해야 한다. 입법예고는 입법예고는 행정안전부에서 주관하는 대한민국정부 관보를 통해 이뤄지며, 긴급한 필요가 있는 경우에는 법제처와의 협의를 거쳐 단축할 수 있지만 그런 예는 극히 드물다. 입법예고 기간 동안 일반인을 포함한 관계자는 누구나 공식적인 통로를 통해 의견을 제출할 수 있다.

이와같이 의무적인 사항이 아닌 경우에는 방송통신위원회의 자체적인 판단에 따라 공청회 또는 토론회를 통해 의견 수렴 활동을 하며, 실제로도 이러한 공청회·토론회는 자주 개최되는 편이다.

방송통신위원회가 합의제 기관이기 때문에 다른 중앙행정기관보다 특별히 더 많은 의견 수렴 절차를 거친다는 증거는 찾기 어렵지만, 위원회 체제인 만큼 다수의 공식, 비공식 의견 수렴 기회가 많다는 것은 예상하기 어렵지 않다.

또한 방송관계법의 경우 대표적인 사회적 갈등 사안으로서 평시에도 수많은 토론회가 열리는 경향을 보인다. 이러한 현실을 보면 방송통신위원회가 주도하는 토론회, 공청회의 사회적 필요성이 그다지 커보이지 않는다는 평가도 가능하고, 과거를 돌이켜보면 방송통신위원회가 직접 주도하는 공청회나 토론회의 정상적인 진행이 어려웠던 사례도 있었다.

방송통신위원회(정부) 발의 법률안 제·개정 절차는 <표 5-1>과 같다.

표 5-1 방송통신위원회 정부 법률안 제·개정 절차

초안 작성	○ 내부 절차
⇓	
방통위 내 협의	○ 내부 절차
⇓	
신설·강화 규제 사전 검토	○ 규제개혁위원회(경제규제관리관실)에 규제 신설·강화 여부 확인 - 법무담당관실 규제개혁 담당에게 법안을 송부해 확인(소요 기간: 10일)
⇓	
초안 확정	○ 위원회 보고
⇓	

관계 부처 협의 & 입법예고 & 부패영향평가 & 통계기반평가 ※ 동시 진행 가능	○ 관계 부처와의 협의 기간 10일 이상 ○ 입법예고는 통상 40일 이상 – 특별한 사유가 있을 경우 단축 · 생략 가능_법제처 기획재정담당 관실 – 대한민국 정부 관보 게재_행정안전부 법무담당관실 – 신설 · 강화 규제 사항 있으면 규제영향분석서 첨부해 입법예고 ※ "기술규정 또는 적합성평가절차", "의약품 또는 의료기기 관련 사항" 등은 입법예고 기간 60일 이상 ○ 부패영향평가(30일)_국민권익위원회 부패영향분석과 ○ 통계기반평가(30일)_통계청 통계심사과
⇓	
당정 협의	○ 국무총리실 및 정당전문위원과 협의
⇓	
규제 심사	○ 규제심사위원회 절차
⇓	
방통위안 확정	○ 위원회 의결
⇓	
법제처 심사	○ '법령 입안 시스템' 및 공문으로 법제처에 심사 요청(소요 기간: 1개월 이상)
⇓	
차관 · 국무회의 심의	
⇓	
대통령 재가	○ 관계 국무위원(행정안전부 장관) · 총리 부서 및 대통령 재가(소요 기간: 7일)
⇓	
법률안 국회 제출	○ 법제처에서 국회(의안과)에 법률안 제출
⇓	
본회의 보고	○ 의원에게 법률안 보고 – 본회의 보고(국회의장) 후 소관 국회상임위에 회부 – 폐 · 휴회 중에는 본회의 보고를 생략하고 국회의장이 소관 상임위에 회부
⇓	
상임위 전체회의 상정	○ 제안설명(위원장) ○ 전문위원 검토보고 ○ 대체토론(질의 · 답변) ○ 법안심사소위 회부 ※ 상임위에 회부된 날로부터 15일 후 상정(단, 위원회 의결이 있는 경우 단축 가능)

단계	내용
⇓	
상임위 법안심사소위원회 심사	
⇓	
상임위 전체회의 의결	○ 소위원회 심사 결과 보고(소위원장) ○ 토론 및 축조심사 ○ 의결(원안 · 수정안 · 대안 · 위원회안) ○ 법제사법위원회에 회부
⇓	
법제사법위원회 사전심사	○ 법사위 전문위원 · 입법조사관에게 법안 설명
⇓	
법제사법위원회 전체회의	
⇓	
법사위 법안심사 소위원회 심사	○ 5~7명의 의원으로 구성
⇓	
국회 법사위 의결	
⇓	
법률안 심사보고서 작성 · 제출	
⇓	
국회 본회의 상정	
⇓	
정부 이송	○ 국회(의안과)에서 정부(법제처 법제총괄담당관실)로 법률안 이송
⇓	
공포안 의결 (국무회의 상정)	
⇓	
대통령 재가	
⇓	
공포 · 시행	○ 법제처(법제총괄담당관실)가 행정안전부(법무담당관실)에 관보 게재 의뢰 - 정부에 이송된 날부터 15일 이내에 공포 ○ 법률 공포 후 6개월 이상 경과 후 시행 원칙 ※ 법률시행일 90일 전 하위 법령 입안, 45일 전 법제처 심사 요청

2 미국 연방통신위원회(FCC)

미국 연방통신위원회의 경우 독립규제위원회로서 오랜 관행과 법률에 따라 정립된 의견 수렴 절차를 가지고 있다. 정책의 합리성을 높이기 위한 의견 수렴이라는 근본적인 목표나 절차에서는 우리나라와 큰 차이를 보이지 않지만, 구체적인 행위나 과정에서는 크게 다른 요소도 많다.

우선 의견 제출(Submitting public comments)은 상시적으로 열려 있는 일반인의 의견 수렴 절차다. 직접 제출, 우편 제출 등을 통해 언제든지 의견을 제출할 수 있고, 연방통신위원회의 공식적 규칙 제・개정 시에도 누구나 의견을 제출할 수 있다.

미국 연방통신위원회는 일반인 내지 관계자가 자신의 활동을 파악할 수 있도록 정책에 대한 각종 정보도 제공한다. 인터넷 웹사이트, 우리나라의 관보와 비슷한 연방 관보(Federal Register)에 게재된 내용을 모아서 정부간행물 출판국(U.S. Government Printing Office)과 각 대학 도서관 등 공공시설에 제공하기도 한다. 우리나라의 언론 보도 자료에 해당하는 Public Notice, News Releases를 통해서도 활동 내용을 파악할 수 있도록 한다.

규칙 제・개정과 관련해서는 「연방행정절차법(Administrative Procedure Act of 1946)」 등 관련 법령에 따라 우리나라의 입법예고 등과 유사한 절차를 따라 의견 수렴이 이뤄진다.

그 절차는 ① 발의(Initiation), ② 질의 공고(Notice of Inquiry: NOI), ③ 규칙제정안 공고(Notice of Proposed Rulemaking: NPRM), ④ 후속 규칙제정안 공고(Further Notice of Proposed Rulemaking: FNPRM), ⑤ 보고 및 명령(Report and Order: R&O), ⑥ 재심청원(Petition for Reconsideration), ⑦ 재심청원 등에 대한 명령(Memorandum Opinion and Order: MO&O) 등의 절차가 그것이다. 각 과정마다 일반인과 이해관계자의 의견 제출이 이뤄진다.

규칙 제・개정 절차가 공식적으로 시작되기 전에도 공고(Public Notice) 등을 통해 일반인의 의견 수렴이 이뤄지기도 한다. 이와 같은 경우에 외부에 있는 누구나 미국 연방통신위원회에 새로운 규칙이 필요하다거나, 기존의 규칙에 대한 개정 의견을 제출할 수 있다.

공고 시에 일정에 대한 특별한 제한을 두지 않은 경우에는 대체로 30일 동안 의견 제출 기간이 주어지며, 의견을 검토한 미국 연방통신위원회는 그 결과를 질의 공고(NOI)나 규칙제정안 공고(NPRM)를 통해 반영하게 된다(Unless directed in the FCC's Public Notice seeking comment on the petition, the public has 30 days from the date of the Public Notice to submit comments on whether the FCC should grant or deny the petition. After reviewing the comments received in response to the petition, the FCC issues an order disposing of the petition, an NOI, or an NPRM).

미국 연방통신위원회의 의견 수렴 절차 중 일반적인 의견(public comments) 제출 외에 '편면적(*ex-parte*)[10] 의견 진술' 절차가 있다. 이것은 특정 사안에 관한 이해관계자를 포함한 다른 정부기관, 의회 의원 등이 미국 연방통신위원회 관계 직원들을 만나 결정 방향에 대한 의견을 제출할 수 있는 절차를 말하는데, 최초 공지(Notice of Inquiry)가 있은 뒤부터 해당 안건을 다루는 회의 1주일 전 선샤인 공지(Sunshine Notice)가 이뤄지기 전까지는 언제든 요구할 수 있는 의견 제출 절차다. 참고로 여기서 말하는 편면적 의견 진술은 행정재판관이 「행정절차법(Administrative Procedure Act)」에 따라 심결을 진행할 때 법률에서 허용한 경우 외에는 관계되는 사람 모두에게 공지해 참여할 기회를 주지 않고서는 특정인이나 집단과 만날 수 없다는 '편면적 의견 진술 금지 규정'[11]과는 성격이 다르다.

'편면적 의견 진술' 절차는 방송통신 정책과 규제에 관한 중요 사항을 독립적으로 의결하는 미국 연방통신위원회의 의견 수렴 절차 중 핵심에 속하

---

10) 「Title 47--Telecommunication, Chapter I--Federal Communications Commission, PART 1_PRACTICE AND PROCEDURE Subpart H_Ex Parte Communications」 제1.1200조 이하 참조. 영어의 'by one side'란 뜻을 갖고 있어 이를 번역한 용어다. 기본적으로 의견 진술자의 의견을 그대로 듣는다는 뜻으로 이해될 수 있다.

11) 미국 「Administrative Procedure Act」 제554(d)조 참조; 이희정 외(2009: 31) 참조.

는 중요한 제도에 해당한다. 즉, 결정이 밀실에서 이뤄지는 소수의 사람들에 의해 이뤄지는 것을 방지해 정책결정의 합리성과 투명성을 제고하는 핵심 제도다. 이와 관련해 요청이 있는 경우 허용은 하되 공개되는 규칙(permit-but-disclose)이 있는데, 규칙은 의회의 의원이나 그 보좌관, 다른 연방정부기관이나 그 직원 등이 의결 방향에 영향을 미치려고 하는 명확한 의도가 있는 '편면적 의견 진술' 기회를 갖게 될 때 적용된다.

'편면적 의견 진술'의 세부 절차는 미국 연방통신위원회가 정한 지침에 따르게 되는데, 여기에 참여하는 사람들이 겪는 몇 가지 곤란한 사항이 미국 의회의 감사기관인 GAO의 평가에서 지적되고 있다.[12] 그 중 한 가지는 다른 의견 제출 절차와 달리 '편면적 의견 진술' 기회가 언제 끝나는지를 의견 진술자가 정확히 알기 어렵다는 것이다. 또 션샤인 공지 이후에는 금지된다고 하지만, 미국 연방통신위원회의 내부 결정에 따른 변경으로 안건 상정이 연기되어 수정 사항을 두고 재차 허용되기도 하기 때문이다. 두 번째는 일반적인 '편면적 의견 진술'이 있는 경우 이에 대한 요약 기록을 남기는데 이것이 지나치게 단순해 다른 이해관계자에게 전혀 도움이 되지 않는다는 것이다. 즉, 공개되는 요약 기록(summary)에는 누가 미국 연방통신위원회 직원 누구를 만났다는 내용밖에 없어서 어떤 의견이 제시되었으며 어떤 논의가 있었는지를 전혀 알 수 없다는 것이다.

GAO의 이와 같은 문제점 지적에 대해 미국 연방통신위원회는 '편면적 의견 진술'에 관한 규칙을 개정하는 논의를 시작했다. 개선 방안 중의 하나는 미국 연방정부의 온라인 홈페이지(www.broadband.gov)를 통해 '편면적 의견 진술'을 위한 미팅을 요청하거나 관련 정보를 얻을 수 있게 하는 것이 포함되어 있다.

미국 연방통신위원회의 규칙 제·개정 절차에 관한 개념도는 [그림 5-1]과 같다. 이 개념도에서 보듯이 음영 처리된 절차가 진행되는 동안에는 누구에게든 '편면적 의견 진술' 절차가 허용된다.

12) 미국 GAO, GA0-10-79 FCC MANAGEMENT Improvements Needed in Communication, Decision-Making Processes, and Workforce Planning, p. 33 참조.

Figure 1: FCC's Rulemaking Process

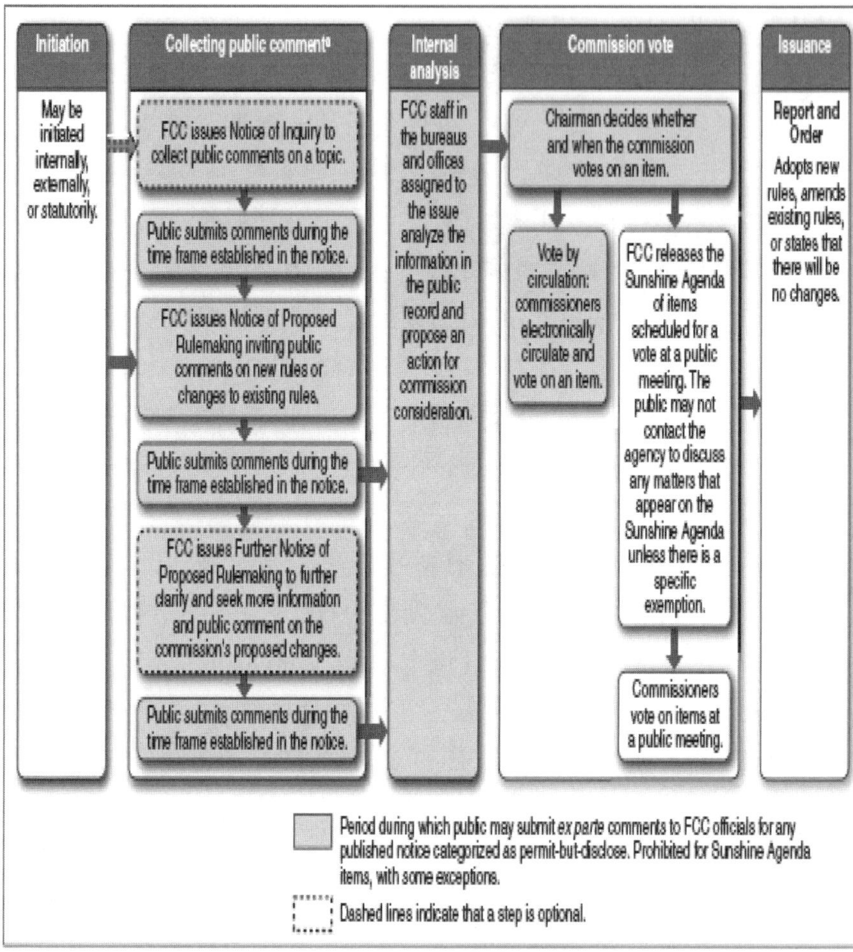

그림 5-1 미국 연방통신위원회(FCC) 규칙 제·개정 절차

출처: 미국 GAO, GA0-10-79 FCC MANAGEMENT Improvements Needed in Communication, Decision-Making Processes, and Workforce Planning, p. 10 참조.

3 캐나다 방송통신위원회(CRTC)

캐나다 방송통신위원회의 의견 수렴 절차 및 공청회 등은 기본적으로

「캐나다 방송통신위원회(CRTC) 절차규칙(CRTC Rules and Procedure)」에 의거해 이뤄진다. 이러한 절차는 우리나라의 입법예고나 미국 연방통신위원회(FCC)의 그것과 크게 다르지 않다. 연방정부기관으로서의 미리 공표한 정해진 절차에 따라 의견 수렴 및 결정과 집행이 이뤄지는 것이다. 정부 관보(Canada Gazette)에 관련 규칙은 게재되어 일반인에게 공지되는 것도 비슷하다.

사업자 인·허가 및 일반행정과 정책, 규제 방안 마련과 관련해서는 광범위한 공개 의견 청취 제도를 운영한다. 이를 「Public Proceedings」로 부르며, 의견 청취 대상은 사업자 허가, 재허가, 소유 변동 승인, 통신요금 규제정책 및 기타 연방정부 소관 규제 분야에 해당하는 사안[13]이다. 「Public Procedings」의 대상이 현안이 되었을 경우 캐나다 방송통신위원회는 이를 홈페이지에 공지하고 관심 있는 사람은 온라인, 일반 우편메일, 팩스 등 모든 가능한 수단을 통해 의견을 제출[14]할 수 있다.

캐나다 방송통신위원회의 정책 사안에 대한 공청회(Public Hearings)는 최소한 6개월 전 공청회에 관한 모든 일정이 공표될 만큼 사전, 사후 준비가 철저한 의견 수렴 절차다. 실례로 2011년 6월 캐나다 방송통신위원회가 실시한 '수직 결합(vertical integration) 규제 정책 방향 공청회'는 6일 동안 총 50개 이해당사자가 출석해 의견을 제시하고 위원들과의 질의, 응답에 응했다. 우리나라의 통상적인 공청회와의 차이점은 정책의 최고 결정권자인 위원들이 현장에 참석해 직접 질의 응답까지 진행한다는 점이며, 이와 같은 과정은 모두 공식 속기록으로 작성되며 공청회 중계 전문 인터넷 채널을 통해 공개된다. 이와 같은 연방정부기관의 공청회는 공식 중계 채널인 CPAC(www.cpac.ca)를 통해 생중계될 뿐만 아니라 아카이브(archive)로 저장되어 일반인 누구나 언제든지 시·청취가 가능하다. 위원장 및 위원들이 직접 참석해서 공청회 전반을 관장하는 구도는 사법 절차와 비슷한

---

13) 캐나다 「Broadcasting Act」 제18조 참조.

14) 「Canadian Radio-television and Telecommunications Commission Rules of Practice and Procedure」 제26조 참조.

표 5-2 캐나다 방송통신위원회(CRTC) 공청회 절차

단계	내용
PH-(Date, Location)	○ 날짜, 장소 결정
⇓	
PPH-B	○ Pre-Public Hearing Briefing - 공청회 최소 50일 전 개최 - 담당 실, 국이 청문회 패널(panel)을 맡은 위원들에게 보고
⇓	
PH-B	○ Public Hearing Briefing - 공청회 2~3일 전 개최 - 공청회와 관련한 제반 사항 보고
⇓	
PH	○ Public Hearing 개최 - 사안별로 3~7일 정도 진행 - 패널(Panel)로 선임된 위원들이 직접 참석, 사업자들과 질의 응답
⇓	
PPH-D	○ Pre-Public Hearing Debriefing - 공청회 2~3일 뒤 개최 - 공청회 후속 조치 일정 보고
⇓	
PH-D	○ Public Hearing Debriefing - 공청회 후속 조치 보고
⇓	
SSM+	○ Senior Staff Member+All members(위원장 주재) - 공청회에 따른 정책 방향 논의

모습을 띠고 있다. 이에 따라 매우 공식적인 분위기에서 진행된다.

공청회가 예정되면 캐나다 방송통신위원회 내부에서는 위원들 중에서 공청회에 참석할 패널(panel)을 정하게 된다. 패널은 위원장이 임명하는데 3인에서 11인 사이의 위원을 임명[15]한다. 이후에는 패널로 정해진 위원들

15) 캐나다 「Broadcasting Act」 제20조 참조. 패널 수는 3인 이상으로 구성되어야 하며 2인 이상은 상근위원(full-time members)이어야 한다. 그러나 현실적으로 현재 캐나다 방

간의 전자문서를 통한 사전 패널 회의(Walk-around Panel meeting), 청문회 출석자 결정 회의(Panel meeting to determine appearing and Non-appearing) 등을 통해 청문회 세부 사항과 일정 등을 결정한 이후 공식 일정에 들어가게 된다.

여기에는 사전보고회의(pre-briefing), 정식보고회의(briefing)를 거쳐 청문회를 실시한다. 청문회 실시 이후에도 사전 재보고회의(pre-debriefing), 정식 재보고회의(debriefing), 전체 위원 자문회의(SSM+, Consultation) 등의 절차를 거치게 된다.

중요한 정책결정의 경우 이와 같은 공청회를 거친뒤 캐나다 방송통신위원회 전체회의(FCM)를 거쳐 의결하게 된다. 캐나다 방송통신위원회의 공청회 절차는 <표 5-2>와 같다.

4 분석평가

법령, 규칙 및 정부정책을 결정할 때 공개적인 의견 수렴은 민주주의의 핵심 원리에 해당한다. 따라서 기본적인 의견 수렴 절차나 목적에서는 3개 기관 모두 큰 차이가 있을 수 없는 부분이다.

그러나 세부적인 의견 수렴 절차나 방식에서는 3개 기관간 약간의 차이점을 보이는 것도 사실이고, 상대적으로 오랜 역사를 가진 미국 연방통신위원회(FCC)와 캐나다 방송통신위원회(CRTC)의 의견 수렴 절차와 공청회 등이 갖고 있는 체계성은 방송통신위원회가 아직 제대로 보여 주고 있지 못하다고 보여진다. 회의 공개에서 가장 적극적이고 이를 요구하는 관련자들의 의지도 가장 강하지만 공식회의를 제외한 의견 수렴에서는 그에 비할 만큼 체계적이거나 적극적이지 않은 것이다.

송통신위원회(CRTC)에는 비상근 위원이 없기 때문에 무의미한 규정이다. 방송법상 허가, 재허가, 허가 취소 등 개별 사업자와 관련된 의무적인 공청회에는 3인 정도가 임명되지만, 인터넷요금 종량제(Usage-Based Billings), 수직 결합(vertical integration)과 같은 큰 이슈에 대한 공청회에는 위원장을 포함한 7~8인의 위원이 패널로 활동한다.

회의에 대해서는 비공개 전통을 고수하고 있는 캐나다 방송통신위원회이지만, 업계나 국민 다수가 관심을 갖는 현안 사항에 대해서는 정책을 결정하기 전에 심도 있는 공청회를 갖고 이를 철저히 공개하고 있는 것은 주목할 만하다.

캐나다 방송통신위원회의 공청회 진행 경과를 보면 모든 이해 당사자에게 동일한 시간과 방식으로 기회를 주어 불만의 소지를 원천적으로 차단한다. 또한 사전에 서면 의견을 제출토록 한 뒤에 공청회에서 질의, 응답과 다른 기관의 의견을 들은 뒤에는 원하는 이해관계자에게 다시 재차 구두 의견을 제출하고 질의, 응답할 수 있는 기회를 부여한다. 이와 같은 재삼, 재사의 의견 제출 절차가 주어지기 때문에 공청회를 거친 뒤에는 그 결과를 갖고 최종 정책결정을 하는 회의에 대해서는 더 이상 공개 요구가 없는 것이다.

제 4 절 의안 작성 과정 비교

1 방송통신위원회

방송통신위원회의 안건 작성은 기본적으로 과 또는 팀 단위의 정책부서에서 현안 보고 및 안건 작성이 시작된다. 재허가와 같이 시기적으로 예측이 가능한 소관 사항은 별다른 어려움 없이 진행되는 편이지만, 예측이 이뤄지지 않은 상태에서 발생하는 긴급 현안 사항은 여러 가지 우여곡절을 겪는 경우도 종종 발생한다. 실제로 긴급 현안 사항으로서 회의 개최 직전에 안건화가 이뤄지는 경우도 있다.

방송통신위원회의 안건 작성 과정에서 조직 내 내부 협의에 관한 명시적인 매뉴얼이나 절차가 정해져 있지는 않다. 따라서 해당과나 팀은 일반적인 판단에 따라 유관 부서 또는 다른 기관과 협의한 결과를 안건에 포함시켜 작성하는 것이 일반적인 예다. 법률가의 전문적인 검토나 자문이 필요한지에 대해서는 일차적으로 판단을 해당 과나 팀에서 이뤄지며 이 내용도 안건 작성 시 포함하게 된다.

방송통신위원회에는 상근 변호사가 근무하고 있으나 이들이 과, 팀 단위로 이뤄지는 안건 작성에 법률적인 검토를 전담하는 역할을 하지는 않는다. 변호사도 특정 과나 팀의 소속 직원(사무관)이기 때문이다.

법률자문이 필요한 경우에 내부 변호사의 자문 의견이 안건 내용에 포함되는 경우도 있지만, 법률자문이 필요할 정도의 중요도를 지닌 안건에 대해서는 복수의 외부 법률자문회사에 자문을 의뢰하고 이를 안건에 첨부시킨다.

2 미국 연방통신위원회(FCC)

미국 연방통신위원회(FCC)의 안건 작성[16]도 사무조직 단위에 시작되어 협의 및 조율 과정을 거치게 된다.

작성 중인 안건이 조직 내부의 여러 부서와 관련이 있는 경우에는 조율 과정을 거치게 되는데 위원들에게 안건이 배포되기 전에 그 모든 과정이 진행되어야 한다(bureau/office chiefs are responsible for ensuring that their items are fully coordinated with other interested bureaus/offices" and "items should be fully coordinated with all applicable bureaus/-offices before they are circulated to the commissioners). 안건이 소관 실, 국과 관련이 있는 경우에는 해당 실, 국장이 협의를 끝내고 서명해야 한다. 예를 들어 운영국장은 행정 또는 자원 배분에 영향을 미치는 모든 안건에 대해, 집행국장은 국가안보 또는 긴급사태 대비 태세에 영향을 미치

16) 미국 연방통신위원회의 경우 안건 작성과 상정에 대한 사무 처리는 FCC Agenda Handbook에 따른다. 이 자료는 내부 직원용 지침으로서 외부 공개 자료는 아니다. 미국 GAO, GA0-10-79 FCC MANAGEMENT Improvements Needed in Communication, Decision-Making Processes, and Workforce Planning, p. 15 참조.

는 모든 안건에 대해, 국제국장은 국제문제와 관련이 있는 모든 안건에 대해, 무선통신국장은 경매와 관련된 모든 안건에 대해, 의회협력실장은 입법제안과 관련된 모든 안건에, 법무실은 법원으로부터 환송되거나 회부된 모든 안건, 심각한 소송의 위험을 불러일으킬 소지가 있는 안건·소송 위험이 따르는 안건에 대해 서명을 해야 한다.

안건의 표제문에는 이와 같은 사항, 즉 심각한 소송의 위험이 있는지 등에 대한 정보를 표기해야 한다.

이와 같은 협의와 조율 과정에서 주목되는 부분은 법무실의 역할이다. 변호사가 일반 실, 국에도 소속되어 있지만 법무실을 독자적인 조직으로 두고 필요한 안건에 대해 검토 의견을 추가하도록 하고 있는 것이다. 가능한 한 완벽한 조율을 위해 안건 초안이 작성되면 이를 조율의 대상 실, 국에 최소한 5주 전에 배부토록 하고 있으며, 초안이 수정되면 그 즉시 법무실 및 기타 관련 실, 국에 배포해야 한다.

3 캐나다 방송통신위원회(CRTC)

캐나다 방송통신위원회도 전체적인 안건 작성 과정은 방송통신위원회와 거의 유사한 모습을 보인다. 안건별 정해진 서식이 있고, 파워포인트를 이용한 프레젠테이션용 안건을 별도로 작성한다. 안건 작성 시에는 회의 소요 시간과 안건 내용을 요약한 자료를 함께 작성해 제출해야 한다.

법무실(General Counsel)이 별도로 있어 법률적인 사항에 대해서는 법무실의 의견을 포함시켜 안건을 작성한다. 캐나다 방송통신위원회의 법무실은 약 20여 명의 상근 변호사로 구성되어 있는데, 총괄하는 법률자문실장 아래 통신 분야 법률자문팀과 방송 분야 법률자문팀을 별도로 운영하고 있다. 캐나다 연방정부 소속 기관인 경우 법무실은 법무부(Department of Justice)에서 파견되는 변호사 직원들인데, 캐나다 방송통신위원회의 법무실은 법무부 소속은 아니다. 이러한 특수성이 캐나다 방송통신위원회 법무실의 활동에 구체적으로 어떠한 영향을 미치는지는 분명하지 않다. 법무부 소속이 아니기 때문에 독립성이 강하다고 볼 수도 있고, 축적된 전문성이 요구되는 법률 분야의 특성상 방대한 자료를 축적하고 있는 다른 기관 법무실 또는 법무부와의 정보 공유가 되지 않는 부분은 취약점[17]이라고 볼 수도 있다.

4 분석평가

사무처가 안건 작성을 준비하고 관련 부서 협의를 거치며, 위원장의 결정을 거쳐 안건이 완성되는 전체적인 과정은 동일하다. 그러나 그 세부 과정을 보면 일부 조직의 역할이나 절차에서 차이가 난다.

이러한 차이점은 법무실의 역할에서도 잘 드러난다. 우선 방송통신위원회의 경우에는 미국과 캐나다에서 보이는 법률자문 전담 부서가 없다. 법률을 다루는 것으로 인식할 수 있는 '규제법무담당관실'이 있지만 안건에 대한 법률자문을 전담하는 조직과는 거리가 멀다. 안건 검토에 대한 역할로 보면 현직 검사가 파견되는 '법률자문관'이 미국과 캐나다의 법률자문실 역할을 어느 정도 수행한다고 볼 수 있지만 정례화된 안건 검토를 하기는 현실적으로 어려운 상태다. 가령 안건 검토에 대한 매뉴얼이 정해진다고 하더라도 1~2명의 법률자문관이 담당할 수 있는 업무량을 넘어설 것이기 때문에 기본적으로 다른 조직이다.

전문적인 법률자문이 필요한 경우 외부 법률회사에 의존하는 방송통신위원회의 경우는 정부활동의 보안이라는 측면에서 취약성도 지적될 수 있다. 실제로 민간 분야에서 활동하고 있는 법률회사의 자문이라는 점에서 현실타당성과 전문성 기준에서는 높은 평가를 받을 수 있으나, 정부가 관

17) 이 부분에 대해 캐나다 방송통신위원회(CRTC)의 공식적인 입장을 들을 수는 없었다. 캐나다 연방통신위원회 소속 변호사 직원과의 개별적인 면담에서는 법무부(Department of Justice)와의 정보 공유가 안 된다는 점을 불만 사항으로 갖고 있었지만, 이는 변호사라는 자격증 특성상 중간 퇴직을 염두해둔 '개인적인 불만 사항'일 수도 있다고 생각된다.

련된 소송에서 어느 쪽이든 변호를 맡을 수도 있기 때문에 의도하지 않은 상황이 나타날 수도 있기 때문이다.

변호사 자격증을 가진 인력이 수십 년을 평직원으로 사무처에서 근무하는 미국과 캐나다의 경우와는 질적·양적으로 차이가 있기 때문에 단기간에 해결될 수 없는 문제이기는 하지만, 개선의 여지가 큰 것은 분명해 보인다. 캐나다 방송통신위원회(CRTC)의 경우에도 외부 법률회사에 소송건을 의뢰하는 사례는 있지만 사전 안건에 대한 법률자문은 내부 법무실에 소속된 변호사 직원들에 의해 이뤄진다. 임명된 지 얼마 되지 않은 변호사 자격증을 가진 직원들이 퇴직하는 사례도 간혹 있지만 기본적으로 내부 직원으로 근무하는 변호사들의 연령대는 20대 후반에서 60대까지 다양하다. 오래 근무하는 변호사 직원들이 많다는 것은 그만큼 축적된 경험을 활용할 기회도 늘어난다는 것을 의미한다.

미국 연방통신위원회(FCC)의 경우 안건이 실체적 법적 쟁점과 관련되어 있다면, 법무실에는 초안 상태에서 넘기도록 하고, 안건에 담긴 법적 쟁점에 대해 알려 주도록 내부 규정화하고 있다. 이러한 절차는 안건이 의결된 뒤에도 이어져서 법률적인 사안이 있는 경우에는 의결 사항을 공표하기 전에 최소 24시간 이상 법무실에 검토할 시간을 주어야 한다.

제 5 절 의안 상정 과정 비교

1 방송통신위원회

방송통신위원회 회의(전체회의)에 회의 안건 상정은 일반적으로 사무처 담당부서의 안건 작성→위원장 보고→위원 간담회 또는 위원별 보고→안건 상정 순으로 이뤄진다.

안건화 과정과 상정에 대한 일반 사항은 위원회 규칙(방송통신위원회 회의 운영에 관한 규칙)으로 규정되어 있다. 그러나 구체적인 실무지침에 해당하는 사항들은 규정화되어 있지는 않으며, 의안 담당 부서(방송통신위원회 의안조정팀)가 운영하는 내부 지침에 의거해 이뤄지게 된다.

방송통신위원회 안건은 심의·의결 안건과 보고 안건으로 나뉘지만 안건 서식에서 약간의 차이가 있는 것 외에는 상정 과정과 논의 과정 등에서 본질적인 차이는 없다. 회의 개최를 위해서는 회의 장소와 시간, 상정 안건이 회의 개최 2일 전에 통보되어야 한다. 그러나 만약 심의·의결 사항 중 당사자 의견 진술이 있는 경우에는 회의 개최 5일 전에 의견진술인에게 통보[18]되어야 한다. 해당 안건의 경우에는 훨씬 이전에 안건 상정이 의결되어야 한다.

2 미국 연방통신위원회(FCC)

미국 연방통신위원회의 안건 상정과 의사 운영은 연방법률인 「Code of Federal Regulations Title 47」과 「Government in the Sunshine Act of 1976」 등 관련 법률과 내부 지침(FCC Agenda Handbook)에 근거해 이뤄진다. 안건 상정은 우리나라와 같이 위원장에 의해 이뤄지는데[19] 위원장은 이 권한의 일부를 사무국 직원에게 권한위임을 통해 처리하기도 한다. 해당 실, 국에서 안건을 상정하지만 상정의 최종 결정은 위원장이 하게 된다. 만약 다른 위원이 안건 상정을 원하는 경우에는 위원장에게 요청할 수 있지만 일상적으로 일어나는 일은 아니다.

「Government in the Sunshine Act of 1976」가 적용되는 기관은 대통령이나 상원이 과반수 이상의 임명에 관여하는 2인 또는 그 이상의 인원이 조직의 수장인 합의제 기관(any agency…headed by a collegial body

18) 방송통신위원회, 「방송통신위원회 회의 운영에 관한 규칙」 제3조, 제8조 참조.

19) 「Title 47--Telecommunication, Chapter I--Federal Communications Commission, PART 0_COMMISSION ORGANIZATION Subpart B_Delegations of Authority」 제0.211조 참조.

composed of two or more individual members, a majority of whom are appointed to such position by the President with the advice and consent of the Senate, and any subdivision thereof authorized to act on behalf of the agency)[20]이다. 여기에 미국 연방통신위원회는 당연히 해당된다.

법규정에 따라 회의 안건은 적어도 일 주일 전[21]에 공지되고 위원들에 배포되어야 한다. 회의 일정이 확정되면 공개 안건에 대해 안건 제목과 내용 요약을 작성한 자료를 공개하게 되는데, 이를 선샤인 공지(Sunshine Notice)라고 한다.

선샤인 공지는 해당 실, 국에서 작성해 위원장실의 승인을 얻게 되는데, 일반적으로 회의 7일 전(calendar day) 일반에 공개된다. 일반적으로 사무처장이 선샤인 공지를 오후 4시에 정기적으로 공표한다. 따라서 공지가 공표 예정일의 오후 4시 이후에는 외부 당사자와의 회의가 열려서는 안 된다. 공지가 공표되기 전까지는 다음 회의에 논의될 안건의 정체는 일반 대중에 공개되는 정보가 아니다. 선샤인 공지는 연방 관보에 게재된다.

전자 서면회의(by circulation) 안건도 의안 작성과 상정 과정은 동일[22]하며, 배포 방법과 의결 방법에서 차이가 있을 뿐이다. 작성 과정과 상정 과정에서 실, 국 간 협의 시에는 전자메일과 함께 종이 사본도 함께 배포된다. 위원들의 표결은 전자 서면회의를 위해 마련된 전산망(CLASPlus)에 게재된 안건에 대해 이뤄지는데 대체로 30일 이내에 표결이 완료되도록 정하고 있지난, 효율성을 기하기 위한 목적에서 마련된 제도인 만큼 다양한 수준에서 융통성을 확보하기 위한 지침이 운영된다.

즉, 빠른 처리를 위해 일반적으로 10일 내에 표결을 끝내지 않으면 그 이유를 설명하고 며칠이 더 필요한지를 통보하도록 하고 있다. 또 사전에 빠른 처리가 요구되는 안건이 있는 경우에는 관련 실, 국에서 처리 우선순위를 정한 회람 안건 목록을 작성해 위원실에 배포하게 된다. 이와 같은 일반

---

20) 「Government in the Sunshine Act」 제552b (a)(1)조 참조.
21) 「Government in the Sunshine Act」 제552b (e)(1)조 참조.
22) FCC Agenda Handbook 참조.

적인 우선순위와는 별도로 반드시 조기 처리되어야 하는 경우(예를 들어 법정 마감 기한, 법원에 항소 제기 마감 기한이 있는 경우 등)에는 안건에 이를 표기하고 각 위원실에 이를 통보해야 한다. 안건 표결이 진행되는 중간에 일반 안건이 긴급한 안건으로 변경되었거나, 안건을 급히 처리하는 것이 불필요해진 경우에도 이를 위원실에 통지해야 한다. 안건이 일주일 이내에 표결되어야 하는 경우에는 이러한 절차의 이행에 대해 법무실, 비서실과 상의가 필요하다.

3 캐나다 방송통신위원회(CRTC)

안건 상정과 의사 운영에 관한 사항은 「CRTC Rules of Procedure」에 따른다. 이 규정에 포함되지 않은 것은 별도의 지침을 정해 운영한다.

안건 상정이 위원장의 결정과 위임에 따라 이뤄지는 것은 한국이나 미국과 비슷하다. 매월 개최되는 전체회의(FCM)에서는 상정 안건이 회의 개최 10일 전에 배포되어야 한다. 별다른 이유 없이 이 시간을 지키지 못하면 자동적으로 차기 회의로 넘어가게 되는데, 이 경우에도 위원장의 별도의 승인을 받은 경우에는 안건 상정이 될 수 있는 길을 열어두고 있다. 방송분과위원회(BCM)나 통신분과위원회(TCM)에 상정되는 안건은 회의 개최 6일 전에 배포[23]되어야 한다.

캐나다 방송통신위원회의 안건도 의결 안건(Decision), 보고안건(Reporting) 등으로 분류되며, 각 안건마다 예상 소요 시간이 함께 공개된다.

캐나다 방송통신위원회의 경우 이와 같은 안건 상정에 필요한 시한을 지키지 못하는 경우도 간혹 발생하며, 이에 대해 위원들은 비공개 회의(in camera meeting)를 열어 사무처의 부주의에 대해 경고를 주기도 한다.

23) CRTC, 「Rules of Conduct for Submission of Documents for Commission Meetings」 참조.

4 분석평가

의안이 사무처에서 작성되어 위원장의 결정으로 상정되는 일련의 과정에서 3개 기관 간 큰 차이는 없다. 다만, 미국 연방통신위원회(FCC)의 경우 한국과 캐나다에서 명확히 드러나지 않는 션샤인 공지(Sunshine Notice)를 통해 안건이 결정되면 외부 접촉을 금지하는 규정을 두고 있는 점이 두드러져 보인다. 로비가 일반화된 미국의 특성이 드러나는 점으로 이해할 수 있다.

이해관계가 대립되는 안건이 자주 상정되는 우리나라의 상황을 고려한다면 이와 같은 제도를 정립하는 방안도 검토될 필요가 있다.

안건 상정을 위한 최소한의 시한을 설정하는 것도 합의제 기관으로서 일반적인 현상으로 볼 수 있다. 그 시한이 미국과 캐나다는 일주일 정도이고 우리나라는 이틀에 불과한 점이 눈에 띈다. 이틀이라는 시간이 심도 있는 안건을 검토할 수 있는 충분한 시간이 아니라는 점도 고려할 필요가 있다.

미국 연방통신위원회(FCC)의 경우 전자 서면회의에 대해서도 자세한 지침을 운영하고 있는 것을 볼 수 있는데, 안건 처리의 예측가능성과 융통성을 확보하는 데 유리한 것으로 보인다.

제 6 절 위원들의 사전 검토 체계

1 방송통신위원회

작성 중인 안건 또는 작성된 안건에 대해 사전 검토는 위원장과 위원들에 의해 개별적으로 이뤄지기도 하고, 별도의 비공식 회의가 열리기도 한다. 이 점에 대해 법령이나 규칙으로 명확히 규정된 사항이 없다.

따라서 위원장과 위원들의 개별적인 검토만으로 끝낼 것인지, 별도의 비공식회의에서 검토회의를 거칠 것인지는 사무처와 위원들 간의 교감에 따른 관행으로 정립되어야 할 사항이다. 즉, 위원장이나 개별 위원이 별도로 요구할 수도 있고, 사무처가 건의할 수도 있는 사항이며 실제로도 그런 과정을 거쳐 검토 절차가 정해진다.

별도의 비공식 회의는 '간담회'로 불리는데, 법령이나 규칙으로 정해진 사항이 없기 때문에 그 개최 방식이나 횟수가 정해진 것이 없다. 대체로 위원장과 위원들의 일정을 조정해 이뤄지며 평일 오전 시간에 열리고 있다. 다뤄지는 사항은 상정 안건인 경우도 있고 상정되기 전에 정책 현안 단계에서 논의되는 경우도 있다. 공식적인 효력을 가진 의결이나 결정을 위한 회의가 아니기 때문에 위원들도 각자 판단에 따라 사무처 담당 간부들과 위원들 간의 질의, 응답과 의견 제시가 이뤄진다.

2 미국 연방통신위원회(FCC)

미국 연방통신위원회 위원들이 상정 안건에 대해 사전 협의를 하거나 검토회의를 하지는 않는다. 이것은 사전검토회의가 불필요하기 때문이라기보다는 합의제 기관의 투명성을 위해 공식회의가 아닌 밀실에서 결정이 이뤄지는 것을 방지하기 위한 규제에서 비롯된 것으로 보인다. 즉, 합의제 기관을 규제하는 「Government in the Sunshine Act」는 2인 이상의 위원이 공식회의가 아닌 장소에서 회합하여 안건에 대한 의견을 교환하는 것을 금지하고 있다. 미국 연방통신위원회의 경우 개별 위원의 정책 판단이나 안건 검토를 위해 다수의 보좌진을 두고 있는데, 이들은 위원간 간담회나 회합이 금지되기 때문에 다른 위원실 보좌진들과의 협의에 투입하는 시간도 많다.

이와같이 규제에 대해 현 위원 중 재임 기간이 가장 오래된 캅스(Michael J. Copps) 위원은 개정의 필요성을 가장 강하게 주장한다. 방송통신 정책에 대한 중요한 결정을 하는 데 사전에 의견을 교환하거나 협의할 기회 자체를 막는 것은 시의적절한 정책결정을 가로막고 결국 공익을 해치는 제도[24]라고 말했다. 이와 같은 비판 의견에 따라 민주당의 에슈(Anna

Eshoo) 의원, 공화당의 심커스(John Shimkus) 의원 그리고 민주당의 도일(Mike Doyle) 의원이 공동으로 위원들 간의 사전 협의를 허용하는 법안(Federal Communications Commission Collaboration Act)을 발의한 상태다. 초당적인 법안으로서 통과가능성이 높은 것으로 점쳐진다.

3 캐나다 방송통신위원회(CRTC)

캐나다 방송통신위원회는 사전 검토회의에 대한 명확한 규정은 없다. 대체로 관행에 따라 위원들이 개별적으로 사무처 실, 국장에게 질의를 하는 형식으로 사전 검토가 이뤄진다. 지역에 상근하는 위원들의 경우에는 전화나 이메일을 통해 사무처 간부들과 접촉을 한다.

다만 현재 위원장의 경우 전체회의(FCM)에 상정되는 안건 가운데 중요사항은 위원장이 회의 상정 전에 검토할 수 있는 시간을 갖는데 이를 'BI-LAT'이라 부른다. 대면보고(face to face)를 통해 위원장이 안건의 내용과 쟁점을 파악할 수 있는 기회를 제공하는 것이다. 그러나 이러한 사전 검토 시간은 정형화된 것은 아니며, 재임 중인 위원장의 업무 스타일이나 성향에 따라 차이가 있다.

이와 같은 위원장에 대한 사전보고와 검토가 다른 위원과의 형평성에 어긋나는 측면도 없지 않지만 13인이나 되는 위원들이 참석하는 회의를 주재하고 효율적인 의결을 이끌어 내야 하는 위원장의 역할을 고려할 때 이해되는 측면도 있다.

4 분석평가

수많은 안건을 검토해야 하고 때로는 관련 업계 전체 또는 국가적으로

24) 미국 Broadcasting&Cable 2011. 3. 10일자 기사 "Reps Introduce Federal Communications Commission Collaboration Act. New bill would allow private meetings among FCC commissioners" 참조.

중대한 영향을 미치는 의결을 해야 한다는 점에서 사전 검토 과정은 어느 정도 정립될 필요가 있다. 방송통신위원회의 경우, 위원 간담회가 그러한 역할을 수행하는 좋은 시스템이 될 수 있다. 그러나 간담회에 대한 별도의 매뉴얼이 없는 상태에서 이뤄지기 때문에 그만큼 불안정한 측면도 있다.

미국 연방통신위원회(FCC)의 경우 안건 작성 과정에서 상대적으로 많은 보좌진에 의해 검토되는 측면이 있고 실, 국 간 조정 과정도 오랜 시간 이뤄지고 있는 것을 볼 수 있다. 위원들 간의 사전 검토회의나 의견 교환을 방지하는 「Government in the Sunshine Act」의 규정 취지는 합의제 기관에서 의사결정이 밀실에서 이뤄지는 것을 방지하여 공익을 보호하고자 하는 목적에서 이뤄진 것이지만, 반대로 효율적이고 심도 있는 정책결정을 가로막는 부작용이 지적되고 있는 것은 의미심장하다. 위원들 간의 사전 검토회의를 허용하고자 하는 움직임이 미국 연방통신위원회 내부에서나 미국 하원에서 일어나고 있는 것은 참고할 만하다.

제 6 장
심결 진행 및 결과 공개

제 1 절 회의 공개 여부 및 방식 비교

1 방송통신위원회

방송통신위원회 회의는 공개를 원칙으로 하되, 일부 사항을 비공개로 처리할 수 있다. 비공개 사항은 ① 공개하는 경우 국가 안전보장을 해할 우려가 있는 경우, ② 법령에 의해 비밀로 분류되거나 공개가 제한된 사항, ③ 개인・법인 및 그 밖의 단체의 명예를 훼손하거나 정당한 이익을 해할 우려가 있다고 인정되는 사항, ④ 감사・감독・검사・규제・입찰계약・인사관리・의사결정 과정 또는 내부 검토 과정에 있는 사항 등으로 공개될 경우 공정한 업무 수행에 현저한 지장을 초래할 우려가 있는 사항, ⑤ 그 밖에 공익상 필요가 있는 등 위원회에서 공개하는 것이 적절하지 않은 상당한 이유가 있는 경우 등이다. 이러한 비공개 사항은 법률의 위임에 따라 정해진 「방송통신위원회 회의 운영 등에 관한 규칙」에 따른다. 방송통신위원회는 상정 안건 중 이와 같은 비공개 사항이 있는 경우 회의 개최 1일 전 인터넷 홈페이지를 통해 공지[1]해야 한다.

방청은 사전에 방청 신청을 받아 회의실 공간이 허용하는 범위 내에서 허용한다. 실제로 방송통신위원회 회의장을 찾아 방청을 하는 사람들은 방송통신위원회를 출입 취재하는 기자들과 업계의 관련자들이 대부분이다. 언론인에게 공개한다는 것은 해당 언론을 이용하는 일반인에게도 공개된다는 뜻이므로 방송통신위원회의 공개 정도는 매우 높다고 볼 수 있다.

외부인의 방청이 허용되는 대신 회의 장면(비디오)은 외부에 생중계되지는 않으며, 실무적인 필요에 따라 제한된 장소에서 회의 장면을 볼 수 있다.

2 미국 연방통신위원회(FCC)

미국 연방통신위원회의 전체회의는 용어 자체가 '공개회의(open meeting)'인 것에서 보듯이 거의 모든 회의를 공개하고 있다. 이 용어는 합의제 기관의 회의 공개를 의무화한 법률 「Government in the Sunshine Act」에서 사용하고 있는 용어와 동일하다. 매달 회의 회의 일자와 안건을 인터넷 홈페이지를 통해 공개하며 회의 현장도 인터넷 생중계를 통해 누구나 볼 수 있다. 공개의 의미는 참관(observation)을 의미하는데 여기에는 회의장에서 발언을 하거나 회의를 방해하는 행위까지 허용되지는 않는다.[2] 공개회의를 참관할 수 있다고 해서 다른 법조항에 따른 권리 청구의 결과에 영향을 미치지는 않는다. 즉, 공개회의 과정에서 해당 사안에 대한 언급이나 발언이 있었더라도 그것이 공식적인 의미를 갖거나 위원회가 후속 조치를 취하지는 않는다는 뜻이다. 위원회 업무와 관련한 이해당사자나 관계인이 회의장에 와서 자신의 사안과 관련된 발언을 듣고 법적인 문제 제기를 하는 일을 차단하기 위한 것으로 이해된다.

전체회의장은 미국 연방통신위원회 청사 1층에 위치하는데, 회의장 공간

1) 방송통신위원회, 「방송통신위원회 회의 운영에 관한 규칙」 제9조 참조.

2) 「Title 47--Telecommunication, Chapter I--Federal Communications Commission, PART 0_COMMISSION ORGANIZATION Subpart F_Meeting Procedures」 제0.602조 참조.

이 허용하는 범위 내에서 취재기자나 일반 방청객의 참관이 자유롭게 이뤄진다. 전체회의장의 방청석 의자 수는 303개에 이르러 실제로 회의 참관을 희망하는 사람이 공간 부족으로 거절되는 일은 없는 것으로 보인다. 비공개 사항은 국가안보, 대외국정책, 기업의 영업상의 비밀 보호가 필요한 경우 및 미국 연방통신위원회 사무처 직원 인사 등에 관련된 사항은 비공개[3]로 진행된다.

구체적인 비공개 사항은 ① 행정명령에 의해 수립된 기준 하에 국가 방위 또는 외교정책의 이익을 위해 비밀이 유지될 것이 구체적으로 허가된 자료와 그러한 행정명령에 따라 실제로 적법하게 기밀로 분류된 자료, ② 기관 내의 인사 규칙 및 업무와 관련된 경우, ③ 법 조항에 의해 구체적으로 그 공개가 면제된 자료(단, 그러한 법조항이 사안에 대한 공개 제한을 결정할 때 전혀 재량의 여지가 없을 것을 요구하거나, 공개를 제한할 때 구체적인 기준을 수립했거나 공개를 제한하는 특정 유형의 문제들을 지시했을 것을 전제로 한다), ④ 면책특권이 부여되었거나 기밀로 분류되어 있는 특정인으로부터 입수한 영업 비밀과 상업적 또는 재정적 정보, ⑤ 특정인을 범죄자로 고발하거나 또는 공식적으로 비난하는 경우, ⑥ 정보를 공개하는 것이 개인 사생활에 대한 부당한 침해를 구성할 것이 명백한 개인적인 정보, ⑦ 법률 집행의 목적을 위해 수집된 수사 자료의 공개 또는 문서화될 경우 그러한 자료에 포함될 정보(단 그러한 기록이나 정보의 공개가 ① 법률 집행을 방해하거나, ② 개인으로부터 공정한 재판 또는 불편부당한 판결을 받을 권리를 박탈하게 되는 경우나, ③ 부당하게 개인 사생활의 침해를 야기하는 경우, ④ 기밀 정보원의 신분을 공개하고, 범죄 수사의 과정에서 형법 집행 당국 또는 적법한 국가안보 관련 정보 수사를 수행하는 기관에 의해 수집된 정보의 경우에는, 기밀 정보원에 의해서만 제공될 수 있는 기밀 정보를 공개하는 경우, ⑤ 수사의 기술 및 절차를 공개하는 경우,

---

3) 「Title 47--Telecommunication, Chapter I--Federal Communications Commission, PART 0_COMMISSION ORGANIZATION Subpart F_Meeting Procedures」 제0.603조 참조.

⑥ 법률 집행인의 생명과 신체적 안녕을 위협하게 되는 경우에 해당해야 한다, ⑦ 금융기관을 규제하고 감독할 책임이 있는 기관이 직접, 또는 그 기관을 대리하여, 또는 그 기관이 사용할 목적으로 작성한 조사, 운용 또는 상태 보고에 포함된 또는 이와 관련된 정보, ⑧ 너무 이르게 공개하면 제안된 기관의 조치를 시행하는 것에 상당한 혼선을 초래할 가능성이 큰 정보(단, 해당 기관이 이미 공개된 조치의 내용 또는 성격에 대해 공공에 공개를 했거나, 그러한 제안에 대해 기관이 최종 조치를 취하기 전에 기관이 자체적으로 정보를 공개하도록 법에서 요구하는 경우는 제외한다), ⑨ 소환장 발부, 민사소송 또는 절차에의 참여, 외국 법원 또는 국제재판소 또는 중재재판소에서의 조치, 「5 U.S.C. 554」[4]에 명시된 절차에 따르는 또는 기타 청문회를 가진 후 기록에 대한 판정을 내리는 기관의 공식적 판결의 특정 사건에 대한 기관에 의한 개시, 수행 또는 처분과 특히 관련이 있는 경우 등이다.

회의의 공개 여부는 일반인에게 공지되어야 한다. 공개, 비공개 사항을 포함한 회의 공지는 발표 당일 또는 그 이전에 연방 관보(Federal Register)에 게재 요청을 하게 된다. 이러한 절차가 이뤄지고 나면 원하는 사람은 누구나 해당 내용을 언론홍보담당 조직(Press and News Media Division)으로부터 입수할 수 있게 된다. 평소 미국 연방통신위원회의 활동에 관심을 갖고 있는 개인이나 단체로 등록되어 있는 경우에는 이들을 위한 공지 사항(FCC Actions Alert)을 통해서도 받아볼 수 있다. 공개회의인 경우에는 일주일 전에 서면으로 회의의 시간, 장소, 회의의 안건, 그 회의가 공공에 공개된다는 사실과 공식문의처(공개담당부서장과 전화번호)를 고시하게 된다.

비공개 사항은 법무실(General Counsel)의 인증과 의결이 필요하다. 즉, 법무실이 해당 회의(안건)가 공개하지 않을 수 있는 법적 근거가 있는지 없는지 여부에 대해 의견을 내고, 이를 근거로 의결에 붙이는 것이다. 만일

4) 「TITLE 5--GOVERNMENT ORGANIZATION AND EMPLOYEES, PART I--THE AGENCIES GENERALLY, CHAPTER 5--ADMINISTRATIVE PROCEDURE. SUBCHAPTER II--ADMINISTRATIVE PROCEDURE」 제554조 참조.

회의를 비공개로 할 것인지의 문제가 고려되고는 있으나, 표결에는 붙여지지 않은 경우, 회의로부터 최소한 일주일 전에 서면으로 장소, 시간, 회의의 안건, 그 회의가 공공에 공개된다는 사실, 언론 및 뉴스매체분과의 기관장의 성명과 전화번호를 고시한다. 이후에 표결이 이뤄졌다면 표결 후 1일 이내에 동일한 고시에 표결에 참여한 각 위원의 의사표시 결과와 함께 공개한다. 회의를 비공개로 하기로 결정되면, 위원회는 그 고시에 적용 가능한 비공개 조항과 비공개 회의에 참석할 예정인 사람의 목록을 포함한 정식 서면 설명을 제공해야 한다. 위원과 그 보좌관, 법률자문, 집행국장, 언론담당 부서장 그리고 기록실장은 모든 위원회 회의에 참여한다.

비공개 회의일 경우, 만일 그 공개로 인해 비공개 사항으로 열거된 어느 한 가지의 결과를 불러올 가능성이 높다고 판단되는 경우, 그 경우에 한해 일반적으로는 고시에 포함되는 정보를 고시에서 제외할 수 있다. 신속 정확한 업무 수행을 위해 회의의 고시일로부터 일주일 이내에 또는 고시하기 이전에 회의를 열 필요가 있는 경우, 현실적으로 가능한 가장 빠른 시일 내에 회의를 고시한다. 이때에는 공고 후 7일이 되기 전에 회의를 열기로 하는 결정에 참여한 위원들의 표결 내용과 그 결정의 상세한 이유를 포함해야 한다. 회의 고시 후, 시간이나 장소가 변경되거나 회의가 취소된 경우, 회의의 안건이나 회의의 공개 또는 비공개 여부가 변경된 경우, 최대한 빠른 시간 내에 그 변경 사항과 표결 결과를 고시해야 한다.

비공개로 하는 모든 회의에 대해 회의를 공공에게 공개하지 않을 법적 근거가 있음을 인증하는 법무실의 인증(certification)과 근거 규정을 제시해야 한다. 담당직원은 안건이 회의 비공개에 대한 표결을 위해 기관에 회부되기 전에, 인증을 위해 법률자문에게 회부해야 한다. 법무실의 인증서는 기록실의 공공 파일에 보관된다. 비공개 표결에 붙이는 경우는 담당 직원이 비공개인 것을 요청한 경우, 다른 직원이 표결을 요청한 경우, 이해관계에 직접적인 영향을 받을 수 있는 개인이 회의의 비공개를 요청하거나, 누구라도 비공개 회의를 공개할 것을 요청한 데 대해 위원 중 1인이 표결을 요청한 경우(이러한 요청은 회의가 있기 전에 언제라도 기록실장에게 제출할 수 있으며, 회의를 공개 또는 비공개하는 근거를 간략하게 제시해야 한다. 회의가 열리기 전에 그러한 요청이 위원회의 검토에 이르도록 보장하기 위해, 그 요청은 최대한 빠른 시간 내에 제출해야 하며, 직접 또는 전화를 통해 기록실장에게 명확히 전달해야 한다. 그러나, 이러한 요청으로 인해 회의 개최가 정지되는 것은 아니다). 다수결의 원칙(majority vote)에 따라 비공개 결정이 이뤄지며, 표결에 참여한 위원의 표결 내용은 기록으로 남게 된다. 대리 표결은 허용되지 않는다.

3 캐나다 방송통신위원회(CRTC)

캐나다 방송통신위원회의 회의는 일반인에게 공개되지 않는다. 회의실 규모나 회의실 분위기가 방청이 일반화되어 있지 않으며 방청을 요청하는 언론인이나 일반인, 업계 관계자도 찾아보기 힘들다.

4 분석평가

한국과 미국의 경우, 회의 공개를 원칙으로 하고 회의장 현장에 일반 방청객은 물론 기자 등 미디어 관계자가 참석해 취재활동을 진행할 수 있으며, 회의 종료 후 미디어를 상대로 설명회를 개최하는 등 전체적인 절차나 방식이 매우 비슷하다. 회의장 규모에서는 미국이 월등히 크지만 방청을 하고자 하는 의욕이나 미디어의 취재 열기는 한국이 가장 앞선다. 언론사의 취재를 위해 기자들이 상주할 수 있는 기자실을 갖추고 있으며 상시적으로 100여 명에 가까운 취재기자가 매일 출입하는 방송통신위원회의 모습은 다른 나라 기관에서는 찾기 어렵다. 그에 맞게 모든 회의나 정책결정 사항에 대해 가장 적극적인 공지와 홍보가 이뤄지는 곳도 방송통신위원회다.

한국과 미국의 경우 회의의 비공개 사유를 규정하고 있고 이에 따라 회의 비공개 여부를 결정하도록 하고 있는 것은 동일하다. 그러나 법 규정상 비공개의 절차를 상세히 규정해 놓고 있지 않은 한국에 비해, 안건과 관련한 이해당사자 또는 담당 직원이 비공개 여부를 요청할 수 있게 하는 등 비공개의 사유와 그 결정 과정에 대해 상세한 절차를 두고 있는 미국의 비공개 제도가 훨씬 정밀하다.

한국과 미국의 경우와 달리 위원들의 회의는 공개하지 않는 캐나다의 경우는 생소하게 비치기도 한다. 그러나, 회의 방청을 하지 못해 불만을 갖거나 비난하는 분위기가 거의 없다. 기본적으로 공직자의 책임감에 대해 신뢰를 갖고 있는 것이라는 평가도 가능하다. 회의에 참석하는 사람들에 대해 신뢰를 한다면 회의 과정을 알아야 할 필요는 없다고 볼 수 있다. 회의를 공개하지 않는 대신 중요한 회의 결과나 정책결정 내용은 결정 당일 위원장의 기자회견을 통해 대국민 발표를 하며, 이때는 수많은 취재진과 업계 관계자가 캐나다 방송통신위원회 청사 내에서 취재활동을 자유롭게 수행한다.

제 2 절 의사 진행 과정 비교

1 방송통신위원회

방송통신위원회의 회의는 일상적인 사전절차(국민의례 등)에 이어 안건 보고(사무처 실, 국장, 과장)와 위원들의 질의, 응답 순으로 의사가 진행되며 위원장의 회의 진행에 따라 적정한 시점에 의결이 이뤄진다. 원형 테이블 형태의 책상과 좌석에 5명의 상임위원이 앉게 되므로 발언과 토론은 활발하게 이뤄지는 편이다.

대부분의 안건은 별도의 표결행위 없이 만장일치로 의결이 이뤄지지만 공영방송 임원 임명이나 정치적 쟁점이 내제된 일부 안건에 대해서는 기명투표 또는 기립투표 등의 방식으로 표결이 이뤄지기도 한다. 이와 같은 정치적 쟁점이 있는 안건의 수는 방송통신위원회가 다루는 안건 중 10% 이

하로 그 비율이 아주 낮은 편이지만, 대 내외적으로 이와 같은 표결행위와 그 결과[5]가 전체 방송통신위원회의 활동에 덧입혀지는 것은 어쩔 수 없는 측면이 있다.

회의 공개 항목에서 다룬 바와 같이 방송통신위원회의 전체회의장에는 기자 등 언론인을 비롯한 이해관계자 등의 공개 방청이 이뤄지며 그 숫자는 대체로 20명 내외다. 회의장의 공간적 규모상 더 이상의 방청은 불가능한 상황이다. 언론인의 경우 방송통신위원회 출입기자단의 조정 아래 방청 과정에서 얻은 정보를 공유하고 있기 때문에 직접 방청을 위한 과도한 경쟁 요소를 없앤 상태다.

회의장에서의 발언은 일반적인 경우 위원들과 보고자 외에는 허용되지 않으며, 법률자문관(파견 검사)의 경우 위원장이나 위원들의 요구에 따라 안건에 대한 검토 의견을 말하는 예가 다수 발생한다.

2 미국 연방통신위원회(FCC)

미국 연방통신위원회의 전체회의장은 방청석만 303석을 갖춘 초대형 회의실에서 열린다. 회의 장면을 그대로 보여 주는 영상이 인터넷을 통해 생중계되기도 한다. 이에 따라 미국 연방통신위원회의 회의는 전 세계 어디에서나 자유롭게 볼 수 있다.

이와 같은 다중을 상대로 공개가 이뤄지기 때문인지 회의 중 위원들의 발언은 지극히 공식적인 형태로 이뤄진다. 실제로 필자가 2011년 8월 정례회의에 방청객으로 참석했을 당시 3개의 안건에 대해 심의가 이뤄졌는데 4명의 참석 위원들은 별도의 질의를 하거나 위원 간 대화를 하지 않았으며 각 안건별로 준비한 원고를 낭독하는 형태로 발언을 했다. 전 세계 관계자들이 관심을 갖기 때문에 원고를 준비하지 않고 현장에서 발언했을 때의

5) 정치적 쟁점이 있는 사안인 경우 대개 그 표결 결과가 3 대 2로 나와 위원 임명 과정상의 구분을 떨치지 못하고 있다. 이에 따라 방송통신위원회의 정치적 편향성에 대한 비난이나 비판이 끊이지 않고 있는 것으로 보인다.

파장을 우려하지 않을 수 없었을 것이다.

한편으로 사전 조율을 강조하는 조직 분위기 탓에 회의 현장에서 활발한 토론이 불필요하다는 추론도 가능하다. 토론이 적은 회의 분위기와 관련성이 어느 정도 있는지는 의견이 다를 수 있으나, 미국 연방통신위원회의 회의장 좌석 배치는 법원의 재판실과 같이 위원장과 위원들이 단상에 해당하는 위치에 일렬로 앉도록 되어 있다. 위원 간 토론이 가능한 위치 배정이 아니라고 볼 수도 있다.

3 캐나다 방송통신위원회(CRTC)

캐나다 방송통신위원회의 전체회의실은 위원장을 포함한 최대 13인의 상임위원과 사무총장, 4인실, 국장 및 법률자문실(General Counsel) 실장이 초대형 원탁에 둘러앉도록 되어 있다. 참석자가 둘러앉은 초대형 원탁 중앙 부근 천장에는 원탁에 앉은 사람이 모두 볼 수 있도록 TV 스크린이 회의장 어디에서도 볼 수 있게 설치되어 있다.

수십 명의 위원이 있기 때문에 사실상 발언을 자제하지 않을 경우 회의 운영 자체가 버거울 수도 있는 상황이다. 위원들은 회의전 안건마다 배정된 시간을 참고해 적절히 발언 시간을 조정하게 되는데, 오랜 관행 때문인지 이러한 자율적인 조정이 자연스럽게 이뤄지는 것을 관찰할 수 있다. 전체회의(FCM)는 위원장이 주재하며, 통신분과위원회(TCM)는 통신 분야 부위원장이 주재하며 방송분과위원회(BCM)를 방송 분야 부위원장이 각각 회의를 주재한다.

4 분석평가

세 기관의 의사 진행은 조직 규모 및 사무실 환경에 맞게 진행되고 있음을 볼 수 있다. 방송통신위원회의 경우 다른 두 기관과 달리 현직 기자가 거의 모든 회의에 참석해 일종의 취재가 허용되는 점이 독특하다.

미국 연방통신위원회(FCC)의 경우 가장 넓은 회의실에서 열려 가장 많은 방청객의 입장이 가능하다. 이는 근래들어 미국 연방통신위원회의 위상과 운영에 대해 쏟아지는 전 세계적인 관심에 부응하기 위한 측면도 일부 있는 것으로 분석된다. 관심도에 걸맞게 회의 전 과정을 생중계로 인터넷을 통해 볼 수 있도록 한 점도 이와 무관하지 않을 것이다. 회의 자료를 컴퓨터 스크린 화면을 통해 볼 수 있도록 한 것은 한국과 비슷하다.

캐나다 방송통신위원회(CRTC)의 경우 회의장에서 노트북 컴퓨터를 볼 수 없다는 점에서 가장 전통적인 회의 형태를 취하고 있다. 초대형 원탁에 수십 명이 둘러앉은 모습 그 자체에서 전통적인 회의라는 인상을 강하게 준다.

제 3 절 전자기기, 화상회의 활용 등

1 방송통신위원회

회의장에서 위원장과 위원들은 노트북 컴퓨터를 통해 상정 안건을 볼 수 있도록 하여 전자회의가 정착되어 있는 상태다. 그러나 화상회의 시스템은 활용되지 않고 있으며, 출장 중인 위원이 원격지에서 회의에 참여한 사례가 있지만, 화상회의는 아니었고, 오디오 시스템만 이용된 사례가 있다.

2 미국 연방통신위원회(FCC)

방송통신위원회와 마찬가지로 화상회의 시스템이 활용되는 사례는 거의 없다. 회의장에서 노트북을 이용하지는 않지만 일렬로 늘어선 위원장과 위원석 테이블에는 소형 컴퓨터 스크린이 설치되어 있으며, 이 스크린을 통해 보고 안건을 볼 수 있도록 되어 있다.

3 캐나다 방송통신위원회(CRTC)

회의 시 노트북 컴퓨터나 여타 다른 전자기기를 통해 안건을 보는 구조는 아니며, 파워포인트 자료로 요약된 서면 안건을 통해 안건 심의가 이뤄진다. 다른 두 나라와 달리 지역에 상근하는 위원들이 많은 이유에서인지 화상화의 시스템이 가장 완벽하게 갖춰져 있고 실제로 많이 활용되고 있다. 이 TV 스크린을 통해서는 수도 오타와에서 열리는 회의장에 참석하지 못한 주 단위 지역사무소에 상근하는 위원들이 화상으로 회의에 참여한다. 지역에 있지만 마치 현장이 있는 것과 동일한 상황에서 보고를 듣고 토론에 참여할 수 있다.

위원장은 지역에서 화상으로 회의에 참여하는 위원들에게 발언 순서를 제공해 의견 제시에 어려움이 없도록 배려한다. 간혹 연방대표 위원들도 재택근무 중에 화상회의에 참여하는 것을 볼 수 있다.

4 분석평가

방송통신위원회는 방송위원회 시절인 2003년부터 노트북 컴퓨터를 활용한 회의를 진행했다. 막대한 부피의 안건을 복사하는 일이 줄어들었고, 위원들도 종이서류 안건을 일일이 넘기지 않아도 참고자료 등을 쉽게 참고할 수 있게 되었다. 또 회의장에는 무선 인터넷이 연결되어, 안건 심의용 노트북 컴퓨터를 통해 인터넷 검색을 통한 참고도 가능하다. 전체적인 분위기나 실질적인 전자기기 활용에 방송통신위원회가 가장 앞서가고 있는 모습이다.

미국 연방통신위원회(FCC)의 경우 회의 자료를 컴퓨터 스크린 화면을 통해 볼 수 있도록 한 것은 한국과 비슷하다.

캐나다 방송통신위원회(CRTC)의 경우 회의장에서 노트북 컴퓨터를 볼 수 없다는 점에서 가장 전통적인 회의 형태를 취하고 있다. 초대형 원탁에 수십 명이 둘러앉은 모습 그 자체에서 전통적인 회의라는 인상을 강하게 주고 있다. 그러나 완벽한 화상회의 시스템을 갖추고 지역사무소에 근무하는 위원이 오타와에 오지 않고서도 회의에 거의 동일한 조건으로 참여할 수 있도록 하고 있는 점은 높게 평가되어야 할 요소다. 주 단위 대표 위원이 있는 현실을 고려한 것이지만, IT 기술을 회의에 활용하고 있는 점은 결코 두 나라에 뒤지지 않는다. 한국의 경우 외부 출장 중인 위원이 오디오 시설을 통해 회의에 참여한 적은 있지만 화상회의 시스템은 갖춰져 있지 않다. 또한 일반 안건 심의 과정에서 개별적인 노트북 컴퓨터 기기를 사용하지는 않지만, 관계 사업자의 의견 진술이나 시연 등의 경우 회의장 중앙 천장에 달린 스크린이 활용되기 때문에 회의 참석자나 발표자가 쉽게 집중할 수 있는 구조를 갖추고 있다.

제 4 절 회의록 작성, 회의 결과 공개

1 방송통신위원회

방송통신위원회의 공식회의인 경우에는 두 가지 기록물, 즉 '회의록'과 '속기록'이 작성된다. 두 가지 모두 그날의 회의 결과를 기록한 것이기 때문에 차이가 없는 것이지만, 회의록은 공식 결과만 드러나는 반면 속기록에는 구체적인 논의 내용이 빠짐없이 기록된다.

결과 위주로 기록된 회의록은 어느 기관에서나 일상적인 것이지만, 속기록까지 기록하고 보존하는 것은 특별한 의미를 갖는다. 방송정책 분야에서 정기적으로 속기록을 따로 작성하는 것은 2003년 제2기 방송위원회(위원장: 노성대)가 출범할 때 방송정책의 투명성과 공정성을 위해 대(對)국민

약속을 한 것이었는데, 그 이후 관행으로 정립되었다.

'회의록'은 위원회의 확인 절차가 끝난 후 위원회 홈페이지 게재 등을 통해 공개하며 해당 안건이 비공개 사항인 경우에는 위원장이 비공개 사유가 소멸되었거나, 공익상 필요하다고 인정되는 경우에만 공개한다.

'회의록'과 별도로 '속기록'은 공개회의 속기록이든 비공개회의 속기록이든 비공개를 원칙으로 한다. 그러나 국회 · 감사원 · 사법기관 등에서 관련 법률에 의한 적법한 절차를 통해 요구하는 경우 위원회는 의결을 거친 후 제출한다. 이 경우에도 속기록 제출을 의결할 때 심의 중에 있거나 공익상 필요한 경우 속기록의 제출 시기 · 방법 등을 조정하는 단서[6]를 부가할 수 있다.

2 미국 연방통신위원회(FCC)

법률로 정한 비공개 사항이 아닌 경우 회의록을 작성하고 그 내용을 공개한다. 한편, 전체회의(open meetings)를 실시간으로 중계하는 인터넷 화면에는 위원들의 발언 내용이 토씨하나 빠짐없이 자막으로 제공되기 때문에 속기록을 작성, 공개하는 것과 같은 수준에서 공개가 이뤄진다.

비공개 회의의 속기록과 회의록은 비공개이지만 회의 내용을 기록해 보관[7]된다. 기록 대상은 금융감독기관의 조사기록과 법원소송과 관련된 자료를 제외한 모든 안건이다. 기록은 우리나라의 속기록과 같이 모든 발언을 그대로 기록하는 녹취록(transcripts) 또는 요지를 기록한 의사록(minutes) 형태로 기록해 보관해야 한다. 기록의 구체적인 형태에 대한 의무 조항은 없지만 논의된 모든 안건이 완벽하고 명확하게 기술되어 있어야 하며, 취해진 모든 조치에 대한 완벽하고 정확한 요약, 그리고 모든 안건에 대해 밝

---

6) 「방송통신위원회, 회의 운영에 관한 기본규칙」 제20조 참조.

7) 「Title 47--Telecommunication, Chapter I--Federal Communications Commission, PART 0_COMMISSION ORGANIZATION Subpart F_Meeting Procedures」 제0.607 참조.

힌 각각의 관점에 대한 기술과 모든 투표의 기록을 포함한 그러한 조치를 취하게 된 이유를 제공해야 한다. 모든 안건과 관련해 검토된 모든 문서도 의사록에 명기해야 한다. 비공개 회의의 녹취록(또는 의사록)은 기록실(Office of Secretary)에 보관된다. 회의가 끝난 후에 회의 시 논의된 내용에 비춰볼 때 그 회의가 일반에게 공개되었더라도 별 문제가 없었거나 논의 내용에 관련된 정보의 유출을 더 이상 막을 필요성이 없다고 담당 사무국 또는 사무실의 기관장이 결정한 경우에 그 녹취록은 공공 파일에 보관된다. 공공 파일로 분류된 녹취록은 열람이 허용된다. 공개가 금지된 정보를 포함하지 않은 여타 녹취록 또는 분리 가능한 녹취록의 일부는 열람이 허용될 수 있다. 위원회는 녹취록 또는 의사록의 사본을 회의일로부터 최소한 2년, 또는 회의와 관련된 절차가 완료된 후 최소 1년 동안 중 더 늦은 시일까지 보관해야 한다.

3 캐나다 방송통신위원회(CRTC)

캐나다 방송통신위원회외는 회의록을 기록하며 매 회의 때마다 전차회의록을 확인하고 승인하는 절차를 갖는다. 그러나 회의 자체가 일반인에 대해 비공개로 진행되기 때문에 회의록 또한 공개되지 않는다.

캐나다 방송통신위원회의 회의 결과 공개와 관련해 특징 있는 것은 'lock-up'이다. 일반적인 정책결정 사항인 경우에는 우리나라의 보도 자료에 해당하는 설명 자료와 정책 내용을 서면으로 공개하지만, 관심도가 높은 핵심 사항인 경우에는 해당 정책을 결정하는 회의를 마친뒤 공식 발표 시간을 정해 알리고 위원장의 기자회견을 갖기도 한다. 'lock-up'은 이러한 과정에서 주어지는데 공식 발표 이전에 2시간 정도 관련되는 정부기관 직원, 관련 사업자, 언론 관계자 들에게 결정 내용을 읽을 기회를 제공하는 것이다.

'lock-up'은 이미 결정이 끝난 상태에서 주어지는 것이기 때문에 공식적인 공개 이전에 미리 결정 내용을 파악할 수 있는 것외에 다른 변수가 주어지지는 않는다. 회의를 공개하지 않은 대신 다른 방식으로 회의 참관과 유사한 기회를 주는 것으로 이해할 수도 있고, 결정 내용을 미리 알려 이성적인 대응 기회를 제공하는 의미도 있는 것으로 해석된다. 2011년도에는 이와 같은 'lock-up'은 2011년 9월 21일 '방송 분야 수직 결합 규제정책(Regulatory Policy about the Vertical Integration)'과, 2011년 11월 15일 '인터넷요금 종량제 불허 결정(Regulatory Policy about wholesale Internet access)' 등에 대해 두 차례에 걸쳐 'lock-up' 기회가 주어졌다.

4 분석평가

방송통신위원회의 경우 회의록 외에 속기록을 별도로 기록하는 등 논의 과정 자체에도 큰 의미를 두고 있다는 점에서 기록에 대해서는 가장 적극적이고 철저하다. 민주주의의 역사가 짧은 만큼 그에 대한 열망이 다른 나라보다도 크다는 분석도 가능하며, 공정성에 대한 강한 사회적 요구가 위원들의 논의 내용과 방향까지 기록하는 것으로 나타나고 있다. 속기록이 작성되면 공식적인 공개인 경우는 물론 그 존재만으로도 해당 기관 및 위원들에게 큰 부담이 된다는 현실[8]임에도 불구하고 방송위원회 6년, 현 방송통신위원회 3년 이상 지속되고 있는 점은 높이 평가[9]할 만하다. 사회적 갈등 요소가 유난히 많은 방송정책 분야에 대한 정확한 인식과 책임감이 없다면 이행하기 어려운 요소가 분명히 있기 때문이다. 어떻게 보면 합의제 기관이기 때문에 가능한 정책결정 과정 공개에 해당한다. 독임제 관청이라면 회의록 또는 속기록이라는 것 자체가 의미가 없기 때문이다.

미국 연방통신위원회(FCC)의 경우 회의록과 속기록을 기록하며 인터넷 화면 생중계까지 하고 있는 측면에서는 방송통신위원회와 비슷하거나 더 앞서는 점도 있다. 그러나 그러한 공개성 때문인지 위원들의 발언이나 회

8) 한겨레신문 2010년 10월 19일자, "방통위 위원들, 지난해 태광 일방적 두둔 발언" 기사 참조.

9) 동아일보 2011년 3월 25일자, "정파싸움 자제...'토론 모델' 보여준 방통위 1기" 기사 참조.

의 과정에서 주목할 만한 토론이 이뤄지거나 의견 대립이 있어 조정하는 일을 찾아보기 힘들다. 대부분의 발언이 정해진 원고를 읽은 식으로 진행된다는 점이 이를 반증한다.

캐나다 방송통신위원회(CRTC)의 경우 국민의 신뢰에 바탕을 두고 회의 자체에 집중하기 위해 일반인 대상 회의 공개는 이뤄지지 않는다. 한편으로는 비민주적인 요소가 없지 않지만, 위원들 간의 회의 외에는 공청회 개최나 결정 내용 발표 등에서는 결정 과정과 근거, 배경 등을 철저히 공개하기 때문에 일반 국민의 불만이 나타나지 않는다. 그런 측면에서 이해관계자와 언론에 대해 공식 발표 전 미리 파악할 기회를 주는 'lock-up'을 정책 결정에 대한 국민들의 신뢰를 불러일으키는 역할을 하는 것으로 평가된다.

전체적으로 회의 결과뿐만 아니라 회의 과정과 회의 진행 과정에서 나타나는 위원들의 입장 및 그 변화까지 철저히 볼 수 있는 방송통신위원회의 경우 회의 내용도 가장 역동적이며 기록물 공개에 대한 사회적 분위기[10]도 가장 열렬하다는 점을 알 수 있다.

10) 디지털데일리 2010년 10월 22일자, "[2010 국감]회의는 공개하면서 속기록은 비공개?" 기사 참조.

제 7 장 위원장의 권한, 위임, 심결 결과 집행 등

제 1 절 위원장의 지위 및 권한

1 방송통신위원회 위원장

위원장은 위원회를 대표하고 위원회의 업무를 총괄한다. 위원회를 대표한다는 것은 대외적인 관계, 즉 국회 등과의 관계에서 위원회의 대표자로서의 보고 및 질의 응답을 담당하는 역할이므로 이론이 없는 사항이다. 그러나 위원회의 업무를 총괄한다고 할 때 그 업무 총괄의 구체적인 범위가 무엇인지에 대해서는 실무적으로든 정치적으로든 논란의 대상이 될 여지는 있다. 대체로 사무처의 업무를 지휘 감독 등 일반관리자로서 역할과 의안 상정, 의결 사항 집행을 지휘 감독하는 권한으로 보는 데 큰 이견이 없다고 보인다. 위원회의 안건 상정도 특별히 예외적인 사항을 제외하고 위원장을 통해 이뤄진다.

방송통신위원회 위원장은 국무회의에 출석해 발언할 수 있고, 그 소관 사무에 관해 국무총리에게 의안의 제출을 건의할 수 있다. 한국의 중앙정부 구조가 국무회의에 의해 하위 법령(대통령령, 규칙)이 의결되는 독특한 구조 탓에 정부정책의 일 부분을 독립적으로 담당하는 방송통신위원회가 국무회의를 의결을 거치기 위해 국무총리를 통하는 것은 하나의 필수적인 수단이다. 국무총리에게 의안의 제출을 건의할 수 있다는 내용에 대해 '건의'라는 것이 방송통신위원회의 독자적인 권한성을 약화시키는 어감을 주는 것은 사실이다. 그러나 이것은 1988년 헌법상 국무회의가 '국무위원'으로 구성된 회의체이기 때문에 국무위원이 아닌 사람이 안건 상정을 할 수 없기 때문에 국무총리의 지위를 연결고리로 삼은 것이다. 헌법을 정부조직법처럼 신속하게 고칠 수 없기 때문에 불가피한 측면이 있다. 실제로 국무총리는 방송통신위원회 소관 국무회의 안건에 대해 그대로 상정하고 있으며, 국무회의 운영규정에 근거해 방송통신위원회 위원장이 국무회의에 참석한다.

방송통신위원회 위원장은 「정부조직법」 제2조에 따른 중앙행정기관[1]의 장으로서 지위를 갖는다. 방송통신위원회가 중앙정부기관으로서 정부 예산편성 등에서 권한을 행사하기 위해 필요한 법적 지위에 해당한다.

방송통신위원회 위원장은 국회에 출석해 위원회의 소관 사무에 관해 의견을 진술할 수 있으며, 국회의 요구가 있을 때에는 출석해 보고하거나 답변[2]해야 한다. 국민의 대표인 국회에 대해 위원회 대표로서 권한과 의무를 동시에 갖고 있는 것이다. 대체로 방송통신위원회 위원장이 참석하는 국회 회의는 국회 문화관광방송특별위원회, 국회 법제사법위원회, 국회예산결산특별위원회, 국회 본회의 대정부 질문 등이다. 이와 같은 대국회 책임성의 연장선상에서 방송통신위원회 위원장은 국회의 탄핵소추의 대상[3]이 된다.

위원장이 출장 등으로 직무를 수행할 수 없을 때에는 부위원장이 그 직무를 대행하며, 부위원장도 없는 경우에는 위원중 미리 정한 순서에 따라 위원장의 권한을 대행[4]하게 된다.

1) 「방송통신위원회의 설치 및 운영에 관한 법률」 제3조 제2항 참조.
2) 동법 제6조 제2항·제3항 참조.
3) 동법 제6조 제5항 참조.
4) 동법 제6조 제4항 참조.

2 미국 연방통신위원회(FCC) 위원장

미국 연방통신위원회 위원장은 회의를 주재하며 법률에 근거하는 모든 행위에서 위원회의 대표자 자격을 갖는다. 다른 정부 부처와의 협의가 필요한 사항에서 대표권을 가지며, 위원회의 효율적인 운영을 위한 조정 권한도 행사[5]한다. 회의에 안건 상정도 위원장을 통해 이뤄진다.

위원장이 공석 중이거나 일시적인 부재로 그 직무를 수행할 수 없을 때에는 위원 중 1인을 위원장 대행으로 지정해 위원장 역할을 수행한다. 미국 연방통신위원회에는 부위원장이 없기 때문이다. 대체로 여당 추천 위원이 맡는 것이 관례다.

미국 연방통신위원회 위원장도 위원회의 일반 행정사무(general administration of internal affairs of the Commission) 처리 권한을 가지고 있으며, 그에 따른 일상적인 최종적 조치(actions of routine character)를 한다. 정책결정(policy determinations)과 연루되지 않은 경우에는 일상적이지 않은 사항도 최종 결정할 수 있다. 그러나 이 경우에는 대개 위원회에 자신의 결정 사항을 올려 결정하는 형태[6]를 취한다. 이외 중요 사항은 위원회에 안건(proposals)으로 상정해 결정하도록 한다.

미국 연방통신위원회의 경우 위원장의 직무 범위상 다른 위원들이 사무처 실, 국에 자료 제출이나 설명을 직접 요청하는 것을 통제할 수 있는지 여부가 관심 사항으로 등장하기도 한다. 이에 대해 관련 법률에 명확한 규정이 없기 때문에 위원장이 누구이냐에 따라 다른 양상을 보였던 것으로 알려져 있다. 예를 들어 위원장 대행을 맡았던 적이 있는 콥스(Michael J. Copps) 위원은 공개 서한을 통해 모든 실, 국 직원은 개별 위원들의 질의나 자료 요청에 즉각 응할 것을 지시한 적이 있으나 케너드(Kennard) 위원

5) 「Title 47--Telecommunication, Chapter I--Federal Communications Commission, PART 0_COMMISSION ORGANIZATION Subpart A_Organization」 제0.3조 참조.

6) 「Title 47--Telecommunication, Chapter I--Federal Communications Commission, PART 0_COMMISSION ORGANIZATION Subpart B_Delegations of Authority」 제0.211(b)조 참조.

장은 결정 과정이 진행되는 중에는 위원들의 개별적인 질의에 대해 응대하는 준칙을 만들어 따르도록 했다. 이에 대해 미국 의회 정부평가기구인 GAO는 위원들의 개별적인 질의에 대한 답변과 응대를 제한하는 것이 결정의 투명성을 손상할 수 있음을 경고[7]했다.

일반행정관리 차원에서 「연방손해배상청구법(Federal Tort Claims Act, as amended, 28 U.S.C. 2672)」상 청구 금액이 5,000 USD가 넘지 않는 사건의 경우에는 위원장에게 권한이 위임된다. 정부 조달 등 예산 관련 행정 행위와 「부채징수개선법(Debt Collection Improvement Act of 1996, Public Laws 104-134, 110 Stat. 1321, 1358(1996)」상 행정행위 및 예산 당국(Office of Management and Budget: OMB Federal Management Circulars 주관)과의 관계에서 위원회의 '대표자(Head of the Agency)' 자격[8]을 갖는다. 이러한 재정 관련 권한은 방송통신위원회 위원장이 「정부조직법」 제2조에 따른 중앙행정기관의 장으로서 지위를 갖고 예산 관련 법령에서 중앙행정기관의 장의 지위를 갖는 것과 같은 성격의 권한이다. 독임제 부처의 장관이 갖는 것과 동일한 자격으로서 중앙정부 또는 연방정부의 독립된 기관으로서 지위와 연결되는 행정 권한에 해당한다.

3 캐나다 방송통신위원회(CRTC) 위원장

캐나다 방송통신위원회 위원장은 법률의 규정에 따라 위원회 회의를 주재하며, 사무 처리와 사무처 직원들에 대한 지휘 감독 권한을 갖고 있다. 법률에서도 위원장의 지위를 CEO(Chief Executive Officer)라는 용어로 표현[9]한다. 회의 안건 상정을 주관하는 것은 한국, 미국과 마찬가지다.

---

7) 미국 GAO, GA0-10-79 FCC MANAGEMENT Improvements Needed in Communication, Decision-Making Processes, and Workforce Planning, p. 23 참조.

8) 「Title 47--Telecommunication, Chapter I--Federal Communications Commission, PART 0_COMMISSION ORGANIZATION Subpart B_Delegations of Authority」 제 0.211 (e), (f)조 참조.

9) 「Canadian Radio-television and Telecommunications Commission Act」 제6조 참조.

위원장의 권한 범위는 법률에서 특정하고 있지는 않지만 대체로 방송통신위원회 위원장과 유사하다. 캐나다 방송통신위원회 내부에서는 위원장으로 임명되는 개인의 성향에 따라 좌우되는 측면이 많으며, 위원들 간에는 위원장의 그러한 지휘 방침에 반발하는 사례는 없는 것으로 알려져 있다.

위원장이 직무를 수행하기 어려운 때에는 2인의 부위원장(방송담당 부위원장, 통신담당 부위원장) 중 1인을, 위원장과 2인의 부위원장이 모두 직무를 수행하기 어려운 때에는 위원 중 1인을 위원장 대행으로 임명하여 그 직무를 수행하게 한다.

4 분석평가

3개 기관 위원장의 권한과 책임의 범위는 매우 유사하다. 대체로 사무처 직원들의 인사 및 업무 지휘 감독 권한을 갖고 있으며, 회의 주재자일 뿐만 아니라 안건 상정 과정과 의결 사항 집행도 지휘 감독한다. 대외적으로 기관 전체를 대표하는 권한을 갖고 있는 것도 공통된 사항이다. 안건 상정을 주관하는 것도 마찬가지다.

방송통신위원회 위원장의 국무회의 참석은 우리나라의 독특한 상황이 반영된 권한과 책무다. 국무회의라는 회의체가 모든 정부기관의 하위 법령(대통령령, 규칙 등)을 의결하는 체제가 유지되는 한 방송통신위원회 위원장의 국무회의 참석은 당연히 필요한 사항이 될 것이다. 정치적으로 균형을 유지해야 할 방송통신위원회 위원장이 대통령(또는 국무총리)이 주재하는 국무회의에 정기적으로 참여한다는 사실 때문에 야당 측의 정치적 편향성 우려가 여전히 강하지만, 이는 현실적으로 불가피한 측면이 있다.

방송통신위원회 위원장은 국가공무원법상 정무직 공무원으로서 국무위원인 장관과 동일한 지위와 대우를 받는다. 3개 기관장의 직급을 직접적으로 단순 비교할 수는 없는 것이지만, 두 개 나라 연방정부 내 다른 기관 장관 등과 비교할 때 방송통신위원회 위원장의 지위와 위상이 가장 높다는 평가는 크게 틀린 것이 아니다. 이 또한 방송통신위원회가 중앙정부기관으로서 독립적인 위상을 확보하기 위해 필요한 한국적 상황을 잘 보여 주는 것이다.

합의제 기관인 위원회의 업무를 총괄하는 위원장으로서 위원 간이나 사무처 직원들을 통솔하는 권위는 3개 기관 모두 인정된다. 미국 연방통신위원회(FCC) 위원장과 캐나다 방송통신위원회(CRTC) 위원장도 내부적인 지휘 통솔에서는 한국의 상황과 크게 다르지 않다. 캐나다 방송통신위원회 위원장의 경우 모든 상정 안건에 대해 회의 2주일 전 사무처 실, 국장 및 사무총장을 대동하고 사전 검토회의(Bi-Lat)를 갖는다.

위원장의 권한과 책임 내용에서 3개 기관이 비슷한 양상을 보이지만, 위원장의 역할 범위에 대한 논란이 끊이지 않는 것은 방송통신위원회에서 유독 강하게 나타난다. 위원장의 권한과 책임의 범위에 대한 논쟁을 없애기 위해서는 법률에서 적절한 근거 규정을 두는 것이 도움이 될 것이다. 모든 것을 법률로써 규정할 수는 없기 때문에 좀 더 근본적인 해결책은 관행이 형성될 기본적인 시간이 필요하고 이를 정치권, 위원 및 내부 구성원이 충실히 따르는 것이 될 것이다. 미국과 캐나다의 경우 법률에서 위원장의 권한 사항을 좀 더 세부적으로 규정해 놓고 있을 뿐만 아니라 역사에서도 수십 년 앞서 있어 관행으로 받아들여지는 분위기가 훨씬 높다는 것을 볼 수 있다.

합의제 기관의 특성상 위원장의 권한 범위는 언제든 논쟁의 여지가 있는 사안이다. 미국 연방통신위원회에서 위원들이 위원장을 통하지 않고 개별적으로 사무처 실, 국에 대해 자료 요청이나 보고지시를 하는 것을 위원장이 통제하는 것은 바람직하지 않다는 지적이 있었다. 미국 연방통신위원회의 경우에도 이 부분은 법률로 규정된 것이 아니기 때문에 발생한 논란인 것이다. 미국 감사원(GAO)이 이에 대해 위원들이 사무처 실, 국의 도움을 받을 수 없다면 외부 정보에 더 크게 의존하게 될 것이고 이는 결국 회의에서 의결되는 정책의 질을 떨어뜨릴 가능성이 있다고 경고하고 있는 점은 참고할 만하다.

제 2 절 개별 위원의 권한

1 방송통신위원회

개별 위원에게 정책결정 권한이나 그와 관련한 특별한 권한을 부여하지는 않는다. 소관 법률에서 규정하고 있는 법정위원회(지역방송발전위원회 등)와 일정 기간 구성되어 운영되는 사업자허가심사위원회 위원장을 위원 중 1인이 담당하는데, 정책적 사항에 대한 최종적인 권한은 위원회 안건으로 상정되어 의결되어야 한다.

회의 결과나 정책결정 내용에 대해 소수 의견 및 추가 입장을 발표할 수 있는지에 대해서는 해석의 여지가 있다. 다만, 방송위원회와 현 방송통신위원회를 통틀어 현재까지 위원이 공개적으로 개별 의견을 발표한 사례는 없었다. 합의제 기관인 만큼 다수결에 의해 의결된 사항에 대해 개별 의견을 발표하는 것이 맞지 않다는 분위기가 있고 개인 의견을 발표할 수 있다는 명확한 법적 근거도 없기 때문이다.

2 미국 연방통신위원회(FCC)

미국 연방통신위원회 위원의 경우 그 활동 근거가 법률에 자세히 규정되어 있는 편이다. 위원 개별적인 활동에서는 3개 기관 중 가장 활발하다고 볼 수 있다.

우선 위원회의 공식 대표자는 위원장이지만, 개별 위원도 의결 사항이나 법률적인 사항에 대해 소수 입장이나 의견서(his own or minority views or supplemental reports)를 공표[10]할 수 있다. 실제로 이러한 개인 의견이

10) 「Title 47--Telecommunication, Chapter I--Federal Communications Commission,

나 추가 의견를 공표하는 일은 매우 빈번하게 일어난다.

미국 연방통신위원회의 공식 청문회의 경우 개별 위원 또는 복수의 위원이 청문 주재자로 임명되는데, 이 경우 해당 위원(들)은 공식 청문회의 시간이나 장소를 포함해 이와 연관된 사항을 결정하는 권한을 위임받는다. 청문회에서 이뤄진 위원(들)의 발언이나 활동은 위원회의 공식 기록물(official minutes of the Commission)로 남기게 된다.[11)]

미국 연방통신위원회의 경우 개별 위원 1인에게 위임되는 것은 아니지만 복수의 위원들에게 위임이 이뤄지는 경우[12)]가 있는데 이를 '위원 이사회(Board of Commissioners)'라고 부른다. 즉, 위원회 전체회의를 개최하기 위한 의사정족수가 모자라는 경우에 발생한 일처리를 위해 마련된 제도다. 위원장 또는 위원장 대행이 필요하다고 판단되면 참석 가능한 모든 위원을 대상으로 임시회의체(Board)를 소집할 수 있다. 임시회의체에서는 미국 연방통신위원회의 권한에 해당하는 모든 사안을 다룰 수 있으나 다음 세 가지 사항은 정규 위원회에서 다뤄져야 한다.

즉, 규칙 제정 절차 또는 조사를 위한 청문이나 결정을 청문절차에 따른 최종 결정(단, 임시회의체에서 전체회의 개최를 기다릴 경우 공익을 심각하게 해칠 우려가 있다는 명백한 증거를 제시하는 경우에는 다룰 수 있음), 위원회 조치에 대한 재심 청원(Petitions for reconsideration of Commission actions), 위임된 권한에 따라 취해진 행위에 대한 심사청구(Applications for review of actions taken pursuant to delegated)는 임시회의체의 논의 대상이 될 수 없다.

PART 0_COMMISSION ORGANIZATION Subpart A_Organization」 제0.3 (a)(2)조 참조.

11) 「Title 47--Telecommunication, Chapter I--Federal Communications Commission, PART 0_COMMISSION ORGANIZATION Subpart B_Delegations of Authority」 제0.218 (a),(b),(c)조 참조.

12) 「Title 47--Telecommunication, Chapter I--Federal Communications Commission, PART 0_COMMISSION ORGANIZATION Subpart B_Delegations of Authority」 제0.212조 참조.

3 캐나다 방송통신위원회(CRTC)

캐나다 방송통신위원회도 방송통신위원회와 유사하게 특별한 개별적인 권한을 부여하고 있지 않다. 미국 연방통신위원회(FCC)와 달리 개별 위원이 소수 의견을 공표하는 사례도 없다.

캐나다 방송통신위원회 위원 중 지역대표로서 소관 지역사무소에서 상근하는 위원의 경우에는 별도의 법적인 정책 및 규제 결정 권한이 부여되는 것은 아니지만, 여건상 해당 지역의 사업자 및 이해관계자를 면담을 통해 의견을 청취하는 데 주력하게 되므로 활동폭이 상대적으로 넓다.

4 분석평가

미국 연방통신위원회(FCC)의 경우 개별 위원의 활동 근거에 대해 가장 자세하게 규정하고 있으며, 실제로 개별 위원의 활동폭 또한 가장 넓다. 개별 위원이 소수 의견을 발표하고 이를 미국 연방통신위원회 홈페이지에 게시해 대중에게 알리는 데도 가장 적극적이다. 이와 같은 미국 연방통신위원회의 모습은 사법부 중 대법원이나 헌법재판소의 결정에서 판사가 소수 의견을 다는 것과 흡사한 양상을 보인다. 미국 연방통신위원회의 사법적 전통을 잘 나타내 주는 것이다.

개별 위원의 적정 활동폭과 그 내용에 대해서는 방송통신위원회에서도 이슈가 되는 사항이다. 실제로 일부 위원의 경우 개별 의견을 공표하는 문제를 심각하게 고민하는 사례도 없지 않지만, 현재까지는 일반화되지 않았다.

한편, 모든 공식회의에서 속기록을 기록하고 이를 보존하는 한국의 상황에서는 이미 소수 의견을 발표하는 것과 마찬가지라는 일부의 견해도 있다. 회의 과정이 다른 두 기관에 비해 활발하고 그 내용이 모두 기록되기 때문에 소수 의견을 따로 발표할 필요성이 적다는 것이다.

이와 같은 개별 위원의 활동이 새로운 관행으로 자리잡기 위해서는 미국 연방통신위원회와 같이 법률에서 규정하는 것이 바람직할 것이다.

제 3 절 사무총장직 운영

1 방송통신위원회

사무총장은 방송통신위원회가 출범했던 2008년부터 설치 논의가 이뤄졌고, 해당 조항을 개정하자는 법률개정안까지 발의되었지만 현재까지 신설되지 않고 있다. 사무총장제가 필요하다는 측에서는 방송통신위원회의 위상과 업무 수행을 위해 반드시 필요하다는 입장을 보인다. 반면 사무총장이 실질적인 권한을 가질 경우 그렇지 않아도 여당 편향적인 방송통신위원회의 위원 구성상의 문제점을 증폭시킨다는 야당의 비판적인 의견도 있다. 사무총장이 방송통신위원회의 사무와 정책집행을 총괄하는 실질적인 기능을 수행하려면 차관급 이상의 공무원 신분을 가져야 하는데 이 경우 상임위원들과 동등한 대우가 이뤄지기 때문에 상임위원, 특히 야당 추천 상임위원과의 갈등을 예상할 수 있다는 것이다.

2 미국 연방통신위원회(FCC)

미국 연방통신위원회의 경우에도 다른 실, 국장 등 간부보다 높은 직급을 갖고 사무조직을 총괄하는 사무총장의 직제는 운영되지 않는다. 조직운영을 담당하는 직제 중 사무국장(Managing Director)[13]이 있지만 전체 실, 국장의 상위 개념은 아니며 특별히 정무적인 지위를 갖는 것도 아니다.

13) 「Title 47--Telecommunication, Chapter I--Federal Communications Commission, PART 0_COMMISSION ORGANIZATION Subpart A_Organizations」 제0.11조 참조.

일반행정 관리 업무를 비롯해 인사관리, 노무관리, 예산 및 재무관리, 정보관리 및 데이터 처리, 조달 및 사무실 관리, 행정적 서비스, 기록과 안전관리 등의 업무를 담당한다.

미국 연방통신위원회 사무국장은 운영관리(management 또는 administrative matters) 측면에서는 다른 실, 국을 감독하는 역할을 수행하지만, 정책 입안과 규제 행위, 평결 등과 관련한 업무에는 관여하지 않는다. 기획관리 기능에 해당하는 업무 심사평가 등을 비롯해 인사와 직책의 기능, 노사 관계, 연수, 예산, 재정 운영, 재정회계, 재무보고서와 문서 작성, 정보운영과 절차 및 조직기획, 운영분석, 사후 처리, 사무공간 운영, 활용, 행정 및 사무 서비스, 재물관리 및 보급, 기록관리, 인적·신체적 안전, 국제 통신 수단에 관한 위원회의 행정사무 기획과 운영을 담당한다.

3 캐나다 방송통신위원회(CRTC)

캐나다 방송통신위원회는 사무총장(Secretary General)을 두고 사무처 총괄의 권한을 부여한다. 사무총장은 실장(Executive Director)보다 높은 직급의 대우를 받으며, 대외적으로 위원회를 대표[14)]하는 역할을 담당하기도 한다.

사무총장의 역할은 조직의 관리 업무(재무, 인사 등)를 총괄하고, 위원장과 위원들과의 의견 조정 등 정무적인 역할을 수행한다. 그러나 대체로 방송정책국, 통신정책국, 정책개발실 등 구체적인 정책 입안 및 시행을 담당하는 국장들과는 일방적인 지시나 보고 체계를 보이고 있지는 않다. 사무총장이 조직 내에서 차지하는 위치상 사업자 대표나 업계 이해관계자를 공식·비공식적으로 접촉할 수밖에 없기 때문에 구체적인 정책 입안에 관여할 경우 공정성을 해칠 우려가 있다는 것이 공론화되어 있다. 사무총장은

14) 캐나다 방송통신위원회(CRTC) 사무총장이 대외적인 서신(공문)을 위원회를 대표해 발송하는 등의 역할을 수행한다.

정무적인 위치에서 자신이 수집한 업계 의견을 위원장 및 위원들에게 '전달'하는 역할에 주력하는 것이다.

이와 같은 일반적인 관행 외에 구체적인 사항에 대한 사무총장의 역할은 위원장의 지시에 따라 달라진다. 위원장이 자신이 가진 권한을 얼마나 사무총장에게 위임할 것인지는 정해진 관행이 있지 않다는 것이다. 개인적 성향 및 판단에 따라 사무총장에게 위임하기도 하고 안 하기도 한다.

4 분석평가

방송통신위원회의 사무총장은 그 실질적인 역할의 필요성이나 내용과는 무관하게 정치적으로 해석되고 있는 측면이 있다. 특히 정부직제와 공무원 계급 체계상 차관급 사무총장이 아니면 그 의미를 찾기 힘들다는 점에서 신설 추진에 어려움을 가중시키는 요소다. 사무총장에게 기대하는 역할 중의 하나가 우리나라 정부에서 일반화되어 있는 '차관회의'라는 정부 부처간 협의구조에 참여하고, 국회와의 관계에서는 여당과의 '당정 협의' 및 야당과의 '정책설명회'라는 정치성이 강한 협의에 위원회를 대표하는 것이다. 그런데 이러한 역할은 차관급 이상의 관료가 적합하며, 그 이하의 고위공무원이 담당한다면 현재의 기획조정실장이나 방송통신융합실장의 제한적 역할과도 큰 차이가 없기 때문이다.

미국 연방통신위원회(FCC)가 이와 같은 정무적인 역할을 수행하는 고위직 사무총장을 두지 않는다는 점과 방송통신위원회의 상황을 단순 비교하기 힘든 것은 쉽지 않은 일이다. 다만, 미국 연방통신위원회 담당 직원과의 면담에서 파악되는 점은 우리나라 방송통신위원회 달리 미국 연방통신위원회가 정치적인 논쟁에 연관되는 일이 극히 드물고, 차관회의나 당정 협의 같은 '협의'에 초점을 둔 정치문화가 있는 것도 아니라는 점에 주목할 필요가 있다. 방송통신위원회의 상황은 그만큼 독특한 행정문화 및 정치환경에 노출되어 있는 것이다.

캐나다 방송통신위원회(CRTC)는 한국과 미국의 중간쯤에 해당되는 것으로 생각된다. 위원들의 숫자가 13명에 이르는 만큼 위원들 간의 조정자 역할이 요구되고, 때로는 위원장과 위원들, 위원들과 사무처 직원들 간의 화합과 협조를 이끌어 내는 역할도 요구된다. 캐나다 방송통신위원회 사무총장은 전체회의에 항상 참석하며, 의사 진행 보좌 및 일처리를 총괄한다.

결국 사무총장을 두느냐 안 두느냐는 주변 환경에 따른 필요성 측면에서 따져보아야 할 문제이며 정답은 없다. 우리나라와 같이 방송통신위원회에 대한 정치적 편향성의 문제가 지속적으로 제기되는 환경에서 사무총장을 둔다면 실무진과는 직급상 구분되어 정무적인 역할을 맡는 데 지장이 없어야 할 것으로 생각된다.

제 4 절 위임(전결)

1 방송통신위원회

법률에 따른 방송통신위원회의 모든 권한은 합의제 기관인 방송통신위원회에 주어진 것이므로, 모든 정책결정과 규제 사항은 위원들의 합의에 따른 의결로 처리되어야 한다. 그러나 방송통신위원회가 국가기관으로서 결정된 정책을 집행하거나 결정을 보좌하는 사무처 직원들의 역할은 필수적이고, 이를 효율적으로 수행하기 위해 위임전결의 필요성이 인정된다.

법률적으로 볼 때 위임전결의 근거는 방송통신위원회 사무 처리를 총괄하는 위원장의 권한[15]을 하부 직원에게 위임하는 형태다. 위원장의 유고 시 그 권한은 부위원장에게 위임되는 것은 방송통신위원회 설치법에서 규정하고 있는 사항이다.

15) 「방송통신위원회 설치 및 운영에 관한 법률」 제6조 제1항 위원장은 위원회를 대표하고 위원회의 회의를 주재하며 소관사무를 총괄한다. 이에 따라 방송통신위원회 위원장은 「위임전결세칙」을 훈령으로 제정해 발령한다.

방송통신위원회의 위임전결 관련 규정은 방송통신위원회 위원장의 훈령으로 만들어져 시행되고 있다. 이러한 위임전결 규정에 따라 내부적으로 위임전결 규정에 따라 업무 종류별로 실장-국장-관(국장)-과장(팀장) 순으로 그 사무를 위임해 처리한다.

위임전결의 대상은 어디까지나 사무 처리에 해당하는 범위에 국한되며, 법적 권한에 따른 자의적인 결정 권한이 위임될 수는 없는 것은 합의제 기구인 방송통신위원회의 법적 지위상 당연한 것이다.

2 미국 연방통신위원회(FCC)

미국 연방통신위원회는 법률의 집행과 같은 단순한 행정 처리 사항에 대해 위임할 수 있도록 법률에 근거 규정[16]을 두고 있다.

법률에서 규정하고 있는 위임 대상은 세 가지로 구분된다. 첫째, 중요도가 떨어져 청문 절차가 불필요한 사항(Delegations to act in non-hearing matters and proceedings)이다. 사무처 실, 국장과 기타 직원들에게 위임되는 사항 대부분이 여기에 해당한다. 둘째, 청문 절차 진행에서 중간 단계에서 결정이 필요한 사항(Delegations to rule on interlocutory[17] matters in hearing proceedings)이다. 이 사항은 사무처 일반 실, 국장 등에게 위임되는 것이 아니라 행정심판관(Chief Adminitstrative Law Judge)에게 위임되는 것이다. 셋째, 최초 결정에 대한 재검토 사항(Delegations to review an initial decision1)이다. 이 사항 역시 공식 청문과 관련된 것이기 때문에

---

16) 「Title 47--Telecommunication, Chapter I--Federal Communications Commission, PART 0_COMMISSION ORGANIZATION Subpart B_Delegations of Authority」 제0.201조 이하 관련 조항 참조.

17) 공식 청문(Public Hearings)은 재판 과정과 유사한 것으로 간주되기 때문에 최종 판결(Final)에 대응한 중간 단계의 판결이라는 뜻으로 Interlocutory라는 법정 용어가 사용되는 것으로 보인다. 전체적으로 미국 연방통신위원회(FCC)가 사용하는 용어나 업무 처리 형식, 회의 형식 및 회의장 좌석 배치까지도 대체로 사법부의 재판 형태를 취하고 있다.

위임의 대상은 사무처 실, 국장 등이 아니라 개별 위원이거나 청문에 참여한 위원인 패널들이다.

미국 연방통신위원회의 정식 청문 절차는 공식적인 의견 수렴을 위한 절차로서 「행정절차법(The Administrative Procedure Act)」 등의 규정에 따르게 되는데 행정절차법상의 심결 사항과 규칙 제·개정 시 이뤄지는 절차(Rulemaking Proceedings)가 그 대상이 된다. 이러한 청문의 진행에서 청문주재관과 청문위원으로 임명된 개별 위원 등에게 필요한 중간 결정 사항들을 위임하는 것으로 파악된다.

공식 청문과 관련해 위임된 결정 사항들에 대해 재심이 청구된 경우에는 미국 연방통신위원회가 다루게 된다.

미국 연방통신위원회는 다수결에 따른 의결에 의거 규칙이나 명령으로 위원회의 권한을 위임할 수 있으며, 필요한 경우에는 언제라도 이를 수정, 증보하거나 폐지할 수 있다. '규칙(Rule)'에 의한 위임 결정은 위임하고자 하는 사항이 일정 기간 계속 발생하거나 다시 발생할 수 있는 사항인 경우에 이뤄지며, '명령(Order)'에 의한 위임 결정은 다시 재발되지 않는 특정 사안이나 절차에 관한 사항을 위임할 때 사용되는 방식이다. 두 가지 형식의 위임 모두 연방 관보(Federal Register)에 게재되는 것은 동일하지만, '규칙'에 의해 위임된 사항은 법률의 부록파트(Subpart)에 기록되어 계속 남긴다는 측면에서 차이점[18]이 있다.

3 캐나다 방송통신위원회(CRTC)

위원장이 사무를 총괄하는 권한을 갖고 있으며, 그에 따른 일반 사무처리에서 위임전결이 행해진다. 전체적으로 방송통신위원회와 유사한 형태를 취하나, 주 단위 지역사무소의 경우 해당 지역을 대표하는 위원이 상근하

18) 「Title 47--Telecommunication, Chapter I--Federal Communications Commission, PART 0_COMMISSION ORGANIZATION Subpart B_Delegations of Authority」 제201(d)조 참조.

고 있기 때문에 지역사무소의 사무 처리는 해당 위원이 진두지휘하는 형태를 취하고 있다.

특정 업무에 대해 특별위원회를 구성하고 해당 업무를 위임할 수 있는 근거 규정을 법률[19]에 규정해 두고 있다. 일반 행정사무 외에 정책결정과 관련성이 있는 사안에 대해서는 분명한 근거 규정을 두고 있다.

4 분석평가

기본적으로 일반관리 사무 처리에서 위임전결이 이뤄지는 업무 내용상에서는 큰 차이가 없다. 국가(연방) 공무원 조직으로서 운영 시스템에 별다른 차이점이 없기 때문이다.

그러나 정책이나 규제 등 본질적인 '위원회'의 권한과 책무에 해당하는 사항을 위임할 수 있는 범위나 내용, 형식에서는 다소간에 차이를 드러낸다. 합의제 기관이기 때문에 독임제 관청과는 달리 위임전결과 관련해 논란의 벌어질 소지가 더 크다는 점을 고려할 때 좀 더 신중한 위임전결이 이뤄질 필요가 있다.

미국 연방통신위원회(FCC)의 경우 법률에서 실, 국장 또는 개별 위원들에게 위임할 수 있는 근거 규정을 두고 있다. 미국 연방통신위원회가 위임전결에 대한 가장 치밀한 법률적 근거를 갖고 있는 점은 주목할 만하다. 합의제 기관이기 때문에 제기될 수 있는 법적 논쟁의 여지를 차단하기 위한 좋은 제도로 볼 수 있다. 특히 법률에서 위원회의 다수결로 위임을 의결할 수 있도록 정해놓고 있는 점이 특히 그렇다.

캐나다 방송통신위원회(CRTC)의 경우 일반관리 사항 외의 위임전결에 관한 사항은 특별위원회에 위임할 수 있도록 법률에 규정이 되어 있다. 이에 따른 특별위원회는 방송분과위원회(BCM)과 통신분과위원회(TCM)가

19) 「Canadian Radio-television and Telecommunications Commission Act」 제11조 (1) 참조.

있으며, 하위 법령(by-laws)에 따라 전체회의의 권한을 침해하지 않는 범위 내에서 결정 권한을 갖는다. 이외에 3인의 위원으로 구성되는 방송분과 소위원회가 운영되어 단순하고 신속한 결정이 요구되는 사항에 대해 결정 권한을 위임하고 있다.

우리나라의 경우 과거 방송위원회 시절 비상임 위원 중 1인이 방송 법령에서 규정한 위원회의 업무 권한을 위원회 전체회의에 상정하지 않고 사무처 실, 국장의 위임전결로 처리하거나 상임위원회에 상정해 처리된 부분에 대해 공식적인 이의 제기를 한 적이 있었다. 그의 논리는 법령에서 업무 권한을 '방송위원회'에 부여한 것이기 때문 모든 안건은 비상임위원까지 포함한 전체회의에서 결정되어야 하며, 편의를 위해 상임위원들로 구성된 상임위원회 회의에서 결정하는 것도 맞지 않다는 것이었다. 이것은 법적으로 위임할 수 있는 근거가 없는 당시의 상황에서는 법리적으로 당연한 논리였다. 이에 따라 방송위원회 당시 많은 안건이 전체회의에 상정되는 동안 관련 업계에서는 상당한 비효율의 문제를 제기했다.

현재의 방송통신위원회에서는 비상임위원이 없는 5인 상임위원 체제이기 때문에 과거 방송위원회에 대해 제기되었던 비효율의 문제는 상당히 개선된 상태이지만 여전히 위임전결 처리의 문제는 남아 있다. 위원장의 관리 권한을 사무처 실, 국장, 과장(팀장)에게 위임하는 것은 다른 조직과 차이를 둘 필요가 없기 때문에 논란의 대상이 될 일도 아니다. 방송통신위원회 「위임전결세칙」은 이를 규정한 것이다. 그러나 각 개별 사항이 법률상의 위원회 권한을 넘어서는 것인지 아닌지의 논란의 여지가 있을 수 있다. 정책적이거나 규제 권한과 관계되는 사항에 대한 논란의 소지를 없애기 위해서는 위임의 근거를 더 분명하게 규정할 필요가 있을 것으로 보인다.

제 8 장 다른 나라의 방송 및 통신 분야 주무기관 현황

제 1 절 영국

1 영국 오프컴(OFCOM) 개요

영국 오프컴(OFCOM: Office of Communications)은 영국의 방송과 통신 서비스 인・허가 규제 및 주파수 정책을 총괄하는 기관이다. 직무 범위로 보면 우리나라 방송통신위원회와 미국 연방통신위원회와 비슷하다. 다만, 주파수 사항 중 국방부(Minister of Defense) 소관 사항과 공영방송 BBC의 주파수 허가는 오프컴의 소관 사항이 아니다. 오프컴은 이를 제외한 상업용 주파수에 대한 할당과 관련 인・허가 사항을 관할한다. 주파수 불법 사용 등에 대한 규제 권한도 오프컴에 속한다.

영국 오프컴은 「Office of Communications Act of 2002」에 따라 설립된 공공기관(statutory corporation)이다. 영국에서 공공기관은 마치 주식회사와 같은 조직을 갖지만, 별도로 주주(shareholders)가 존재하지 않고 법률에 의해 규정된 권한을 행사하는 기관을 말한다. 우리나라에서 굳이 유사한 사례를 찾는다면 무자본 특수법인 정도가 해당된다.

전통적으로 영국에서는 이와 같은 공공기관을 만들어 특정한 공적 기능을 담당하도록 해온 전통이 있으며, 방송통신 융합기구를 만드는 데도 이를 활용한 것으로 이해된다. 영국식 사고에 따른 독립성과 공정성 확보 방안이라고 평가할 수도 있다. 이와같이 정부 부처가 아닌 사적 회사조직과 유사한 성격을 갖지만 정부정책을 담당하는 이와 같은 기관을 '비정부 공공기관(quango: quasi-non-governmental organizaion)'이라는 다소 생소한 이름으로 부르기도 한다.

영국 오프컴은 2003년 12월 29일 방송심의기구인 BSA(Broadcasting Standards Commission), 방송 규제기구인 ITC(Independent Television Commission), 통신 규제기구인 Oftel(Office of Telecommunications), 주파수와 관련한 RA(Radio Authority)와 Radio communications Agency 등 다섯 개 기관을 통합한 방송통신 주무기관 지위를 갖고 출범했다. 2011년 10월 1일부터는 우편사업을 관장하는 Postcomm을 흡수해 기능이 확대되었다.

2 영국 오프컴(OFCOM) 지휘부 구성

영국 오프컴은 영국식 공공기관 지위를 갖고 있기 때문에 조직도 주식회사와 같은 기업의 형태를 띠고 있다. 즉, 이사회(Board)가 있고, 이사회에 책임을 지는 사장(Chief Executive)이 있어 조직 운영을 책임지는 구조인 것이다.

2010년 현재 영국 오프컴 이사회는 이사장(Chairman)이 1인과 이사 8명, 사장 1명으로 구성되어 있다. 사장은 이사회의 일원이 된다.

이사장 1인과 이사 중 3인 내지 6인은 내각(Cabinet, Secretary of State, Department of Culture, Media and Sport)이 임명[1]하고 나머지는 회사 형태의 공공기관으로서 자율 영역에 속한다. 다만, 내각은 오프컴의 이사 수

1) 「Office of Communications Act of 2002」 제1조 참조.

가 과도한 범위를 넘지 않도록 통제할 권한을 갖는다.

3 영국 오프컴(OFCOM) 운영 현황

영국 오프컴의 지휘부 전체는 아니지만 이사장을 포함한 일부 이사를 내각이 임명하기 때문에 정치적 관련성을 완전히 배제하고 있지는 않다고 평가할 수 있다. 실제로 2009년 보수당(Conservative)의 캐머런(David Cameron)은 영국 오프컴 체제가 '용납하기 어려운 수준의 관료제(unacceptable bureaucracy)'에 젖어 있고 고임금으로 예산을 낭비하는 조직으로 규정하고 집권하면 없앨 1순위의 기관으로 지목[2]하고 나섰던 것은 영국 오프컴의 위상에 대한 논란을 잘 나타내 주고 있다.

실제로 이 당시 영국 오프컴을 거쳐간 인사들이 브라운(Gordon Brown) 수상의 열렬한 지지자들이었다. 사장(Chief Executive)을 지낸 카터(Stephen Carter)는 영국 오프컴을 퇴직한 뒤 브라운 수상 정부의 장관을 지냈고, 초대 이사장 커리(David Currie)도 브라운 수상 지지자였다.

2010년 6월 집권한 캐머런 수상은 영국 오프컴을 없애지는 않았다. 현재 자유민주당(Liberal Democrats)과 연정[3]을 구성하고 있는 것이 그의 당초 의지에 어떤 영향을 미친 것인지, 아니면 입장이 바뀐 것인지 더 지켜볼 일이다. 한편 영국 오프컴은 방탕한 예산을 집행하는 관료제에 젖어 있다는 캐머런의 비판을 의식해 2010년 자체적으로 과감한 내부개혁(internal review and reorganization) 작업을 거쳐 2010/2011 회계연도 예산을 총액 기준 대비 28.2%를 감축[4]했다.

이와 같은 내부개혁 작업은 존폐에 대한 논란을 잠재우기 위한 자체적인

---

2) Music and Media 2009년 7월 6일자, "OFCOM top of Tory deathlist" 기사 참조.
3) 보수당의 캐머런이 수상, 자유민주당의 클레그(Nick Clegg)는 부수상(Deputy Prime Minister)을 맡고 있다.
4) OFCOM chief executive Ed Richards, Oxford Media Convention 발표 자료 참조. http://media.ofcom.org.uk/2011/01/24/oxford-media-convention-speech-by-ed-richards/

개혁을 단행한 것으로 이해될 수 있으며, 한편으로 영국 오프컴과 내각 및 정치권과의 관계의 일면을 보여 주는 것이기도 하다. 이러한 자체 개혁 노력이 통했는지 캐머런 정부는 우정사업을 관장하는 Postcomm을 오프컴에 흡수 통합했다. 로열 메일(Royal Mail)의 민영화를 염두해 둔 것이기는 하지만 오프컴 입장에서는 기능의 확대라는 의미를 갖는다.

4 분석평가

영국 오프컴(OFCOM)은 2003년 설립 당시 방송과 통신 분야의 다섯 개 기관을 통폐합하고 설립된 방송통신 주무기관으로서 세계 여러 나라의 관련 업계와 정부 유관기관의 관심을 촉발시켰다. 방송과 통신 분야에서 단일 주무기관 체제를 오래전에 확립한 미국이나 캐나다와 달리 근래 들어 설립된 단일 방송통신 주무기관이라는 점에서 기관 통합 내지 조직 개편을 검토해 온 다른 나라들에게 큰 영향을 주었고, 그 중에는 우리나라도 포함된다.

그러나 설립 당시의 대대적 관심에 비해서는 그 동안의 운영 실적이나 업적이 크게 부각되지는 못하고 있다. 여기에는 '민간회사 형태의 조직(statutory corporation)'이라는 지극히 영국적인 전통에 입각한 특수한 위상이나 운영이 다른 나라가 유의미하게 참고할 만한 사항이 적다는 것도 큰 이유가 될 것이다. 오프컴 같은 특수 형태의 조직이 정부정책의 일부를 담당하는 것은 다른 나라에서는 상상하기 어렵기 때문이다.

독립성이나 정책 신뢰도에서도 브라운 전임 수상과 오프컴 주요 간부들 간의 긴밀한 정치적 유대나 방만한 예산 운영에 대한 영국 내에서의 비판과 이에 대한 개혁 과정을 보면, 영국 오프컴이 대내외적으로 만족스러운 모습을 보여 주지는 않았다고 보여진다.

영국의 경우 방송통신 주무기관에 필요한 독립성과 공정성을 확보하기 위한 차원에서 '비정부 공공기관(quasi-non-governmental organizaion: quango)'이라는 독특한 기관 형태를 택한 것으로 볼 수 있다. 이외에 오프컴이 미국 연방통신위원회나 우리나라 방송통신위원회와 같은 적극적인 공개를 통한 투명성 확보 노력을 보이지 않는다는 점도 유의할 필요가 있다. 오프컴은 이사회의 회의는 회의 결과를 요약한 자료 정도가 인터넷 홈페이지에 공개되는 정도에 그치고 있다.

영국 오프컴의 의의는 곳곳에 산재한 방송 및 통신 분야 관련 기관을 통합해 단일기관으로 했다는 점을 제외하면 기관 위상이나 형태상 우리나라와 직접적인 비교가 어려운 기관으로 평가된다.

제 2 절 프랑스

1 방송 분야 주무기관: 프랑스 방송위원회(CSA)

프랑스 방송위원회(Le Conseil superieur de l'audiovisuel: CSA)는 방송용 주파수 할당 및 관련 인·허가와 방송 내용에 대한 심의 업무까지 담당하는 합의제 기관이다. 1989년 현재의 체제로 정립되었다. 1981년 대통령선거에 당선되어 두 차례에 걸쳐 14년 동안 대통령에 재임했던 미테랑(François Mittèrrand) 대통령은 1981년 당시의 선거공약(110 Propositions pour la France) 중 하나로 프랑스 방송위원회 설립을 제시했고, 이를 두 번째 임기 중에 실현했다.

사회당을 이끌었던 미테랑이 프랑스 방송위원회를 설립한 것은 방송에 대한 정부의 통제를 완화하는 것과 맞물리는 것이었다. 미테랑 정부는 집권 이후 미디어 산업을 민영화하고, 불법적이지만 민주주의 발전을 위해 기여를 해오던 라디오 방송(Pirate radio)을 합법화하는 등 방송 분야에서 중앙정부의 통제를 대폭 줄이는 정책을 폈고, 필요한 규제를 담당하는 기관으로 합의제 기관을 신설했던 것이다. 1984년 첫 번째 민영방송인 Canal+의 허가를 시작으로 공영이었던 TF1을 1987년 민영화하는 등 일관된 정책을 폈다.

프랑스 방송위원회 위원은 9인으로 구성되는데 위원장을 포함한 3인은 대통령, 3인은 상원 의장, 나머지 3인은 하원 의장이 임명한다.

2 통신 분야 주무기관

1) 재정경제부

프랑스 재정경제부(Minister of Economy and Finance)는 통신 분야에 대한 거시적인 정책을 담당하는 정부 부처다. 재정경제부의 조직 중 '경쟁 산업서비스실(Directorate for competion, industry and services)', '공정 경쟁, 소비자보호실(Directorate for fair trade, consumer affairs and fraud control)' 등이 통신 분야 규제기관 아르셉(ARCEP: Autorite de regulation des communications electroniques et des postes, Electronic Communications and Postal Regulatory Authority)과 함께 통신 분야 정책을 수립, 시행한다.

2) 아르셉(ARCEP)

아르셉은 1997년 1월 5일 설립[5]된 ART(Autorite de regulation des telecommunications, Telecommunications Regulatory Authority)를 이은 통신 분야 주파수 할당 및 관련 규제기관이다. ART는 2005년 우편 업무가 추가[6]되어 아르셉(ARCEP)으로 확대 개편된 것이다. 2011년 1월 1일부터 우정사업은 민영화되었으며, 아르셉은 우편과 관련한 사업자 허가 등 규제 업무를 담당한다.

---

5) 프랑스 Law No. 96-659 on telecommunications regulation of 26 July 1996. *Journal Officiel(Official Gazette)* of 27 July 1996 참조.

6) 프랑스 Law No. 2005-516 on postal activity regulation, *Journal Officiel(Official Gazette)* of 21 May 2005 참조.

아르셉은 위원장을 포함한 7명으로 구성된 Executive Board가 이끄는 구조다. 위원장을 포함한 3인은 국무총리(Prime Minister)의 추천을 거쳐 대통령이 임명하고, 2인은 하원 의장, 나머지 2명은 상원 의장이 임명하며, 임기는 6연 단임제다. 사무총장(Director General)을 비롯한 사무처 직원들이 보좌한다.

아르셉은 정부부처와 분리된 독립기관 형태이지만, 거시적인 정책과 관련해서는 재정경제부와 정기적으로 협의하는 구조를 갖고 있다.

3 융합 분야 업무 처리

방송 분야와 통신 분야의 주무기관이 분리되어 있는 프랑스의 경우 양쪽 분야에 걸치는 융합 분야에 대한 규제를 처리하는 데는 양쪽 기관의 협력이 필수적으로 요구된다. 이에 따라 상호 관련 있는 정책과 규제 사안에 대해서는 철저한 협력 시스템을 갖춰 놓고 있다.

예를 들어 방송용으로 분류되어 프랑스 방송위원회(CSA)의 결정 사항인 608Mhz 대역에서 방송용이 아닌 보건의료 서비스 테스트를 위한 임시적인 할당을 추진했던 사항에 대해 아르셉(ARCEP)은 프랑스 방송위원회와 협의[7]를 거쳤다. 이와같이 융합 분야에 대해서는 두 기관이 공동 주무기관이 된다고 볼 수 있다.

4 분석평가

프랑스의 방송통신 분야 정책 및 규제 시스템의 특징은 무엇보다도 방송 분야와 통신 분야에 대해 다른 접근을 유지하고 있다는 점이다. 방송과 통신의 경우에는 사업 분야를 관통하는 기본적인 철학이 다르다는 입장을 유

7) 프랑스 아르셉(ARCEP), Annual Report 2010. p.50. 참조(www.arcep.fr/uploads/tx_gspublication/rapport-2010-anglais.pdf).

지하고 있는 것이다.

프랑스 체제의 문제점은 디지털화에 따라 주파수 용도를 바꿀 필요가 많아졌거나 융합 서비스의 신속한 도입이 요구되는 경우가 많아졌다는 데 있다. 이 경우 아르셉(ARCEP)과 프랑스 방송위원회(CSA)가 필수적인 협의 절차를 거쳐서 결정한다고는 하지만 쌍방 간에 원만한 합의를 얻기가 쉽지 않은 경우에 비효율의 문제가 발생할 수 있기 때문이다.

만약 이와 같은 협의가 필요한 경우마다 효율적이고 신속하게 이뤄질 수 있다면 방송 분야와 통신 분야 간 명확한 차이점이 드러나는 영역이 여전히 많다는 점에서 프랑스 체제의 우위가 인정될 수도 있을 것이다.

제 3 절 일본

1 일본 총무성 개요

일본의 방송통신정책과 규제를 담당하는 부처는 내각의 일원인 총무성(總務省, Ministry of Internal Affairs and Communications: MIC)이다. 총무성은 2001년 1월 6일 이뤄진 일본 정부의 직제 개편에 따라 자치성(自治省)과 우정성(郵政省), 그리고 총무청(總務廳)이 합쳐져 탄생한 부처다.

총무성은 방송과 통신정책 외에도 일본 정부의 인사, 행정평가 및 행정관리, 지방자치행정, 지방자치재정, 지방자치세, 통계, 우정사업, 소방재해, 선거관리 등의 업무를 관장하는 대형 정부 부처다.

2 총무성의 방송통신 담당 직제 현황

총무성의 조직 중 방송과 통신 분야를 담당하는 직제 현황[8]은 다음과 같다.

8) 일본 총무성 자료 참조(http://www.soumu.go.jp/menu_sosiki/index.html).

• 정보통신국제전략국(情報通信國際戰略局): 글로벌 ICT 전략, 방송통신 융합정책, 기술정책, 표준화 정책 및 국제 협력 정책 담당
• 정보유통행정국(情報流通行政局): 콘텐츠 유통정책, 차세대 소프트웨어 정책, 지역정보 개발정책, 방송의 디지털 전환정책, 방송정책 및 방송 기술 정책, 지상파 방송정책, 위성 및 국제방송 정책, 지역방송 정책, 우정사업 (민영화) 정책, 우편금융 정책 담당
• 총합통신기반국(總合通信基盤局): 전기통신사업 경쟁 촉진 정책, 주파수 정책, 차세대 네트워크 정책, 브로드밴드 정책, 통신 분야 소비자 보호정책, 유선통신 정책, 이동통신 정책, 전자파 규제정책 담당
• 정보통신정책연구소(情報通信政策研究所): 정보통신 정책 기초연구, 정보통신 분야 교육 담당

이와 같은 정규 직제 외에 방송 분야와 통신 분야 정책과 규제 업무에 대한 자문 기능을 수행하는 전기통신분쟁처리위원회(電氣通信紛爭處理委員會), 전파감리심의회(電波監理審議會), 정보통신심의회(情報通信審議會), 정보통신행정・우정행정심의회(情報通信行政・郵政行政審議會) 등의 위원회를 두고 있다.

3 분석평가

일본의 경우 독임제 관청이 방송정책을 총괄적으로 수행하는 데 대해 주목할 만한 논란이 존재하지 않는다. 이것은 정부의 기능에 대해 논란이 크지 않은 일본의 전통과 내각책임제 국가의 특성이 어우러진 결과라고 볼 수 있다. 국민의 직접선거에 의해 당선된 정치인이 내각을 구성하고 장관을 맡는 정치구조 하에서는 대체로 독임제 관청에 대한 논란이 적은 것을 볼 수 있다.

총무성이 방송과 통신정책 외에 선거관리 업무까지 수행하는 것도 흥미로운 부분이다. 우정성을 통합한 데서 알 수 있듯이 정부 직제의 효율성을

기하기 위한 것으로 평가되지만, 선거와 방송의 공정성과 연관성을 생각해 볼 때 검토의 여지가 있어 보인다.

총무성은 독임제 관청인 정부부처로서 방송과 통신을 총괄적으로 관할하는 주무기관이라는 데 의의가 있다. 디지털 시대의 방송통신 주무기관이 지녀야 할 가치 중 총괄적 기능 수행이라는 측면에서 높이 평가될 수 있는 부분이다.

제 9 장 맺음말

제 1 절 방송통신 분야 정책·규제기구가 갖춰야 할 원칙

1 의의

방송통신 분야에서 중앙(연방)정부 기관으로서 정책과 규제를 담당하는 세 나라 합의제 기관의 위상과 운영 방식 전반에 대해 살펴본 바와 같이, 합의제 기관으로서 공통된 특징과 각 나라의 행정환경과 역사적 경험을 반영한 각 나라의 특수성이 함께 드러나고 있음을 알 수 있다.

3개국의 방송통신 분야 주무기관의 운영 실태를 바탕으로 21세기 방송통신 분야 정부기관으로서 요구되는 기본적 가치에 어떻게 대처하고 있는지를 살펴보면 향후 바람직한 개선 방향도 가늠해 볼 수 있을 것이다.

2 방송통신 분야 정책·규제기구가 갖춰야 할 원칙

1) 공정성(투명성)

공정성(투명성)은 어느 특정 정부기관에게만 요구되는 원칙은 아니다. 국민이 주인인 민주주의 국가에서 모든 국가 정책은 국민에게 공개되고 동의를 구하는 절차가 필수적으로 요구되기 때문이다. 그럼에도 불구하고 방송통신 분야, 특히 방송 분야에서 요구되는 공정성과 투명성에 대한 사회적인 요구는 어떤 분야보다도 깊다. 그것은 방송이 민주주의 체제를 뒷받침하는 제1의 언론이라는 특징을 갖고 있기 때문이다.

방송은 민주적 여론 형성, 생활정보의 제공, 국민문화의 향상 등 공공적 역할을 수행하는 언론매체인 동시에 디지털 전송 기술과 결합되면서 21세기 가장 유망한 성장 분야가 되면서 산업적인 중요성도 날로 커지고 있다. 우리나라는 민주화와 경제 성장이 맞물리면서 건전한 사회 비판과 여론 형성 기능을 수행하는 언론매체로서 방송이 갖는 사회적 위상(김정태, 2010: 2)은 어느 나라보다 크지만, 캐나다나 미국의 경우에도 방송이 사회적으로 갖는 의미는 크게 다르지 않다.

공정성과 투명성을 확보하기 위해 세 기관은 각자의 행정환경과 법률을 충실히 따르고 있음을 볼 수 있다. 그 중 방송통신위원회와 미국 연방통신위원회(FCC)의 경우 공식회의를 거의 공개하고 있다. 회의 공개 자체가 그대로 정책과 규제의 투명성과 공정성으로 이어진다고는 할 수 없지만, 결정 과정과 근거는 물론 개별 위원의 입장까지 공개된다는 것은 사회적 비판을 감수하겠다는 뜻이고, 이는 곧 공정성과 투명성의 정도를 높이는 것으로 볼 수 있다.

캐나다 방송통신위원회(CRTC)가 회의를 공개하지 않는 전통을 지키는 것을 볼 수 있는데, 이는 올바른 의사결정을 위한 또 다른 노력이라는 점에서 주목할 필요가 있다. 캐나다 방송통신위원회는 일상적인 회의 공개 대신에 사업자 인·허가와 같은 기본적 행정 사항뿐만 아니라 '인터넷요금 종량제(UBB)', '수직 결합(vertical integration)'과 같은 일반 국민이나 시민단체의 관심 대상인 정책에 대해서는 대대적인 공청회를 열고 이를 완벽히 공개하는 모습을 보이는 등 '공정성'과 '투명성'을 위해 최선을 다하고 있는 모습이다.

캐나다 방송통신위원회가 택하고 있는 지역대표 상임위원과 이에 따른 13인의 상임위원 체제는 장·단점이 극명해 보이지만 공정성과 투명성 측면에서는 좋은 제도임에는 틀림없다. 합리적인 안건이 아니면 위원들 간의 합의 자체가 어렵기 때문에 정책 입안 과정이나 의결 과정이 매우 치밀하고 철저하게 준비되고 있음을 볼 수 있다.

2) 효율성

효율성은 변화하는 환경에 대응하기 위해 요구되는 가치다. 정책의 유연성이라고 표현[1]되기도 한다. 디지털 미디어가 급변하는 첨단 IT 기술에 기반을 두고 있기 때문에 정책·규제 시스템이 효율성을 갖출 필요성 또한 21세기형 정부기관으로서는 반드시 갖춰야 할 가치에 해당된다. 효율성 또는 유연성을 위해서는 정책결정의 절대적인 시간을 단축시키는 '신속성'이 필요하다는 점에서는 위원들 간의 합의를 거쳐야 하는 합의제 기관은 확실히 어려운 목표임에는 틀림없다. 그러나 궁극적인 효율성이란 어떤 정책결정에 따른 사후의 갈등비용과 이로 인한 번복과 지연까지 막아야 하는 것까지 생각한다면 합의제 기관이 반드시 불리하다고만 할 수는 없다.

사안에 따라서 '시간' 그 자체가 의미를 가질 수 있는 사안이 발생하고, 국가기관으로서 이러한 업무도 외면할 수 없다는 점에서 합의제 기관의 효율성 측면은 반드시 짚어볼 대목임에 틀림없다.

이와 같은 효율성을 위해 신속한 결정과 대응이 요구되는 분야의 일처리에서 비교될 수 있는 것은 사무처 간부와 위원(들)에 대한 위임의 내용과 방식이다.

---

1) 동아경제 2011년 12월 19일자 기사, "김동욱 KISDI 원장 "방통위보다 강하고 유연한 조직 고민해야" 기사 참조.

미국 연방통신위원회(FCC)는 위임의 근거를 법률에서 규정하고 있어 가장 명확하게 위임이 이뤄지고 있음을 볼 수 있다. 전체회의의 본질적인 권한을 침해하지 않는 범위에서 사무처 실장과 국장, 개별 위원들, 행정심판관 등에게 위임할 수 있는 사항을 규정해 두고 있다. 사무처 위임 외에 'by circulation'으로 불리는 서면회의도 효율성을 위한 회의체 운영에 해당한다. 상당수의 안건이 이와 같은 서면회의를 통해 처리되고 있다. 의사 정족수가 부족한 경우에도 필요한 경우에는 회의를 개최할 수 있도록 한 '위원이사회(Board of Commissioners)' 제도 역시 효율성을 기하기 위한 치밀함이 엿보이는 부분이다.

캐나다 방송통신위원회(CRTC)의 경우에도 다방면으로 효율성을 확보하고자 노력을 기울이고 있는 것을 볼 수 있다. 13인에 이르는 상임위원 및 지역에 근무하는 상임위원 중 본부에서 열리는 회의에 참석할 수 없는 위원들을 위해 완벽한 수준의 화상회의 시스템을 갖춰놓고 있다. 또 방송분과위원회(BCM)와 통신분과위원회(TCM)를 구분해 운영하고 있는 것도 캐나다 방송통신위원회가 경험을 축적해 온 독특한 시스템이다. 방송분과위원회는 독자적인 의사결정 권한을 갖기보다는 방송 분야의 현안 사항에 대해 전체회의 논의 이전에 쟁점 사항 점검이나 의견 조율에 초점을 맞추고 있다. 이와 달리 통신분과위원회는 상대적으로 처리하는 사안이 많고 신속한 결정이 요구되는 경우가 많아 「통신법」 등에서 처리가 위임된 사항에 대해 처리할 권한을 부여받고 있다. 이 역시 효율성을 기해 시의성 있는 정책을 추진하고자 하는 목적이 있는 것이다. 통신분과위원회는 수시로 회의를 갖기도 하지만 비교적 간단히 이해될 수 있는 분량의 안건(안건 설명이 3페이지를 넘기지 않는 경우) 전자 서면회의라고 할 수 있는 'WA (walk-around)'를 통해 신속한 의결을 내놓는다. 전자메일로 회람되는 안건에 대해 역시 메일로 승인 여부를 통보하는 방식이기 때문에 의결 절차가 매우 신속하게 이뤄지는 것이다.

방송통신위원회도 2011년 제2기 방송통신위원회가 출범한 이후 서면회의를 늘려 의안 상정 및 의결에 효율성을 높이기 위한 노력을 지속적으로 추진하고 있는 상태다. 그러나 이것은 회의의 형식만 다를 뿐 위원들의 합의 과정을 거쳐야 하는 데서는 본질적인 차이가 없다. 위임은 이와 같은 전체 위원들의 합의 과정을 생략하는 것이므로 효율성 측면에서는 높이 평가할 수 있으나, 법률 등에서 그 근거가 분명해야 한다. 미국과 같이 구체적인 사항에 대해 개별 위원이나 사무처 간부에 위임할 수 있는 근거를 법률로 신설하는 방안을 검토해 볼 필요가 있다. 또한 캐나다가 통신분과위원회를 설치해 통신 분야 안건을 차별화해 신속한 의사결정 시스템을 갖추고 있는 것도 참고가 될 수 있다. 예를 들어 현 방송통신위원회 체제를 유지하되 내부에 3인 정도로 통신분과위원회를 따로 설치하는 방안이 있을 수 있을 것이다.

3) 총괄적 직무 수행

방송과 통신은 주파수라는 자원을 이용한 서비스라는 공통점을 갖고 있어 태생적으로 유사성을 갖고 있는 분야이기 때문에 총괄적 직무 수행의 필요성도 오랜 역사를 갖고 있다. 미국 연방통신위원회(FCC)가 1934년도에 이미 현 체제를 갖췄다는 사실은 이를 상징적으로 보여 주는 것이다.

디지털 기술의 발전에 따라 방송과 통신은 더욱 융합되어 가는 양상을 띠고 있어 정부의 주무기관도 융합 추세는 불가피한 것이었다. 2008년 방송통신위원회의 출범은 그런 필요성에 대한 해법으로 나온 것이었다. 사업영역에서의 통합 추세에 이어 드디어 정부 기능도 완전한 융합 체제를 갖춘 것이다. 방송통신위원회 출범 4년이 지난 지금 다시 분리하자거나, 정보통신부를 부활해야 한다는 논리가 등장하고 있지만, 어렵게 이룬 기능의 통합을 다시 잘라놓는다는 것은 결고 쉽지 않은 일이라 생각된다. 이것은 통합된 기능을 수행하는 조직이 여전히 합의제 기구여야 하는지, 독임제 관청으로 바뀌어야 하는 것인지와는 다른 사안이다.

총괄적 기능 수행이라는 측면에서 방송통신위원회는 다른 두 기관에 비해 앞서간 측면이 있다. 방송과 통신의 융합이라는 목표에 걸맞게 방송통신 분야 정책, 인·허가와 함께 또 다른 전통적이고 핵심적인 정부 기능인 주파수 관리정책도 방송통신위원회가 수행하고 있다. 이에 따라 방송통신 분야의 어떠한 정책 이슈에 대해서도 총괄적인 접근이 가능한 상황이 주어져 있다. 미국 연방통신위원회(FCC) 역시 총괄적인 기능을 수행하는 데 무리가 없는 권한과 직무를 가지고 있다. 그러나 주파수 관리정책의 경우 '정부가 사용하는 주파수'에 대한 정책 권한을 미국 연방통신정보관리청(NTIA)과 분담하는 것을 볼 수 있다. 방송통신위원회 수준의 총괄적인 기능과는 조금 거리가 있는 것이다. 캐나다 방송통신위원회(CRTC)의 경우에는 주파수 관리 기능이 산업부 소관으로 정해져 있다. 주파수 할당에 따른 사업자 인·허가와 관리 감독은 캐나다 방송통신위원회의 소관 사항이지만, 상위 정책이라고 할 수 있는 주파수 할당정책은 산업부 장관이 갖는 것이다. 캐나다 방송통신위원회가 통신 분야에 대해 통신 법령에 따라 방대한 권한을 행사하고 있지만, 주파수 관리 기능을 갖고 있지 않아 총괄적인 기능 수행 측면에서는 부족한 부분이 있다.

전체적으로 방송통신위원회가 정보통신부와 방송위원회의 통합을 그 기초로 하고 있기 때문에 총괄적인 업무 수행 체계 측면에서는 가장 앞서 있다. 방송정책과 규제, 통신 서비스 정책과 규제 업무에 주파수 정책과 규제를 총괄적으로 수행하는 체제를 갖추고 있는 것이다. 방송통신위원회가 미국 연방통신위원회(FCC)나 캐나다 방송통신위원회(CRTC)에 비해 많은 인력을 갖고 있는 것은 주파수 정책권을 갖고 있기 때문이다. 주파수 정책 및 관리 업무와 직접 연결되어 있는 중앙전파관리소와 국립전파연구원이 소속기관으로 존재하기 때문이다. 이와 같은 총괄적 기능은 방송통신 융합 정책기구를 만들게 된 핵심 사유이기도 하기 때문에 방송통신위원회 체제가 갖고 있는 강점[2]이라고 볼 수 있다.

---

2) 캐나다의 경우 주파수 정책 권한이 산업부(Industry Canada)와 국방부(Defence)가 분담하고 있고, 캐나다 방송통신위원회(CRTC)가 주파수를 제외한 통신사업자 정책과 규제를 담당하는 구조다. 부처 간 또는 기관 간 갈등 양상은 우리나라와 많이 다르기는 하지만, 기능상의 분리에 따른 의견차는 어쩔 수 없이 발생한다. 캐나다 방송통신위원회는 산업부의 주파수 관할권을 이관받아야 한다는 입장을 갖고 있지만, 이를 공개적으로 주장하거나 논의하는 일은 거의 없다. 행정문화 자체가 우리나라와는 많이 다르고, 또 두 기관 간에 전문가(technician)들은 업무상 교류뿐만 아니라 지속적으로 인사 교류도 이뤄지고 있기 때문이다.

4) 독립성

방송통신 주무기관이 독립성을 가져야 한다는 것은 정치적 균형, 공정성과 연결되는 가치다. 방송이 하나의 산업이기도 하지만 뉴스 보도 및 논평해설 기능을 갖고 있는 방송 채널인 경우에는 영향력 제1의 언론기관이기도 하기 때문이다. 현대 민주주의 국가에서 방송이 여론 형성 기능에 기여하는 정도는 매우 크다.

이에 따라 방송에 대한 정부정책과 규제를 결정하고 집행해야 하는 방송통신 주무기관이 국회, 대통령(대통령이 지휘하는 행정부) 등으로부터 어느 정도 독립성을 유지해야 할 필요성이 인정된다. 합의제 기구를 채택하는 주된 이유 중의 하나가 바로 독립성 때문이기도 하다.

방송통신위원회의 경우 대통령 직속기관이라는 법률상의 지위를 갖고 있기 때문에 일반 행정 사항에 대해서는 대통령의 지휘를 받지만 '위원의 직무 수행'에 대해서는 독립성이 보장되어 있다. 즉, 위원은 직무를 수행할 때 외부의 부당한 지시나 간섭을 받지 않도록 규정하고 있다. 위원장을 포함한 위원들의 임기가 보장되는 것도 독임제 관청과의 차이점이다. 방송통신위원은 3년의 임기가 보장되며, 장기간 심신장애로 인해 직무를 수행할 수 없게 된 경우, 결격 사유에 해당되는 경우 또는 직무상의 의무를 위반하거나 소관 직무와 관련해 부당한 이득을 취하지 않은 경우 외에는 임기 전에 해임할 수 없다.

한편 위원들에게는 정치활동 금지와 겸직 금지 의무도 부과[3]된다. 국회 여당과 야당의 협의에 의한 추천제도가 있지만 정치활동을 금지하는 것이다. 이것이 지나치거나 혹은 현실가능성이 없는 금지라는 견해도 있지만 방송통신위원회의 독립성 보장을 위해 반드시 필요하다는 의견이 더 우세하다. 방송통신위원회의 독립성을 위해 이와 같은 자세한 규정을 두고 있는 것은 한국이 유일하다. 그만큼 독립성에 대한 사회적 요구가 크다고 볼 수 있다.

---

3) 「방송통신위원회의 설치 및 운영에 관한 법률」 제9조 참조.

미국 연방통신위원회(FCC)는 기관 위상 자체가 독립규제위원회로 되어 있으므로, 우리나라에서와 같은 대통령 직속기관을 놓고 벌어지는 사회적 논쟁이 없다. 대통령에 대한 업무 보고와 같은 화젯거리가 없으며, 위원장과 대통령 간의 만남이나 관계가 이슈가 되는 일도 없다. 대통령이 위원장을 임명하게 되므로 개인적인 친분이 있는 경우 만남이 추정될 수 있으나 공개되는 일이 없고 그 자체가 일반인의 관심 사항이 되거나 취재 대상이 되는 일이 없는 것이다. 이는 야당 추천 위원의 경우에도 마찬가지다. 소속 정당을 공개적으로 밝히는 만큼 정치적인 행위를 예상해 볼 수 있으나 그러한 행위 자체가 이슈가 되는 일은 거의 없다. 그러나 사업자와의 관계에서는 미국 연방통신위원회(FCC) 위원직을 퇴직한 이후 방송통신 관계 업종의 회사에 임원으로 취임하는 사례가 있었다. 이러한 부분은 적어도 제도적인 측면에서는 방송통신위원회 체제가 앞서는 부분이라고 평가된다.

캐나다 방송통신위원회(CRTC)도 미국식 독립규제위원회와 유사한 위상을 갖고 있다. 그러나 의원내각제 국가인 만큼 그 운영에서 약간의 차이를 보인다. 즉, 위원들의 독립된 의사결정을 기본적으로 존중하지만 내각(cabinet)[4]이 정책 방향(direction)을 명령할 수 있다. 미리 정해진 사안에 대한 정책을 전달[5]할 수도 있지만, 그렇지 않은 중요 현안 사항에 대해서도 내각이 재검토를 지시하는 일도 벌어진다. 2011년 큰 이슈가 되었던 '인터넷요금 종량제(UBB)'에 대한 정책이 그런 예다. 이 사안은 캐나다 방송통신위원회의 애초 결정이 수정된 사항으로서 내각과 의회가 개입한 사안이다. 이에 대해 캐나다 방송통신위원회 위원장[6]은 잘못된 결정이 계속되는 것보다는 개입을 통해 올바른 정책결정을 할 수 있게 된 것이기에 바람직한 시스템이라고 밝힌 바 있다. 이와 같은 내각의 개입 가능성을 열어둔

4) 캐나다 법률상의 권한은 'Governor in Council' 즉 총독에게 주어져 있지만, 총독이 구체적인 실권을 행사하지는 않는 관행에 따라 내각(Cabinet)과 내각수반(수상)이 권한을 행사하게 된다.

5) 내각(Governor in council)이 지시한 사항은 기록으로 남긴다.

6) The Globe and Mail 2011년 11월 30일자, "CRTC head, once at odds with cabinet, lauds its directives" 기사 참조.

것이 독립성 측면을 침해하는 것은 분명해 보이지만, 그것이 내각책임제 국가 특유의 합리성 원칙에서 나온 것이라면 호불호 평가를 내리기는 쉽지 않아 보인다.

제 2 절 방송통신위원회 체제 개선 방향에 관한 제언

1 방송통신위원회 심결 과정 및 운영에 관한 사항

1) 서면회의와 위임의 확대

효율성과 시의성을 확보하기 위한 차원에서 서면회의와 위임을 확대하는 것은 좋은 방안이 될 것이다. 위원들 간의 합의가 우선 이뤄져야 하겠지만, 캐나다 방송통신위원회의 방송분과소위원회(BCSC)와 통신분과위원회(TCM)에서 채택하고 있는 'WA(walk-around)'처럼 설명문이 짧은 안건에 대해서는 전자서류, 전자우편으로 승인 여부를 통보하는 약식회의는 참고가 될 수 있다.

위임에 대해서는 근거를 좀 더 분명히 할 필요가 있다. 미국 연방통신위원회(FCC)와 같이 법률에서 사무처 간부에 대한 위임 사항과 근거까지 규정하는 것도 한 가지 방법이다. 법률 개정에까지 이르기가 쉽지 않은 현실을 고려할 때 가능한 한 사안을 분류해 정기적이고 예측 가능한 사안들을 묶어 위원회 의결로 위임 여부를 의결해 공표, 시행하는 방안도 있을 수 있다. 위임에서의 요체는 법률에서 합의제 기관인 위원회에 권한을 부여한 사항일 경우에는 위원들의 본질적인 권한을 침해하지 않아야 한다는 점이다. 현재 위임에 대한 뚜렷한 근거가 없기 때문에 사안에 따라서는 위원장 훈령으로 이뤄지는 사무 처리에 관한 위임전결이 위원들의 정책 및 규제 심의 의결권의 범위를 넘나들 소지도 없지 않다. 따라서 장기적으로는 법률에 위임의 근거와 대상을 규정하는 방안이 갈등의 요소를 없애는 방법이 될 것이다. 그 이전의 경우에는 필요하다면 항목별·사안별 개념화를 통해 위임 의결을 하는 방안을 검토할 수 있을 것이다.

2) 법률 전문 인력의 활용 개선

적극적인 행정을 뒷받침하기 위한 법률 전문 인력의 역할은 앞으로도 더욱 커질 것으로 예상된다. 행정기관의 정책결정과 조치에 대한 사전과 사후에 발생하는 법률자문 수요에 대처하기 위한 좀 더 치밀한 대책이 요구된다.

방송통신위원회의 경우에도 안건 상정 시 법률자문 의견을 첨부하는 경우가 상당수 존재하는데 이때 법률자문 의견을 내부 변호사가 제시하는 경우보다 외부 법률자문회사에 의뢰하는 경우도 다수 발생한다. 법무부에서 파견된 법률자문관이 있지만 1~2인으로서 안건에 대한 자문을 상시적으로 수행할 수 있는 인력구조가 아니다.

미국과 캐나다의 경우 법무실(General Counsel)이 별도의 직제로 구성되어 법률적 검토를 전담하고 있다. 이들 국가의 경우에도 사후에 소송이 제기되면 소송 수행을 외부 법률회사에 맡길 수는 있지만, 안건 상정 등 어떤 정책이나 규제를 논의하는 과정에서는 내부 법무실이 전담하는 형태를 취하고 있는 것이다. 안건에 대한 법률적 검토를 외부 법률회사가 맡느냐 내부 변호사가 맡느냐가 자문의 질과 수준에 어떠한 차이가 있는지를 일률적으로 말하기는 쉽지 않지만, 국가기관으로서 행정 정보의 보안 유지와 공정성을 유지하는 데에는 가능하다면 내부 법무 인력이 담당하는 것이 더 낫다는 것은 부인하기 어렵다.

미국이나 캐나다와 같이 안건 상정 과정에서 요청되는 법률자문 업무를 내부 변호사가 수행하기 위해서는 법무실과 같은 별도의 조직 운영과 변호사 증원이 필요할 수도 있다. 구조적인 문제이지만, 내부 변호사들의 경력이 거의 대부분 3~5년차로서 내부 업무 전반에 대해 맥락을 짚기가 어려운 경우도 많다는 점은 큰 장애물이 될 수 있다. 이러한 경향이 법무실을 별도로 만든다고 해서 금방 해결될 수 있는 사안이 아니기 때문이다. 캐나다 방송통신위원회(CRTC)의 경우 모두는 아니지만 수십 년을 내부 변호사 직원으로 근무하고 퇴직하는 사례가 끊이지 않는다. 내부 법률자문의 질적 향상을 위해 신·구 변호사가 조화를 이루고 있어야 하는데, 우리나라 행정부에서는 이러한 사례를 찾기 어렵다.

인력 채용과 활용의 문제는 방송통신위원회만이 아니라 전체 중앙정부 차원에서 개선되어야 할 사항이기 때문에 한계가 있는 일이다. 그러나 한정된 조건이지만 내부 직원으로 근무하는 변호사를 어떻게 활용할지는 개선의 여지가 있을 것이다. 외부 비밀 유지가 요구되는 정책 사안에 대해서는 내부 변호사군이 법률적 검토를 진행하는 구조를 강화하는 등, 우리나라 현실을 반영한 개선 방안을 검토할 필요가 있다.

3) 위원 보좌 기능 개선

방송통신 주무기관의 위원 보좌관 수가 몇 명이 적정한지에 대해서는 일률적인 기준이 있는 것은 아니다. 국민의 돈인 국가 예산을 쓰는 중앙정부 기관인 만큼 무조건 인력을 늘리는 것도 바람직한 것이 아니기 때문이다. 이 연구에서 비교 대상이 된 3개 기관을 놓고 봐도 정답이 드러나지는 않는다. 미국 연방통신위원회(FCC)의 경우 위원장은 8명(chief of staff, senior couselor, chief counsel and senior legal advisor, legal advisor 2인, confidential assistant, special assistant, special counsel for FCC Reform)의 보좌를 받고 있고, 다른 상임위원들도 legal advisor와 confidential advisor는 필수요원으로 하여 위원에 따라 4인에서 6인의 보좌진으로부터 업무 수행과 관련한 보좌를 받고 있다. 캐나다 방송통신위원회(CRTC)의 경우에는 13인의 상임위원이 있는 만큼 개인별 보좌진을 별도로 운용할 수 있는 조건이 아니다. 정책 보좌를 담당하는 전담 직원이 배치되어 있지 않으며, 회의에 안건 상정을 하는 경우 위원들의 질문이나 보충 설명에 대응하는 형태다.

방송통신위원회의 경우 현재로서는 미국과 캐나다의 중간 정도의 보좌진이 있는 형태다. 업무 지원 기능을 하는 직원 1인과 정책 보좌 성격으로 사무관급 이상의 직원 1인이 배치되어 있다. 공무원 직급상 차관급인 위원들의 지위상 정책 보좌 성격의 인력을 1인 이상 두지 않는 것이 정부 내 차관들의 관행인 만큼 이 점도 방송통신위원회 독자적인 결정 사항은 아닌 것이다.

인력 운용이 가능하다는 전제 하에서의 일이지만 방송통신위원회의 관할 업무와 범위상 방송 분야와 통신 분야를 구분 없이 자료를 검토해 정책 결정을 해야 하는 위원들의 직무 내용상 보좌진을 최소 2명은 두어야 할 것으로 보인다. 그것은 단순 논리상 방송 분야 안건과 통신 분야 안건에 대한 심도 있는 자문을 위한 최소한의 조건이 될 수 있다. 미국 연방통신위원회(FCC) 위원들과 같이 위원 자신의 전문 분야를 고려해 보좌진의 전문 분야는 재량을 갖고 선택해 운용하도록 한다면 방송통신위원회의 안건 심의에서 전문성의 정도가 업그레이드될 것으로 생각된다. 그러나 보좌진 숫자가 많다고 모든 문제가 해결된다는 것이 아닌 점은 미국 연방통신위원회에서 개별 위원의 요구에 대한 사무처 실, 국의 보좌문제가 나온 것에서 잘 알 수 있다. 한국적 상황을 감안한 관행 정립이 우선 필요한 부분이다.

4) 분과위원회 운영

현행 방송통신위원회 체제를 유지하는 경우 법률의 위임으로 분과위원회를 구성, 운영하는 것은 방송과 통신 분야의 각각의 특성을 살리면서 융합의 취지를 살릴 수 있는 방안이 될 수 있다고 본다.

분과위원회 운영의 기본 취지는 캐나다 방송통신위원회(CRTC)의 사례에서 찾을 수 있다. 캐나다는 통신분과위원회와 방송분과위원회를 운영하고 있는데, 상대적으로 안건이 간단하고 신속한 결정이 요구되는 통신분과위원회는 상당한 재량권을 부여받고 결정 권한을 행사하는 반면, 방송분과위원회는 좀 더 심층적인 논의를 위해 전체회의에 올라가기 전에 점검 및 조율 과정에 치중하고 있다. 언론을 다루는 정책 분야인 만큼 신중한 접근을 꾀하는 것이다.

우리나라의 경우에 방송 분야에 쏟아지는 정치적·사회적·문화적 관심도를 고려할 때 전체회의 사항으로 계속 유지하되, 통신 분야의 안건은 분과위원회를 설치하고 일정 사항을 위임하는 경우 '효율성'을 제고할 수 있을 것으로 본다. 위임과 관련한 분석에서 살펴보았듯이 분과위원회 운영과 일정 사항 위임을 위해서는 법률을 개정해 근거 규정을 마련하는 것이 바람직하다. 캐나다 「방송통신위원회 설치법」에서는 하위 법령(by-laws)으로 분과위원회 설치 근거를 규정하고 있다.

5) 위원 임기 차등화

합의제 기관은 다수의 위원들이 회의를 거쳐 정책과 규제를 결정하기 때문에 관련 법규와 과거의 관행과 역사에 대한 깊은 인식이 공유되어야 한다. 그렇지 않으면 다수결에 의지해 졸속 결정이 내려지거나, 불필요한 마찰과 논쟁으로 인해 효율적인 운영이 불가능해질 수 있다. 이를 방지하기 위한 방안의 하나로 위원들의 임기를 차등화하는 방안을 도입할 필요가 있다.

합의제 기관으로 오랜 역사를 가진 미국 연방통신위원회(FCC)와 캐나다 방송통신위원회(CRTC)의 경우 위원들의 임기를 각각 달리하도록 운영되어 오고 있는 점에 주목할 필요가 있다. 미국의 경우에는 5명의 위원이 1년에 1명씩 새로 임명되는 관행이 오랫동안 지켜지고 있다. 위원이 연임하는 경우도 비교적 많기 때문에 위원회 전체의 효율성과 업무의 연속성 확립에 큰 문제가 나타날 우려가 없다. 캐나다의 경우에도 13명의 위원이 있지만 일시에 위원 전원이 교체되는 일은 일어날 수가 없다. 일률적으로 정해진 것은 아니지만 위원들의 임기 만료일이 다르게 운영되어 오고 있기 때문이다.

이에 비해 우리나라의 경우에는 위원들의 임명 일자와 만료일이 통일되어 있기 때문에 대거 교체를 마치 염두해 둔 것 같은 느낌마저 들게 한다. 실제로 방송위원회의 경우 3년 임기의 위원들이 세 차례 임명되었는데, 1명을 제외하고 연임된 사례가 없었다. 이에 따라 위원들이 새로 임명되면 과거에 있었던 사례나 결정 과정에 대해 파악하는 과정이 오래 걸렸던 것으로 기억된다. 현행 방송통신위원회의 경우 2011년 제2기 위원회가 구성되었는데 위원장과 제1기에서 보궐위원으로 임명된 1인이 연임되어 그러한 문제점이 크게 드러나지 않았지만 여전히 다수인 3인의 위원이 일시에 임기 만료되고 새로운 위원이 일시에 임명되는 관행은 사라지지 않았다.

위원 임기 만료일에 차등을 두는 일은 어떻게 보면 지극히 실무적인 관점에서 임명권자와 추천권자의 교감이 이뤄질 수 있는 부분이라고 판단되므로, 차기 위원 임명 시부터는 위원들의 임기 만료일을 차등화해 업무의 연속성과 효율성을 제고하는 것이 바람직해 보인다.

2 방송통신위원회 개편(정부직제 개편)에 관한 사항

1) 의의

현재의 방송통신위원회 체제는 길게 보면 우리나라 정부 수립 이후 60년, 짧게 봐도 1998년 이후 근 15년간의 수없는 토론회는 물론 때로는 격한 투쟁의 결과물이다. 이 논쟁에는 정부간 대립과 타협은 물론 수많은 방송인과 언론인, 언론학자, 법학자가 다방면으로 참여했다. 정부 주무기관의 직제 개편을 포함한 방송정책, 규제와 관련한 이슈는 국회에서 여야 간 주된 대립 사유의 핵심 부분이 되어 왔고, 지금도 언제든 뜨거운 주제가 될 가능성은 너무나 크다. 지금까지 축적된 역사와 수많은 논쟁의 그림자들은 현재의 방송통신위원회 체재가 단순하게 치부할 대상이 아님을 말해 준다.

정치 지형이 바뀔 때마다 방송통신 정책 담당 기관 또는 기관장(장관 또는 위원장)의 공과에 대해서는 격한 논쟁이 벌어졌던 역사도 우리가 너무나 잘 아는 점이다. 한때 우리나라가 국제사회에 내세우고 있는 슬로건 '다이내믹 코리아(dynamic Korea)'처럼 사회 각 분야가 역동적으로 움직이고 있고, 방송통신 분야는 그 중에서도 더욱 역동성의 정도가 심한 분야임을 생각해 볼 때, 방송통신 분야에 쏟아졌던 사회적 관심과 논쟁은 앞으로도 당분간 지속되리라는 점은 쉽게 예상할 수 있다.

2008년 이명박 정부의 정부조직 개편의 요체는 방송통신위원회의 출범과 정보통신부, 과학기술부의 폐지였다. 최근 들어 방송통신위원회 체제의 개편 또는 사라졌던 부처의 '부활'을 언급하는 주장이 심심치 않게 들리는 것[7])은 방송통신 분야 정책 및 규제 기능을 놓고 격렬한 논쟁이 예고되고 있다.

방송통신위원회 개편을 놓고 구체적인 의견은 누구든 다를 수 있지만 방송통신 주무기관이 지켜야 할 기본 원칙 내지 가치와 연계한 논의가 요구된다. 이와 같은 관점에서 기구 개편과 관련한 사항을 짚어보기로 한다.

2) 방송과 통신에 대한 통합기구형과 분리기구형

방송과 통신 분야의 정부 주무기관이 두 분야를 총괄적으로 관리해야 하는지, 분리되어야 하는지에 대한 근본적인 판단이 우선 필요하다. 이 사항은 현재의 방송통신위원회 체제를 구성할 때와 그 이전부터 수없이 논의되었던 사항이지만, 최근 나타나는 정부조직 개편 의견들은 이 부분에 대한 철학이나 의견이 어떤지 분명하게 드러나지 않아 다시금 논쟁이 재연될 가능성도 점쳐진다.

우리나라에서도 통합기구에 대한 논의는 오래전부터 시작된 사안이었다. 1999년 2월 방송개혁위원회의 최종보고서에서도 한시적으로 분리 유지형 규제 시스템을 채택하되 궁극적으로 통합기구인 방송통신위원회를 설치한다[8])는 것을 공식으로 채택했었다. 그러한 논의가 현재의 방송통신위원회 체제로 이어졌다는 평가도 가능하다.

현재의 방송통신위원회는 통합기구형이 바람직하다는 대전제 하에 정보통신부와 방송위원회를 하나의 기관으로 통합한 것이다. 방송통신위원회의 체제가 합의제 기관이기 때문에 방송위원회와 차이점이 제대로 드러나지 않는 듯한 현상도 나타나지만 두 기관은 본질적인 직무의 차이가 있는 것[9])

---

7) 연합뉴스 2011년 11월 20일자, "내년 대선 앞두고 정통부・과기부 부활론 솔솔" 기사 참조.
8) 방송개혁위원회(위원장 강원룡), 방송개혁의 방향과 과제, p.29.
9) 방송통신위원회가 통신 업무에 소홀히 하고 '방송' 업무에 집중한다는 비판 의견도 있다. 이 문제는 또 다른 차원에서 다뤄져야 할 문제다. 실제로 통신 업무를 소홀히 한 것인지 아니면 정상적인 직무 수행이지만 인식상의 문제인 것인지에 대해 각자 의견이 다를 수 있을 것이다.

이다.

방송과 통신주무기관이 통합기구형어야 하는지 아닌지에 대해서는 늘 외국과의 비교 대상이 되기도 한다. 우리나라와 비교할 만한 위치에 있는 나라들 중, 미국의 연방통신위원회(FCC), 캐나다의 방송통신위원회(CRTC), 영국의 오프컴(OFCOM), 일본의 총무성 등 대체로 통합기구형을 선택하고 있다.

오랜 기간 동안 모두가 통합기구형을 말해 왔기 때문에 통합기구의 문제점이 부각된 적은 사실상 많지 않았다. 최근 나타나는 방송통신위원회 체제에 대한 문제점 지적을 보면 통합기구형이 내재적으로 갖고 있는 것들이라 할 수 있다. 통합기구 설치 자체만으로 방송과 통신이 갖고 있던 성격 자체가 변하는 것은 아니므로 방송은 방송대로 특성을 살리기가 어렵고 통신 분야는 통신 분야대로 과거와 같은 신속한 움직임이 불가능해졌다는 비판이 나올 수 있는 것이다. 그러나 한편으로 분리되어 있을 때의 갈등 상황으로 인한 정책 추진의 지연이나 비효율에 대한 끊임없었던 비판도 잊혀져서는 안 될 사항이다.

분리기구형은 방송과 통신에 대해 분리된 규제 시스템을 적용하는 체제를 말하는데, 2008년 이전 우리나라가 그랬고 외국의 사례는 프랑스가 그렇다. 프랑스는 오랫동안 통신 분야 정책과 규제는 아르셉(ARCEP)이 방송 분야 정책과 규제는 프랑스 방송위원회(CSA)가 정책과 규제 업무를 담당하고 있으며, 이를 통합해야 한다는 논의에 전혀 적극적이지 않다. 프랑스의 관련 정책 담당자들은 1990년대 후반이나 지금이나 방송 분야와 통신 분야는 철학(philosophy)이 다른 분야라는 점을 강조해 오고 있다. 방송통신 융합 시대라고 해서 반드시 하나로 통합되어야 할 이유는 없다고 보며, 방송과 통신은 기본적인 존재 가치와 철학의 차이가 있다는 것이다.

방송과 통신 분야의 주무기관이 여전히 하나여야 하는지 두 개여야 하는지는 결국 방송통신 주무기관의 가치 중 '효율성'과 관련이 있다. 현재와 미래의 방송통신 및 양자의 융합환경의 진행 양상을 조건으로 상정해 둘 때, 효율성 측면에서는 통합기관형에 조금 더 나은 점수를 줄 수 있다. 두 분야를 관장하는 기관이 다시 분리되었을 때, N-스크린을 포함해 앞으로 등장할 제4세대 서비스들을 놓고 법적 성격 규정을 놓고 정부기관 간 끊임없는 논란이 재발될 가능성은 충분히 예상해 볼 수 있기 때문이다. 같은 기관 내에서 다른 방식으로 문제 해결에 접근하는 것이 분리기관형보다 효율적이라는 데 큰 이견이 있을 수 없다.

3) 합의제 기구와 독임제 관청

방송통신위원회를 포함한 정부조직 개편이 이뤄진다면 합의제 기관을 그대로 유지할지, 새로운 독임제 관청을 설립할 것인지도 핵심 논의 사항이 될 수밖에 없다.

합의제 기구와 독임제 관청은 방송통신 주무기관이 갖춰야 할 가치 중 '투명성'과 '공정성' 및 '효율성'과 깊은 관련이 있다. 법제도적인 측면에서 본다면 합의제 기구는 합의제 기구대로, 독임제 관청은 독임제 관청대로 취약점에 대해서는 보완이 가능하기 때문에 쾌도난마식의 장단점 비교는 무리가 따를 수 있다. 그러나 태생적 특성상 양쪽의 태생적인 부분은 보완이 불가능하기 때문에 일정 정도의 비교는 불가피할 것이다.

투명성과 공정성 측면에서는 합의제 기관이 우위에 있다. 우선 권한을 갖는 기관 자체가 다수의 위원으로 구성되는 만큼 기관 구성 시부터 다양성이 반영되는 것이다. 또한 '회의'를 거쳐 결정되는 것이 기본이므로 그 과정과 논의 과정은 어떤 형태로든 공개가 될 수밖에 없기 때문에 투명성은 자연스럽게 확보된다. 그 투명성이 그대로 공정성으로 이어지는지에 대해서는 논란이 있을 것이다. 그러나 투명성과 공정성 간의 일정 정도의 상관관계는 쉽게 예상할 수 있기 때문에 이 부분 또한 합의제 기관에 우위가 있음을 인정할 수 있다.

효율성 측면에서는 독임제 관청이 우위에 있다. 합의제 기관이 위원 구성에서 정치성이 반영되기 때문에 어떤 식으로든 합의가 전제되지 않을 경우 정책 추진 자체가 어려워진다. 신속한 결정이 필요한 성격의 일이라면 더욱 독임제 관청이 유리할 수 있다.

결국 합의제 기관이냐 독임제 관청이냐는 이와 같은 장단점에 따른 선택의 문제라고 보여진다. 또한 어느 기관 형태를 선택하든 장·단점에 대한 보완이 필요하다. 합의제 기관인 경우에는 효율성을 위해 위임과 서면회의의 범위를 확대하는 것이 필요하고, 독임제 관청인 경우에는 정책결정의 투명성과 공정성을 위해 여러 단계의 자문과 공개제도가 별도로 필요할 것이다. 우리나라의 경우에는 특히 방송 분야에서 합의제에 대한 사회적 요구가 강했고 그것이 정착된 지 10여 년을 헤아리기 때문에 만약 독임제 관청으로 정책권이 돌아가기 위해서는 더 많은 논의가 필요할 것으로 보인다.

이와 같은 합의제 기관과 독임제 관청에 대한 논의에서는 투명성과 공정성, 효율성이라는 기본 가치를 두고 논의가 이뤄져야 한다. 그런 관점에서 보면 합의제 기관이기 때문에 진흥정책을 담당할 수 없다거나, 또 독임제 관청이기 때문에 독단적인 결정만 있을 것이라는 것도 지나친 단순 논리가 될 수 있다.

부록 1

방송통신위원회 회의 운영에 관한 규칙

제정 2008. 4. 25. 방송통신위원회 규칙 제2008- 1호
개정 2010. 1. 20. 방송통신위원회 규칙 제2010-15호

제1장 총 칙

제1조(목적) 이 규칙은 「방송통신위원회의 설치 및 운영에 관한 법률」 (이하 "법"이라 한다) 제13조 제6항 · 같은 법 시행령 제5조 제6항 및 제6조 제4항의 규정에 따라 방송통신위원회(이하 "위원회"라 한다)의 회의 운영 및 위원회에 두는 전문위원회 · 특별위원회의 구성과 운영 등에 필요한 세부 사항을 정함을 목적으로 한다.

제2조(적용 범위) 위원회의 회의 운영 및 위원회에 두는 전문위원회 · 특별위원회의 구성과 운영 등에 관하여는 법률 · 대통령령 또는 다른 규칙 등에 특별한 규정이 있는 경우를 제외하고는 이 규칙이 정하는 바에 따른다.

제2장 위원회 회의의 운영

제3조(회의의 소집 등) ① 위원회 위원장(이하 "위원장"이라 한다)은 위원회의 회의를 소집하고 그 의장이 된다.

② 위원회의 회의는 위원장이 필요하다고 인정하는 때 또는 위원회 위원(이하 "위원"이라 한다) 2인 이상의 요구가 있을 때 소집한다.

③ 위원장이 회의를 소집하고자 할 때에는 회의일시 · 장소 및 상정 안건을 정하여 회의 개최 2일 이전에 각 위원에게 통지하여야 한다. 다만, 긴급을 요하거나 그 밖에 부득이한 사유가 있는 경우에는 그러하지 아니하다.

제4조(의결 정족수) 위원회의 회의는 재적 위원 과반수의 찬성으로 의결한다.

제5조(위원장의 직무대행 등) ① 위원장은 위원회를 대표하며, 위원회의 업무를 통할한다.

② 위원장이 부득이한 사유로 직무를 수행할 수 없을 때에는 위원회 부위원장, 위원 중 연장자 순으로 각각 그 직무를 대행한다.

③ 위원장은 위원회 사무 처리에 관하여 위원 또는 소속 공무원에게 위임하여 처리하게 할 수 있다.

제6조(위원회의 간사) ① 위원회에 상정할 안건의 조정·배부, 회의록 작성 등의 업무를 처리하기 위하여 위원회에 간사를 둔다.

② 간사는 의안조정팀장으로 한다.

③ 간사는 회의 개최의 예정을 명확하게 하기 위하여 의사일정표를 작성하고 위원장의 결재를 받아 이를 각 위원 및 해당과 · 팀에 배포한다.

제7조(안건의 구분 등) ① 위원회 회의에 상정할 안건은 심의 · 의결 안건, 보고 안건으로 구분하되, 각각 별지 제1호 서식, 별지 제2호 서식에 따라 작성한다.

② 심의 · 의결 안건은 법 제12조 제1항의 각 호에 해당하는 사항에 관한 심의 · 의결을 요하는 안건을 말한다.

③ 보고 안건은 제2항 이외의 안건을 말한다.

제8조(의견 진술) ① 위원회는 심의 · 의결을 하기 위해 필요하다고 인정한 때에는 관계자 등에게 안건에 관한 의견을 진술하게 할 수 있다. 이 경우 회의의 일시 · 장소 · 상정 사항을 회의 개최 5일 이전까지 서면으로 통지하여야 한다. 다만, 긴급을 요하거나 그 밖에 부득이한 사유가 있는 경우에는 그러하지 아니하다.

② 관계자 등이 법인 또는 단체인 경우에는 임원, 대리인 그 밖에 위원장의 허가를 받은 자가 법인 또는 단체를 대리하여 참석할 수 있다.

③ 제1항에 따른 통지를 받아 회의에 참석한 관계자 등은 위원장의 허가를 얻어 참고 의견을 진술하거나 필요한 자료를 제출할 수 있다.

제9조(회의의 공개) ① 위원회의 회의는 공개를 원칙으로 한다. 다만, 제의 안건이 다음 각 호의 어느 하나에 해당하는 경우에는 공개하지 아니할 수 있다.

1. 공개하는 경우 국가 안전보장을 해할 우려가 있는 경우
2. 법령에 의하여 비밀로 분류되거나 공개가 제한된 사항
3. 개인 · 법인 및 그 밖의 단체의 명예를 훼손하거나 정당한 이익을 해할 우려가 있다고 인정되는 사항
4. 감사 · 감독 · 검사 · 규제 · 입찰계약 · 인사관리 · 의사결정 과정 또는 내부 검토 과정에 있는 사항 등으로 공개될 경우 공정한 업무 수행에 현저한 지장을 초래할 우려가 있는 사항
5. 그 밖에 공익상 필요가 있는 등 위원회에서 공개하는 것이 적절하지 않은 상당한 이유가 있는 경우

② 위원장은 위원회 회의 일시, 장소, 의제, 제의 안건이 제1항의 단서에 의한 비공개 사항에 해당하는지 여부 등을 정하여 회의 개최 1일 전까지 위원회 홈페이지를 통해 공표한다. 다만, 부득이한 사유가 있는 경우에는 그러하지 아니하다.

③ 제2항에 따른 상정 안건별 비공개 사항 해당 여부는 위원회 의결로 확정한다.

제10조(회의의 방청) ① 위원회의 공개되는 회의를 방청하고자 하는 사람은 회의 개최 12시간 전까지 별지 제3호 서식의 신청서를 제출하여 위원장의 허가를 받아야 한다. 다만, 정당한 이유가 있다고 위원장이 인정하는 경우에는 그러하지 아니하다.

② 위원장은 회의의 질서 유지를 위하여 필요한 때에는 방청인 수 및 방청의 방법을 제한할 수 있다.

③ 위원장은 방청인이 회의 진행 및 회의장 질서 유지에 방해가 되거나 될 우려가 있다고 판단

하는 경우 퇴장을 명할 수 있다.

제11조(언론 보도를 위한 녹음 등의 허가) 회의 시작 전에 언론 보도를 목적으로 회의장 안에서 녹음·녹화·촬영·중계방송 등의 행위를 하고자 하는 사람은 별지 제4호 서식의 신청서를 작성하여 위원장의 허가를 받아야 한다.

제12조(심의·의결서의 작성 등) ① 해당 안건 과·팀장은 해당 안건이 심의·의결되어 그 심의·의결서 작성이 필요한 경우 심의·의결이 결정된 날부터 30일 이내에 그 심의·의결서를 작성하여야 한다. 다만, 부득이한 사유로 인하여 작성 기간의 연장이 필요한 경우에는 위원장의 허가를 받아야 한다.

② 제1항의 심의·의결서는 별지 제5호 서식에 따라 작성하고, 심의·의결에 참가한 위원이 날인하거나 서명하여야 한다.

제13조(심의·의결서의 경정 등) ① 위원회는 심의·의결서에 오산, 오기, 그 밖에 이에 유사한 오류가 있는 것이 명백한 때에는 당사자 등의 신청 또는 직권으로 경정 결정을 할 수 있다.

② 경정 결정은 심의·의결서 등의 원본과 정본에 부기하여야 한다. 다만, 기존 정본에 부기할 수 없는 때에는 새로운 정본을 작성하여 당사자 등에게 송달하여야 한다.

제14조(서면 결의) ① 위원회는 제7조 제2항에 따른 심의·의결 안건 중 다음 각 호의 어느 하나에 해당하는 경우에는 일정한 기한을 정하여 서면으로 심의·의결할 수 있다.

1. 토론을 요하지 아니하는 일상적·반복적 안건이나 경미한 안건으로서 사전에 위원회에서 서면 결의 대상으로 의결한 경우
2. 긴급하게 처리할 필요가 있는 등 부득이한 사정이 있는 경우

② 서면 결의 안건은 위원장이 서면 결의 취지를 명시하여 제의한다. 다만, 위원이 서면 결의에 반대하는 의사를 표시한 경우에는 그러하지 아니하다.

③ 서면 심의·의결의 경우에는 제1항에 따른 기한이 종료한 날 위원회의 회의를 개최한 것으로 본다.

제14조의1(서면보고) ① 위원회는 제7조 제3항에 따른 보고 안건 중 토론을 요하지 아니하거나 긴급하게 처리할 필요가 있는 등 부득이한 사정이 있는 경우에는 일정한 기한을 정하여 서면으로 접수할 수 있다.

② 제1항 이외에 서면보고에 관련된 사항은 제14조 제2항 및 제3항의 서면 결의에 관한 규정을 준용한다.

제15조(정보통신 기술을 통한 회의 참석) ① 위원은 국내·외 출장이나 그 밖의 부득이한 사유로 회의에 직접 출석이 불가능한 경우에는 전화·컴퓨터·영상통신 등 정보통신 기술을 이용하여 회의에 출석(이하 "원격 회의 출석"이라 한다)할 수 있다. 이 경우 원격 회의 출석의 의사를 미리 위원장에게 통지하여야 한다.

② 제1항에 따른 원격 회의 출석을 통한 발언 및 표결은 직접 회의에 출석하여 한 발언 및 표결과 같은 효력을 가진다.

제16조(의결일) 의결일은 위원회의 회의 또는 제14조에 따른 서면 결의에 의하여 합의가 이루어진 날을 말한다.

제17조(회의록 등의 작성) ① 간사는 위원회 회의에 관하여 다음 각 호의 사항을 기재한 속기록을

작성하여야 한다.

1. 회의 개회·정회와 폐회의 일시
2. 회의 장소
3. 출석 위원·결석 위원 및 참여자의 성명
4. 회의 사항
5. 기타 필요하다고 인정되는 사항

② 위원장은 제재를 위한 합의 과정 등 속기하기 적절하지 않다고 판단할 경우 위원들 간의 합의를 거쳐 비공개로 진행하고 속기록을 작성하지 아니할 수 있다.

③ 간사는 제1항의 규정에 의하여 작성한 속기록을 근거로 별지 제6호 서식에 따라 주요 내용을 요약한 회의록을 작성하여야 한다.

제18조(회의록 등의 정정) 간사는 다음 각 호의 어느 하나에 해당하는 경우 위원 발언의 자구를 정정할 수 있다. 그러나 발언의 취지를 변경할 수 없다.

1. 법조문·숫자 등을 착오로 잘못 발언한 경우
2. 특정한 어휘를 유사한 어휘로 변경해야 하는 경우
3. 간단한 선후 문구를 변경해야 하는 경우
4. 기록의 착오가 있는 경우

제19조(회의록 등의 확인 등) ① 회의록과 속기록은 차기 회의에 보고하여야 한다. 다만, 검토에 상당한 시일이 소요되는 등 불가피한 경우에는 그러하지 아니하다.

② 위원장은 발언 위원이 자구의 정정을 요청하는 경우 상당한 사유가 있는지를 확인한 후 위원회의 동의를 얻어 그 내용을 정정할 수 있다.

제20조(회의록 등의 공개) ① 회의록은 위원회의 확인 절차가 끝난 후 위원회 홈페이지 게재 등을 통해 공개한다.

② 제9조 제1항 각 호의 어느 하나에 해당하는 사항의 회의록은 공개하지 아니한다. 다만, 위원장은 비공개 사유가 소멸되었거나, 공익상 필요하다고 인정되는 경우에는 공개할 수 있다.

③ 속기록은 비공개로 한다. 단, 국회·감사원·사법기관 등에서 관련 법률에 의한 적법한 절차를 통해 요구하는 경우 위원회는 의결을 거친 후 제출하여야 한다.

④ 위원회는 제3항 단서에 따라 속기록 제출을 의결할 때 심의 중에 있거나 공익상 필요한 경우 속기록의 제출 시기·방법 등을 조정하는 단서를 부가할 수 있다.

제21조(회의록의 보존) 회의록은 회의 차수별로 분류하여 영구 보존한다.

제 3 장 전문위원회·특별위원회

제22조(전문위원회의 구성) ① 위원회는 소관사무에 관하여 실무적인 자문이나 심의·의결 사항에 관한 사전 검토를 위하여 위원회에 전문위원회를 둘 수 있다.

② 전문위원회는 위원장 1인을 포함한 15명 이내의 위원으로 구성한다.

③ 전문위원회의 위원은 방송·통신에 관한 학식과 경험이 풍부한 자 중에서 위원회의 동의를 얻어 위원장이 위촉한다.

④ 전문위원회 위원장은 위원장이 전문위원회 위원 중에서 지명하며, 전문위원회 위원장이 사고로 직무를 수행할 수 없을 때에는 위원장이 지명하는 전문위원회 위원이 그 직무를 대행한다.

⑤ 전문위원회 위원의 임기는 2년으로 한다. 다만, 사고로 인하여 결원이 생긴 경우 새로 위촉된 전문위원회 위원의 임기는 전임자의 잔임 기간으로 한다.

제23조(전문위원회의 운영 등) ① 전문위원회 회의는 전문위원회 위원장이 필요하다고 인정하거나 위원장 또는 전문위원회 재적 위원 3분의 1 이상의 요구가 있는 때에 전문위원회 위원장이 소집한다.

② 전문위원회의 회의는 재적 위원 과반수의 출석으로 개의하고, 출석 위원 과반수의 찬성으로 의결한다.

③ 전문위원회 위원의 제척·기피·회피에 관하여는 법 제14조를 준용한다. 이 경우 "위원"은 "전문위원회 위원"으로 본다.

④ 위원회는 전문위원회 위원에게 수당과 여비, 기타 실비를 예산의 범위 내에서 지급할 수 있다.

제24조(특별위원회의 구성) ① 위원회는 위원회로부터 위임받은 사무의 효율적 수행을 위하여 위원회에 특별위원회를 둘 수 있다.

② 위원회는 특별위원회를 두는 경우 소관사무와 존속 기간을 특정한다.

③ 특별위원회는 위원장 1인을 포함한 20명 이내의 위원으로 구성한다.

④ 특별위원회 위원은 위임받은 사무의 효율적 수행에 적합한 전문가 등으로 위원회의 동의를 얻어 위원장이 위촉한다.

⑤ 특별위원회 위원장은 위원장이 특별위원회 위원 중에서 지명하며, 특별위원회 위원장이 사고로 직무를 수행할 수 없을 때에는 위원장이 지명하는 특별위원회 위원이 그 직무를 대행한다.

제25조(특별위원회의 운영 등) ① 특별위원회 회의는 특별위원회 위원장이 필요하다고 인정하거나 위원장 또는 특별위원회 재적 위원 3분의 1 이상의 요구가 있는 때에 특별위원회 위원장이 소집한다.

② 특별위원회의 회의는 재적 위원 과반수의 출석으로 개의하고, 출석 위원 과반수의 찬성으로 의결한다.

③ 특별위원회 위원의 제척·기피·회피에 관하여는 법 제14조를 준용한다. 이 경우 "위원"은 "특별위원회 위원"으로 본다.

④ 위원회는 특별위원회 위원에게 수당과 여비, 기타 실비를 예산의 범위 내에서 지급할 수 있다.

제26조(위원회 회의의 운영의 준용) 전문위원회, 특별위원회 운영에 있어 필요한 경우 "제2장 위원회 회의의 운영"의 각 규정을 준용할 수 있다.

부 칙 <제1호, 2008.4.25.>

이 규칙은 2008년 4월 25일부터 시행한다.

부 칙 <제15호, 2010.1.20.>

이 규칙은 공고한 날부터 시행한다.

부록 2

미국 연방통신위원회 관련 법률

(Title 47--Telecommunication, Chapter I--Federal Communications Commission) 중 위임과 회의 관련 규정 및 편면적 의견 진술 규정

PART 0--COMMISSION ORGANIZATION

Subpart B - 권한의 위임

총 칙

제0.201조 총칙

(a) 개정된 1934년 통신법의 제5조 (c)항에 따라 위원회가 분류한 위임의 세 가지 기본 범주가 있다.

(1)청문회가 없는 문제와 절차를 처리하기 위한 위임. 대다수의 경우 사무국장 및 위원회의 여타 직원의 구성원들이 이 범주의 위임의 대상이 된다. 개별 위원 및 위원들의 이사회나 소위원회를 대상으로 하는 위임 또한 이 범주에 포함된다.

(2) 청문회 절차에서 중간 판정 문제(interlocutory matters)를 판정하기 위한 위임. 이 범주의 위임은 수석 행정법 판사가 위임의 대상이 된다.

(a)항 (2)호에 대한 주: 수석 행정법 판사에게 위임되지 않은 중간 판정 문제는 청문회의 과정과 그 시행을 지휘하는 주재관의 직권으로 주재하는 관리에 의하여 판정된다. 이 권한은 통신법 제5조 (c)항에 따른 권한의 위임으로부터가 아니라, 행정절차법 제7조와 통신법 제409조로부터 나온 것이다.(제0.218조 및 제0.341조 참조를 참조하라)

(3) 1차 결정을 심사하기 위한 위임; 이 범주의 위임은 개별 위원, 위원들의 패널이 위임의 대상이 된다.

(b) 본 소절에서 위임은 본 조의 (a)항에 열거된 범주에 따라 배치되지 않고, 이러한 권한을 위임받은 사람, 패널 또는 이사회를 표시한 제목 아래에 배치된다.

(c) 청문 절차에서 중간 변론의 서류 제출 및 처분에 관계된 절차는 본 장의 제1.291조부터 제1.298조에 기술되어 있다. 청문회 주재관의 판정의 항소에 관계된 절차는 제1.301조에 기술되어 있다. 주재관의 판정에 대한 재의와 관계된 절차는 제1.303조에 기술되어 있다. 위임된 권한에 따라 취해진 조치에 대한 재의 및 심사 절차는 제1.101조, 제1.102조, 제1.104조, 제1.106조, 제

1.113조, 제1.115조 및 제1.117조에 기술되어 있다. 1차 결정에 대한 예외에 관계된 절차는 제1.276조부터 제1.279조에 기술되어 있다.

(d) 당시에 주재한 사무실 구성원의 과반수의 표결에 의해, 위원회는 규칙이나 명령 둘 중 하나에 의해 그 기능을 위임할 수 있고, 이러한 규칙이나 명령을 언제든지 개정, 변경 및 폐지할 수 있다.

(1) 계속적이거나 반복적인 성격의 기능은 규칙에 의해 위임된다. 이러한 규칙은 연방 관보에 게재되고 본 소절에도 포함된다.

(2) 특정한 문제 또는 절차와 관계되어 있는 기능은 명령에 의해 위임된다. 이러한 명령은 연방 관보에 게재되고 당해 문제나 소송의 기록에 결합되지만, 이러한 명령이나 이러한 명령에 의한 위임의 언급은 본 소절에 포함되어 있지 않다.

제0.203조 기능을 위임받은 사람, 패널 또는 이사회의 권한

(a) 기능을 위임받은 사람, 패널 또는 이사회는 그 기능에 관해, 위원회에 대해 법에 의해 주어진 모든 관할권, 힘 및 권한을 가지게 되며, 동일한 의무와 책무의 대상이다.

(b) 본 장의 제1.102조에 규정된 경우를 제외하고는, 위임된 권한에 따라 취해진 모든 조치는 동등한 힘과 효력을 가지며, 위원회의 조치와 동일한 방식으로 취해지고, 입증되며, 집행된다.

제0.204조 위임된 권한의 행사

(a) 명령을 발부하고 통신을 시작할 권한. 본 소절에서 권한이 위임된 모든 관리(또는 관리의)는 그러한 권한에 따른 명령(판정, 결정 또는 기타 조치문서 포함)을 발부할 권한이 위임되고, 본 소절 또는 본 장의 A소절 하에 당해 관리가 책임을 지고 있는 모든 문제에 관해 일반적인 통신을 시작할 권한이 위임된다.

(b) 하급 관리의 권한. 본 조의 (a)항에 따라 명령을 발부하거나 통신을 시작하도록 모든 관리에게 위임된 권한은 당해 관리 또는 그를 대리하는 적절한 하급 관리에 의해 행사될 수 있다.

(c) 서명

(1) 위원회, 이사회나 패널이 내리는 다른 명령은 그 기관을 식별하고 사무처장이 서명한다.

(2) 명령에 서명할 때, 사무처장은 위원회의 직인을 찍는다.

(3) 위원회나 이사회의 일반적인 서신은 위원회나 이사회의 의장에 의해 서명된다.

(4) 다른 모든 명령 및 편지는 그 내용을 최종으로 승인하는 관리에 의해 서명된다.

(5) 인가를 발행하는 사무국 또는 사무실의 적절한 관리의 서명을 요하는 인가 서식은 예외로 하고, 인가 서식은 위원회의 직인만을 가진다.

(d) 명령 유형. 명령은 적절한 어떠한 유형으로도 발부될 수 있고 (예를 들어, 캡션이 달린 명령, 편지, 전보) 또한 적합하다면 구두로도 발부될 수 있다. 구두로 발행된 명령이 실행 가능하다면 신속하게 서면으로 확인되어야 한다.

(e) 의사록 등재. 본 소절에서 달리 규정되는 경우를 제외하고, 본 조의 (d)항에 규정된 대로 취해진 조치는 서면으로 기록되어 위원회의 공식 의사록에 보관되어야 한다.

위원(Commissioners)

제0.211조 위원장

위원회 내부 업무의 일반적인 행정에 대한 책임이 위원회의 위원장에게 위임된다. 위원장은 이 권한을 위임받아 취한 자신의 조치에 관해 위원회에게 고지하여야 한다. 이 권한은 다음을 포함한다:

(a) 위원장이 최종 조치를 취할 수 있는 일상적 성격의 조치

(b) 정책 결정과 관련되어 있지 않은 비일상적 성격의 조치. 위원장은 이러한 문제에 대해 최종 조치를 할 수 있으나 이러한 조치에 대해 위원회에게 명확히 알려야 한다.

(c) 중요한 성격의 조치나 정책 결정과 관련되어 있는 조치. 이러한 문제에서 위원장은 위원회에 대한 발표안을 개발할 수 있다.

(d) 손해액이 5,000달러를 초과하지 않는 경우 위원회를 상대로 한 불법행위청구에 대해, 개정된 연방불법행위청구법, 28 U.S.C. 2672의 범위 내에서 행동하기

(e) 연방조달규정 및 연방관리회람에 의해 요구되는 행정적 결정을 위해 "기관의 수장" 또는 "기관장"으로 행동할 권한

(f) 1996년 채무징수개선법, Public Laws 104-134, 110 Stat.1321,1358(1996)(DCIA)에 따른 모든 행정적 결정을 위한 "기관의 수장" 또는 "기관장"으로 행동할 권한.

제0.212조 위원 이사회(Board of Commissioners)

(a) 위원회의 위원장이나 위원장 대행이 위원회의 정족수가 출석치 않았거나 채울 수 없다고 결정할 때마다 언제나, 그는 위원회 이사회를 소집할 수 있다. 이 이사회는 출석하여 조치를 취할 수 있는 모든 위원으로 구성되어야 한다.

(b) 위원 이사회는 다음의 경우를 제외하고, 통상적으로 전원 참석 위원회가 처리하는 모든 문제에 관해 처리할 수 있는 권한이 부여된다:

(1) 위원회의 정족수가 모이기를 기다리면 공익에 해가 될 것이라는 이사회의 판정이 있는 경우를 제외한, 모든 사법적 청문회 절차 또는 조사를 위한 청문회 절차의 본안이나 규칙 제정 절차의 본안에 대한 최종 결정.

(2) 위원회 조치의 재의 신청(petition).

(3) 위임된 권한에 따라 취해진 조치의 심사 신청(application).

(c) 위원 이사회는 통상적으로 각 개별 위원이 처리하는 모든 문제나(개별 위원이나 그의 대리인이 참석치 않았거나 활동할 수 없을 때), 소위원회가 처리하는 모든 문제(위원회의 정족수 부족 시)를 처리할 권한이 부여된다.

(d) 위원 이사회가 취한 조치는 전원참석 위원회가 취한 조치와 같은 방식으로 기록된다.

(e) 본 조는 위원회가 Washington, DC에 소재한 사무실에서 기능을 수행하지 못하는 상황에서는 적용하지 않는다. 제0.181조 - 제0.186조 및 제0.381조 - 제0.387조를 참조하라.

제0.218조 개별 위원 또는 위원들의 권한과 그들에게 위임된 권한

(a) 하나 또는 그 이상 위원회의 구성원은 청문 절차를 주재하도록 지정될 수 있다. 그러한 청문회

를 주재하도록 지정된 위원이나 위원들은 그 청문회의 시간과 장소를 정하고, 모든 청구(motion), 신청(petition), 또는 절차가 청문회 단계에 있는 동안 일어날 수 있는 기타 문제들을 처리한다.

(b) 하나 또는 그 이상의 위원회의 구성원이 어떠한 청문회 사건에서라도 내려진 1차 결정을 심사하도록 지정될 수 있다.

(c) 청문회 과정 동안 취해진 조치 및 그의 기록에 근거한 조치를 제외하고, 본 조에 따라 위원이나 위원들이 취한 조치는 서면으로 기록되어 위원회의 공식 의사록에 보관된다.

Subpart F - 회의 절차

제0.601조 정의

본 조에서:

(a) "기관"이라는 용어는 다음을 의미한다:

(1) 위원회

(2) 위원 이사회(제0.212조 참조)

(3) 통신위원회(제0.215조 참조), 그리고

(4) 임시 또는 상시로 위원회를 대리하여 조치를 취할 수 있는 권한을 갖는, 위원회가 장차 수립할 위원들의 여타의 그룹.

(b) "회의"라는 용어는 심의를 하여 공식 기관 업무에 대한 공동 수행 또는 처분을 결정하거나 야기하는 경우에, 정족수를 갖춘 위원회, 위원 이사회, 또는 정족수를 갖춘 소위원회에 의한 심의를 의미하며, 이 용어는 7일 미만의 공고일로 회의를 고시할 것인지 여부, 또는 회의를 공개 또는 비공개로 열 것인지의 여부에 대한 결정은 포함하지 않는다. (이 용어는 전화 회의도 포함하는 반면, 각각 위원의 개별적인 위원회 업무 검토는 포함하지 않는다.) 본 소절에서는 회의의 어젠다에 대한 각 안건들을 회의 또는 회의의 일부로 간주한다.

제0.602조 공개회의(open meeting)

(a) 모든 회의는 본 소절의 규정들에 따라 시행된다.

(b) 제0.603조에 규정된 경우를 제외하고, 모든 회의의 모든 부분은 일반인에게 참관되어야 한다. 여기서 참관이라 함은 방청인에 의한 참여 또는 방해행위를 포함하는 것은 아니며, 그러한 행위를 행한 자는 회의에서 퇴장시킨다.

(c) 공개회의를 참관할 수 있는 공공의 권리가 본 장에 수록된 청구와 변론 그리고 기타 문서의 제출과 관련된 규칙에 영향을 주지 않는다. 변론이 본 장의 여타 절차상의 요건에 합치하지 않는 한, 일반적으로 공개회의에서의 코멘트 또는 토론에 기반을 둔 변론은 공식 기록에 포함되지 않으며, 고려의 대상이 되지 않으며, 이로 인하여 위원회가 추가적인 조치를 취하지 않는다.

(d) 회의 중에 행해진 심의, 토론, 코멘트 또는 논평은 그 자체만으로 위원회의 조치를 구성하지 않는다. 위원의 코멘트는 토론을 목적으로 개진된 것일 수 있으며 위원의 최종 입장을 반영해서는 안 된다.

제0.603조 공공에게 회의를 비공개로 하는 근거

공공의 이익을 위해 회의가 공개될 필요가 있다고 기관이 판단한 경우를 제외하고는, 기관이 공개 회의 또는 회의 관련 정보의 공개가 다음을 야기할 가능성이 높은 경우, 다른 상황이라면 제0.605조에 따라 공공에게 공개될 수 있었을 기관 또는 자문위원회의 회의 및 그러한 회의와 관련된 정보를 공공에 공개하지 않는다:

(a) 다음과 같은 자료를 공개하게 되는 경우: (1) 행정명령에 의해 수립된 기준에 따라 국가 방위 또는 외교 정책의 이익을 위해 비밀이 유지될 것이 구체적으로 허가된 자료와 (2) 그러한 행정명령에 따라 실제로 적법하게 기밀로 분류된 자료(제0.457조 (a)항 참조);

(b) 오로지 기관 내의 인사 규칙 및 업무와 관련된 경우(제0.457조 (b)항 참조);

(c) (정보자유법, 5 U.S.C. 552를 제외한) 법 조항에 따라 구체적으로 그 공개가 면제된 자료를 공개하는 경우. 그러나, 그러한 법 조항이 (1) 사안에 대한 공개 제한을 결정할 때 전혀 재량의 여지가 없을 것을 요구하거나, 또는 (2) 공개를 제한할 때 구체적인 기준을 수립했거나 공개를 제한하는 특정 유형의 문제들을 지시했을 것을 전제로 한다(제0.457조 (c)항 참조);

(d) 면책특권이 부여되었거나 기밀로 분류되어 있는 특정인으로부터 입수한 영업 비밀과 상업적 또는 재정적 정보를 공개하는 경우(제0.457조 (d)항 참조);

(e) 특정인을 범죄자로 고발하거나 또는 공식적으로 비난하는 경우;

(f) 정보를 공개하는 것이 개인 사생활에 대한 부당한 침해를 구성할 것이 명백한 개인적인 정보를 공개하는 경우

(g) 법률 집행의 목적을 위해 수집된 수사 자료의 공개 또는 문서화될 경우 그러한 자료에 포함될 것인 정보를 공개하는 경우, 단 그러한 기록이나 정보의 공개가 (1) 법률 집행을 방해하거나, (2) 개인으로부터 공정한 재판 또는 불편부당한 판결을 받을 권리를 박탈하게 되는 경우나, (3) 부당하게 개인 사생활의 침해를 야기하는 경우, (4) 기밀 정보원의 신분을 공개하고, 범죄 수사의 과정에서 형법 집행 당국 또는 적법한 국가안보 관련 정보 수사를 수행하는 기관에 의해 수집된 정보의 경우에는, 기밀 정보원에 의해서만 제공될 수 있는 기밀 정보를 공개하는 경우, (5) 수사의 기술 및 절차를 공개하는 경우, (6) 법률 집행인의 생명과 신체적 안녕을 위협하게 되는 경우;

(h) 금융기관을 규제하고 감독할 책임이 있는 기관이 직접, 또는 그 기관을 대리하여, 또는 그 기관이 사용할 목적으로 작성한 조사, 운용 또는 상태 보고에 포함된 또는 이와 관련된 정보의 공개;

(i) 너무 이르게 공개하면 제안된 기관의 조치를 시행하는 것에 상당한 혼선을 초래할 가능성이 큰 정보를 공개하는 경우, 단 해당 기관이 이미 공개된 조치의 내용 또는 성격에 대해 공공에 공개를 했거나, 그러한 제안에 대해 기관이 최종 조치를 취하기 전에 기관이 자체적으로 정보를 공개하도록 법에서 요구하는 경우는 제외한다; 또는

(j) 해당 기관의 소환장 발부, 민사소송 또는 절차에의 참여, 외국 법원 또는 국제재판소 또는 중재재판소에서의 조치, 5 U.S.C. 554에 명시된 절차에 따르는 또는 기타 청문회를 가진 후 기록에 대한 판정을 내리는 기관의 공식적 판결의 특정 사건에 대한 기관에 의한 개시, 수행 또는 처분과 특히 관련이 있는 경우.

제0.605조 회의 고시 절차

(a) 모든 공개와 비공개 회의는 공지된다.

(b) 회의 공지는 고시가 되는 날 또는 그 이전에 연방 관보에 게재되기 위해 제출한다. 그 사본은 고시 당일 날 언론 및 뉴스매체분과에서 입수할 수 있다. 그 사본은 위원회 절차에서 공공을 대표하는 것에 관심을 보여 준 특정 개인 또는 단체에 우송되는 "FCC 조치 경보(FCC Actions Alert)"에 첨부된다.

(c) (1) 기관의 직원이 회의를 공공에 공개해야 한다고 결정한다면, 기관은 회의 최소 일주일 전에 서면으로 회의의 시간, 장소, 회의의 안건, 그 회의가 공공에 공개된다는 사실, 회의에 관한 정보에 대한 문의에 응답하기로 지정된 언론 및 뉴스매체분과의 기관장 성명과 전화번호를 고시한다.

(2) 기관 직원이 회의를 공공에 공개하지 않기로 결정한다면, 이를 법률자문에게 회부하며, 법률자문은 회의를 공공에 공개하지 않을 법적 근거가 있음(또는 없음)을 인증한다. 법률자문의 조치에 이어, 안건은 회의의 비공개 문제를 표결하기 위해 기관으로 회부된다.

(d) (1) 만일 회의를 비공개로 할 것인지의 문제가 고려되고는 있으나, 표결에는 붙여지지 않은 경우, 기관은 회의로부터 최소한 일주일 전에 서면으로 장소, 시간, 회의의 안건, 그 회의가 공공에 공개된다는 사실, 언론 및 뉴스매체분과의 기관장 성명과 전화번호를 고시한다.

(2) 만일 표결이 이루어졌다면, 기관은 표결 후 하루 이내에 동일한 고시에 표결에 참여한 각 위원의 표결을 공개한다.

(3) 회의를 비공개로 하기로 표결에서 결정되면, 위원회는 그 고시에 적용 가능한 제0.603조의 조항과 위원회 직원과 그들의 소속을 포함한 회의에 참석할 예정인 사람의 목록을 포함한 조치에 대한 정식 서면 설명을 제공해야 한다. 위원과 그 보좌관, 법률자문, 집행국장, 언론 및 뉴스매체분과의 기관장, 그리고 사무처장은 모든 위원회 회의에 참여가 예상된다. 담당 사무국 또는 사무실의 기관장과 분과의 기관장은 그들의 책임과 관련된 회의에 참여할 것이 예상된다 (본 장의 A절 참조).

(4) 비공개 회의일 경우, 만일 그 공개로 인해 제0.603조에 열거된 어느 한 가지의 결과를 초래할 가능성이 높다고 판단되는 경우, 그 경우에 한해 일반적으로는 고시에 포함되는 정보를 고시에서 제외할 수 있다.

(e) 기관의 신속 정확한 업무 수행을 위해 회의의 고시일로부터 일주일 이내에 또는 고시하기 이전에 회의를 열 필요가 있는 경우, 기관은 현실적으로 가능한 가장 빠른 시일 내에 회의를 고시한다. 다른 정보들 외에도, 고시에는 공고 후 7일이 되기 전에 회의를 열기로 하는 결정에 참여한 각 기관 구성원의 표결과 그 결정의 상세한 이유를 포함해야 한다.

(f) 회의 고시 후, 시간이나 장소가 변경되거나 회의가 취소된 경우, 기관은 최대한 빠른 시간 내에 그 변경 사항을 고시해야 한다.

(g) 회의의 안건이나, 회의의 공개 또는 비공개 여부가 변경된 경우, 기관은 최대한 빠른 시간 내에 그 변경 사항과, 각 구성원의 표결을 공공에 고시한다. 고시에는 기관의 업무상 변경을 요하며, 더 빨리 고시를 하는 것이 불가능했다는 내용이 담겨 있어야 한다.

제0.606조 회의를 공공에게 비공개로 하는 절차

(a) 제0.603조에 따라 비공개로 하는 모든 회의에 대해서 법률자문은 회의를 공공에게 공개하지 않을 법적 근거가 있음을 인증하고 제0.603조의 관련 규정을 제시한다. 기관의 직원은 안건이 회의 비공개에 대한 표결을 위해 기관에 회부되기 전에, 인증을 위해 법률자문에게 회부해야 한다. 인증서는 사무처장실 내의 공공 파일에 보관된다.

(b) 기관은 다음의 경우에 회의의 비공개 결정을 표결에 붙인다.

(1) 기관의 어느 한 구성원이 표결할 것을 요청한 경우;

(2) 직원이 회의의 비공개를 권고하고, 기관의 한 구성원이 표결을 요청한 경우;

(3) 회의에 의해 이해관계에 직접적인 영향을 받을 수 있는 개인이 제0.603조 (e)항, (f)항 또는 (g)항에 열거된 이유를 근거로 회의의 비공개를 요청하거나, 누구라도 비공개 회의를 공개할 것을 요청하고, 기관의 한 구성원이 표결을 요청한 경우. (이러한 요청은 회의가 있기 전에 언제라도 사무처장에게 제출할 수 있으며, 회의를 공개 또는 비공개하는 근거를 간략하게 제시해야 한다. 회의가 열리기 전에 그러한 요청이 위원회의 검토에 이르도록 보장하기 위해, 그 요청은 최대한 빠른 시간 내에 제출해야 하며, 직접 또는 전화를 통해 사무처장의 관심을 확실히 유도해야 한다. 요청의 사본을 기관의 구성원과 법률자문에게 제출하면 도움이 될 것이다. 그러나, 이러한 요청으로 인해 회의 개최가 정지되는 것은 아니다.)

(c) 기관 구성원 전원의 다수결에 의해서만 제0.603조에 따라 회의를 공공에게 비공개한다. 각 참여 위원의 표결은 기록이 된다. 어떠한 위원도 대리로 표결할 수는 없다.

(d) 회의를 비공개로 하거나, 회의 공고에서 정보를 제외하기 전에는 언제나 별도의 표결이 있어야 한다. 만약 각 회의가 동일한 특정 사안과 관련이 있으며, 첫 번째 회의 후 20일 이내에 모든 회의가 열리는 경우에는, 공공에게 공개하지 않고자 하는 일련의 회의와 그러한 일련의 회의에 관련된 정보를 단 한 번의 표결로 결정할 수 있다.(회의 공개 여부와 정보 삭제 여부가 모두 제시된 경우에는 각 문제마다 표결을 따로 한다.)

(e) 기관 구성원 전원에 의한 다수결에 의해서만 공고 후 7일 이내에 회의를 여는 것이 가능하다.

(f) 회의의 안건이나 회의의 공개 또는 비공개 결정은 기관의 전체 구성원의 과반수가 기록된 표에 의해, 기관 업무상 필요하며 그보다 더 빠른 시간에 변경의 고시를 하는 것이 불가능했다고 결정한 경우에만 변경된다.

제0.607조 녹취록, 기록, 또는 의사록 작성 및 공개

(a) 기관은 제0.603조 (h)항과 (j)항에 따라 비공개인 회의의 경우를 제외하고는, 비공개로 진행된 각 회의에 대한 완전한 녹취록 또는 그 절차를 완전히 기록할 만큼 충분한 전자 기록을 보관한다. 기관은 녹취록 또는 기록을 대신하여 의사록을 보관할 수 있다. 이러한 의사록에는 논의된 모든 안건이 완벽하고 명확하게 기술되어 있어야 하며, 취해진 모든 조치에 대한 완벽하고 정확한 요약, 그리고 모든 안건에 대해 밝힌 각각의 관점에 대한 기술과 모든 호명투표의 기록을 포함한 그러한 조치를 취하게 된 이유를 제공해야 한다. 모든 안건과 관련하여 검토된 모든 문서도 의사록에 명기해야 한다.

(b) 비공개회의의 녹취록 (또는 의사록)의 공공 파일은 사무처장실에 보관된다. 회의가 끝난 후에

회의 시 논의된 내용에 비춰볼 때 그 회의가 일반에게 공개되었더라도 별 문제가 없었을 것이며 논의 내용에 관련된 정보의 유출을 더 이상 막을 필요성이 없다고 담당 사무국 또는 사무실의 기관장이 결정한 경우에 그 녹취록은 공공 파일에 보관된다. 공공 파일로 분류된 녹취록은 제0.460조에 따라 열람이 허용된다. 제0.603조에 따라 적법하게 공개가 금지된 정보를 포함하지 않은 여타 녹취록 또는 분리 가능한 녹취록의 일부는 제0.461조에 따라 열람이 허용될 수 있다. 녹취록 또는 그 일부가 제0.461조에 따라 열람이 가능해진 경우, 그 녹취록은 공공 파일에 속하게 된다. 녹취록의 사본은 제0.465조 (a)항에 따라 복제 계약자로부터 입수할 수 있다. 검색 또는 녹취 수수료는 지불할 필요가 없다. 열람 요청 또는 회의록 사본의 요청은 회의의 날짜, 어젠다의 이름, 어젠다 안건 번호를 명시하여야 한다; 이러한 정보는 회의의 공고에 실린다. 제0.465조 (c)항 (3)호에 따라, 그 용도가 미국의 재정상 또는 규제상의 이익을 위한 것일 때에는 위원회가 녹취록의 사본을 직접 무료로 제공한다.

(c) 위원회는 녹취록 또는 의사록의 사본을 회의일로부터 최소한 2년, 또는 회의와 관련된 절차가 완료된 후 최소 1년 동안 중 더 늦은 시일까지 보관해야 한다.

PART 1 -- PRACTICE AND PROCEDURE

Subpart H－편면적 의견 진술(Ex-Parte Communications)

총 칙

제1.1200조　개요

(a) 목적. 결정의 공정성과 성실성을 보장하기 위해, 위원회는 위원회 절차에서 편면적 의견 진술(ex parte)을 규제하는 규정을 정했다. 이 규정상 “면제” 절차에서는 편면적 의견 진술이 자유롭게 이루어지고(제1.1204(b)), “허용하나 공개(permit-but-disclose)”하는 절차에서는 위원회의 결정권자에 대한 편면적 의견 진술이 허용되지만 일정한 공개 요건에 따라야 하며(제1.1206), “제한된” 절차에서는 위원회의 결정권자에 대한 그리고 위원회의 결정권자로부터의 편면적 의견 진술이 금지된다(제1.1208). 모든 절차에서 일정한 기간(“화해 기간”)에는 위원회의 결정권자에 대한 모든 진술이 금지된다(제1.1203). 이 조문에서 정하는 편면적 의견 진술에 대한 한계는 제1.1204(a)에서 정한 일정한 일반적 예외에 따른다. 특정한 절차에서 공익상 필요할 때에는 위원회와 실무단은 명령, 문서 또는 공지에 의해 일방 규정을 변경할 재량을 가진다. 연석소위원회는 그 전에 절차에서 일방 규정을 변경할 수 있다.

(b) 편면적 의견 진술의 적정성에 대한 조사는 법무실이 담당한다.

제1.1202조　정의 규정

이 부의 목적상 다음과 같은 정의가 적용된다.

(a) 진술. 절차에 따른 통신으로서 절차상 구두 진술과 관련하여 제시되는 문서 또는 서면상의 통신에 첨부된 모든 사항이 포함된다. 우연적이거나 비공식적으로 이루어진 통신, 절차적 문제가 절차상 논쟁 영역이 아닐 경우에는 절차 요건에 부합하는지 여부의 조사, 유보된 절차에 관한 공공에게 이용 가능한 정보를 제공하는 데에 한정된 결정권자의 진술 및 절차가 정확한 시간에 행해졌는지 등과 같은 문제에 관한 조사를 포함한 절차 상황 조사는 이러한 조건에서 제외된다. 그러나 절차상 결과물로서 견해 또는 특정 당사자에 대한 선호를 말하거나 암시하는 진술로서 특정 당사자에게 왜 시간이 중요한가를 말하거나 절차가 해결되어야 하는 기한에 관한 견해를 나타내거나 또는 절차의 시간에 영향을 주거나 결과에 관하여 말할 의도를 가진 것들은 진술에 해당한다.

(a) 절에 대한 노트: 행정적 연기에 대해 우려를 표명하는 의사 혹은 절차가 신속히 해결되는 것에 우려를 표명하는 의사는 행정적인 연기를 해결하기 위한 필요성보다는 절차가 왜 신속히 이루어져야 하는지에 대해 특별한 이유가 있지 않은 이상 허용 가능한 신분 조사로서 여겨지며 절차의 본안(merits) 또는 결과에 대해 어떠한 의견도 표명되지 않으며 절차가 해결되어야 하는 날에 관해 어떠한 의견도 표명되지 않는다. 특정일까지 결단을 요구하거나 절차가 행정적인 연기(및 기타 당사자들에 의한 대응 진술들)를 피하기 위한 필요성보다 절차가 촉진되어야 하는 이유를 제공하는 심리를 지정받지 않은 제한적 절차 내에서 당사자에 의한 진술은 제1.1204(a)(11) 조항을 조건으로 하는 일방적인 기초를 바탕으로 행해질 수 있다.

(b) 일방진술. 이하의 진술을 말한다.

(1) 서면인 경우에는 절차상 당사자들에게 제공되지 않거나,

(2) 구두인 경우 당사자에게 미리 고지하지 않거나 말할 기회를 주지 않고 행해진 진술.

(b)절에 대한 노트: 서면 전달은 인터넷 전자 메일과 같은 본문의 형태로 송달된 전자 의뢰를 포함한다.

(c) 결정권자. 위원회의 위원, 관리관 또는 고용인 및 연석소위원회의 경우에는 그 위원이나 실무단으로서 합리적으로 결정, 규칙 또는 명령의 형성에 관여할 것으로 기대되는 자를 말한다. 절차상 당사자가 되었거나 또는 기타의 이유로 결정 절차에서 배제된 자는 당해 절차에서 결정권자로 보지 않는다. 따라서 개별 심판 실부단의 일부가 된 자는 누구든지 정해진 절차에서 결정권자로 볼 수 없다. 입법, 심사 등에 참여하는 실 또는 국에서 분리되지 않는 실국 실무단은 심판, 규정 및 명령에 관해 결정권자로 본다.

(d) 당사자. 위원회에서 달리 명하지 않는 한 이하의 자를 당사자로 본다.

(1) 심리를 위해 마련된 것이 아닌 절차에서 (정보자유법 요건을 포함) 신청서, 포기 요청, 청원, 청구, 선언적 결정 또는 기타 적극적 구제를 구하는 자, 그리고 본인에게 송달된 현재 계류 중인 청원을 참조 및 참작한 서면 의뢰를 제기하는 자(계류 중인 방송 신청서를 참작하여 의견을 제기한 개인 시청자 또는 청취자 혹은 연방정부 직원 및 연방정부 산하기관의 직원 또는 하원 의원이나 그들의 직원은 제외함) 또는 신청서의 경우에는 상호 배타적인 신청서를 제기하는 자

(d)(1)절에 대한 노트: 위원회가 경쟁적 입찰 또는 추첨의 대상이 될 것이라고 진술한 서비스에 대해 상호 배타적인 신청서를 제출한 자는 오로지 그들의 지원서류가 서로 상호 배타적이라는 이유로 서로의 신청서와 관련하여 당사자로 간주되지 않는다. 그러므로 누구도 다른 방법을 통한

지원에 관해 당사자가 될 수 없다면(예를 들어, 만약 지원자에 대한 청원 또는 반대가 받아들여진다면 지원자에 대해 청원을 제기하거나 다른 반대 제기 또는 협조적 면제 요청함) 이 같은 지원자들은 위원회에 그들 자신의 지원서에 관한 진술을 해야 한다.

(2) 면허(license) 또는 기타 권한을 취소시키기 위해 또는 고소를 제기하거나 청원하는 자 또는 원고가 고소 당사자에게 그것을 송달했음을 보여 주는 사실을 입증하기 위해 혹은 47 U.S.C. 208 및 이 장의 제1.721 또는 47 U.S.C. 255 및 이 장의 제제6.21 나 7.21에 따라 정식으로 고소한 것에 대한 정당한 이유를 대기 위한 규율을 위해 고소를 제기하거나 청원하는 자 및 이러한 서비스를 진술하는 고소의 혹은 청원의 당사자 또는 47 U.S.C. 208 및 이 장의 제1.721, 혹은 47 U.S.C. 255 및 이 장의 제6.21조 내지 제7.21조에 따라 정식으로 고소한 자

(3) 정당한 이유를 대기 위한 명령, 심리 선임 명령, 명백한 책임의 통지, 또는 유사한 통지나 명령 혹은 이러한 통지나 명령을 위한 청원의 주체

(4) 심리를 위해 마련된 절차에서 정식으로 당사자 신분을 부여받은 자

(5) 행정절차법 553절에 따라 이루어지는 비공식적인 규정 제정 절차 또는 공동이사회나 공동이사회의 추천을 고려하기 위한 위원회의 이전 절차에서, 제안된 규정 제정의 통지 발부 또는 제1.1206(a) (1)이나 (2)에 따라 제시된 기타 명령의 발포 후 일반 국민들

(6) 행정절차법 553절에 따라 이루어지는 비공식적인 규정 제정 절차 또는 공동이사회나 공동 이사회의 추천을 고려하기 위한 위원회의 이전 절차에서, 제안된 규정 제정의 통지 발부 또는 제1.1206(a) (1)이나 (2)에 따라 제시된 기타 명령의 발포 후 일반 국민들

(d)절에 대한 노트 2: 당사자로 간주되기 위해서는 장관, 관련 관청 또는 부나 위원회에 전반적으로 당면 문제와 관련한 신고를 해야 한다. 위원장 또는 개별 위원에게만 제출하는 서면 의뢰는 당사자 신분을 부여하지 않는다.

(d)절에 대한 노트 3: 이 하위 부분을 위해 개인이 당사자로 간주된다는 사실은 이 개인이 기타 다른 법적인 요구 사항들 혹은 거부 청원을 위한 효과적인 요구 사항들이나 일정표에 따른 요구 조건들과 같은 절차적인 요구 사항들을 만족했다는 결론을 구성할 수 없다. 이는 이 개인이 어떠한 기타의 절차적 권리를 가졌다는 결정을 이끌어 낼 수 없으며 심리 절차에 참여할 수 있는 권리를 가졌다는 결정을 이끌어낼 수도 없다. 위원회 또는 위원회의 직원은 또한 특별한 경우에 제1.1202(d)에 따라 "당사자들"의 자격을 갖춘 개인들일지라도 이 하위 부분을 위해 당사자로 간주하지 않는다고 결정할 수 있다.

(d)절에 대한 노트 4: 제1.1204(a)(8)에 준해 계류 중인 방송 신청과 관련한 의견을 제시하는 개인 청취자나 시청자들은 단순히 그러한 의견을 제시함으로 인해 당사자가 될 수 없다. The Media Bureau는 만약 그렇게 하는 것이 위원회에 도움이 된다거나 적절하다고 판단되면 당국의 재량에 따라 의견 제출자를 당사자로 정할 수 있다.

(d)절에 대한 노트 5: 의회의 의원 또는 그의 직원, 또는 연방정부의 기타 부처 및 산하기관들이나 그들의 직원은 적극적으로 당사자 신분을 부여받았음을 입증하거나 추구하지 않으면, 심리를 지정받지 않은 계류 중인 절차와 관련한 서면 의뢰를 제출했다고 하여 당사자가 될 수 없다.

(e) 심리를 열도록 지정된 문제. 행정법 판결 이전에 심리를 열도록 지정된 모든 문제 또는 그렇지 않은 경우 5 U.S.C. 554에 나타난 절차에 따라 심리를 열도록 지정된 모든 문제

[62 FR 15854, Apr. 3, 1997, as amended at 64 FR 68947, Dec. 9, 1999; 64 FR 72571, Dec. 28, 1999; 65 FR 56261, Sept. 18, 2000; 67 FR 13224, Mar. 21, 2002]

선샤인 기간 동안의 금지(Sunshine Period Prohibition)

제1.1203조 선샤인 기간 동안의 금지

모든 위원회 절차와 관련하여, 이 절의 (b)항에 명시한 기간 동안에는 해당 안건(Sunshine Agenda)에 열거된 문제들에 관계가 있는 정책결정자를 대상으로 하는 편면적 의견 진술(ex parte)을 포함한 모든 의견 제출은 금지된다. 그러나 다음 사항은 예외이다.

(1) 제1.1204(a)에 해당하는 진술

(2) 중재 협상과 관련이 있는 진술 및 다른 조항에 의해 이미 제한이 있는 진술

(3) 일반적 다수가 참석하는 모임에서 이루어진 공개 연설의 중간 과정 또는 공개토론회 도중에 발생한 진술(이 경우에도 별도로 이루어진 의견 진술은 제외)

(4) 제1.1204조에 따른 절차의 제외 과정에서 또는 제1.1206조에 따라 허용하나 공개 요구 사항의 대상이 되는 과정에서 나타난 의회의 의원 또는 보좌관, 연방 정부 공무원 등의 의견 진술. 이 경우 해당 진술이 상당한 중요성을 띠며 최종 결정에 영향을 미치고자 하는 명백한 목적을 가진다면 이 진술 자료(구두로 이루어진 경우에는 요약 자료)는 제1.1206(b)조에 명시된 절차에 따라 반드시 기록물로 보관되어야 한다.

(b) 이 절의 (a)항에 명시된 금지는 해당 안건(Sunshine Agenda)에 놓일 사안에 대해 공지를 발행하는 위원회가 다음과 같은 일을 할 때까지 적용된다:

(1) 그 문제와 관련한 결정이나 명령의 원문을 공개

(2) 해당 안건(Sunshine Agenda)에서 삭제된 문제에 대해서 진술하는 공지를 발행

(3) 또는 어느 쪽이든 먼저 일어나는 문제에 대해 더 상세한 심의를 위해 직원에게 맡겨져야 한다고 진술하는 공지를 발행

일반적 예외

제1.1204조 편면적 의견 진술(ex parte) 및 절차 예외

(a) 편면적 의견 진술 예외. 아래의 진술 유형들은 제한적 절차 과정(제1.1208), 허용하나 공개 절차 내에서 요구 사항 공개(제1.1206), 그리고 Sunshine Agenda 금지 기간(제1.1203) 동안의 금지로부터 예외이다.

(1) 진술이 헌법 또는 위원회의 규정에 의해 송달(service) 없이 만들어질 수 있다고 허가받았거나 요구된 양식대로 기입할 것을 필요로 한다.

(2) 진술이 법무담당관 및 그의 직원에 의해 또는 이들을 대상으로 이루어져야 하며 위원회가 결정한 사안의 사법심사(judicial review)와 관련이 있다.

(3) 진술이 생명의 안전이 위협받거나 자산의 중대한 손실의 징후가 보이는 것과 같은 위급 상황

과 직접적인 관련이 있거나 그렇지 않으면 기록문(the record)을 위해 제출되지 않았다면 위원회의 직원은 신속히 그 진술이나 진술의 개요를 기록문에 포함해야 하며 당사자들에게 적절히 공개한다.

(4) 진술이 미국의 군대 혹은 외교 기능 또는 기밀 취급의 안보 정보와 밀접한 관련이 있다.

(5) 만약 위원회의 정책결정 과정에서 위원회에 의해 의존하는 발표를 통해 얻은 그렇지 않으면 기록문을 위해 제출되지 않은 발표를 통해 얻어진 새로운 사실 정보가 위원회에 의해 위원회 결정 공개 시점까지 공개될 것이라면 진술은 연방 정부의 부처 혹은 산하기관 또는 직원으로부터 나온 것이거나 이들을 대상으로 하는 것이며 부처 또는 산하기관 및 위원회가 관할권을 분배하는 문제에 영향을 미친다.

(6) 만약 위원회의 정책결정 과정에서 위원회에 의해 의존하는 발표를 통해 얻은 새로운 사실 정보가 위원회에 의해 위원회 결정 공개 시점까지 공개될 것이라면 진술은 미국 법무부 혹은 연방무역위원회로부터 나온 것이거나 이들을 대상으로 하는 것이며 심리가 지정되지 않은 절차 및 관련 기관이 당사자나 의견제출자가 아닌 상태에서 전기통신 경쟁 문제에 영향을 미친다.

(a)절에 대한 노트 1: 이 항의 (a)절 (5)와 (a)절 (6)에 따라서, 연루된 기관이 적절한 시기와 기관의 관할 책임에 영향을 미칠지도 모르는 어떤 공개 사항의 통제를 지속한다는 사실을 확실히 하기 위해 그 기관과 사전 조정이 있은 후에야 정보를 신뢰할 수 있으며 공개가 이루어진다. 만약 연루된 기관이 이러한 정보가 공개되는 것을 원치 않는다면, 위원회는 공개하지 않을 것이며, 이를 정책결정 과정에서 고려하지 않는다(예. 외교문제). (a)절 (5)와 (a)절 (6)에 따라서 기관의 입장들이 공개된다는 사실은 예외와 관련하여, 그리고 이에 따라서 추가적인 토론을 벌이는 것을 가능하게 한다.

(7) 47 U.S.C. 332에 의해 허가된 사적인 지상 무선 서비스 또는 유선 서비스 내 방송국에 대한 주파수 조정과 관련하여 위원회 직원 및 위원회 회원과 대등한 위치의 회원 사이에서 진술이 행해진다.

(8) 제1.1202(d)(1)에 따라 진술은 당사자가 아닌 방송국의 청취자 혹은 시청자에 의해 서면으로 이루어지며 그 진술은 아직 새로운 또는 개조된 방송국이나 방송 허가, 방송국 인가서의 갱신, 또는 방송 허가나 방송 인가의 이관이나 양도를 위한 심리를 지정받지 않은 계류 중인 지원서와 관련이 있다.

(9) 개인을 보복의 가능성으로부터 보호하기 위해 기밀 표현이나 언급된 약속과 관련한 진술이 행해지거나 공개가 개인의 신체적 안전과 생명을 위험에 빠뜨릴 수도 있다는 논리적인 가능성이 있다.

(10) 다음 제한의 대상이 되는 진술은 화해를 포함하여 증거 인증이나 설명 또는 문제들의 해결을 위해 위원회 혹은 실무진이 규정(혹은 사전 승인)한다:

(i) 이 면제는 심리가 지정된 제한적 절차들에는 해당되지 않는다.

(ii) 심리가 지정되지 않은 제한적 절차 과정에서, 이러한 요청으로부터 도출된 모든 새로운 서면 정보, 혹은 이러한 요청으로부터 도출된 모든 새로운 구두 정보는 다른 당사자에 대해 진술을 한 자에 의해 신속하게 다루어져야 한다. 본안(merits)과 관련한 새로운 정보와는 달리, 절차가 어떻게 조정되어야 하는지 또는 조정될 수 있는지와 관련된 정보는 이 항의 새로운 정보로 간주

되어서는 안 된다. 만약 당사자들이 많기 때문에 혹은 이러한 진술과 관련한 자료들이 방대하기 때문에 송달이 매우 부담스럽다면 위원회 또는 직원은 송달 요구 조건들을 면제할 수 있다. 만약 송달 조건이 면제된다면, 진술서의 사본 또는 요약본은 절차의 기록에 포함되며 위원회 또는 위원회의 직원은 그 진술서의 사본이나 개요가 열람 가능할 수 있도록 공지를 발행해야 한다. 위원회 또는 그 직원은 송달이나 공지가 조사의 효과적인 실행을 저해하는지 여부와 송달 및 공지 조건들을 생략해도 무방한가를 결정해야 한다.

(iii) 진술이 허용하나 공개 요구 사항들의 대상이 되는 절차에서 이루어지면, 위원회 또는 그 직원은 공개가 조사의 효과적인 실행을 저해하는지 여부와 공개 조건들을 생략해도 무방한가를 결정할 수 없을 경우 이러한 요청으로부터 도출된 모든 새로운 서면 정보 또는 이러한 요청으로부터 도출된 모든 새로운 구두 정보는 제1.1206(b)의 요구 사항에 맞게 이루어져야 한다. 이 항의 (a)(10)(ii)에 따라서 절차가 어떻게 조정되어야 하는지 또는 조정될 수 있는지와 관련한 정보는 이 항을 위한 새로운 정보로 간주되어서는 안 된다.

(a)절에 대한 노트 2: 만약 위원회 또는 그 직원이 조사 집행 방해가 일어나는 것을 막기 위해 송달 혹은 공지 조건을 폐한다면, 필요 시에 언제 어떻게 공개가 진행되는지에 관한 결정은 위원회 또는 그 직원의 재량으로 행해진다. Amendment of Subpart H, Part I, 2 FCC Rcd 6053, 6054 ¶¶10 - 14 (1987) 참조.

(iv) 만일 진술이 Sunshine 금지 기간에 해당하는 절차에서 이루어지면, 반드시 제1.1206(b)의 요구 조건들 또는 위원회가 적절하다고 간주하는 기타 적절한 공지 수단에 따라서 공개가 행해져야 한다.

(v) 중재 토론 중에 본안(merits)과 관련한 새로운 정보가 공개되는 상황에서, 그리고 위원회 혹은 그 직원이 실행에 들어가기 전에 중재 토론의 결과에 대하여 의견을 제시하기 위해 다른 당사자들이나 국민에게 공개하기로 의도한 상황에서, 의견이 중재안을 찾을 때까지 또는 중재 토론이 종결되는 시점까지 위원회나 그 직원들은 재량으로 이러한 새로운 정보의 공개를 연기할 수 있다.

(11) 특정일까지 결정을 요하거나 행정적인 연기를 피하기 위한 필요성보다 절차가 신속히 처리되어야 한다는 이유를 제시하는 심리의 개최가 지정되지 않은 제한적 절차에서, 진술은 구두 진술로 행해진다. 진술의 자세한 요약은 신속하게 기록문으로 정리되어야 하며 진술자는 이를 같은 송달 요구 조건에 해당하는 구두(oral)로 이루어지는 편면적 의견 진술(ex parte)을 포함하는 재촉 요청에 반대 혹은 지지로 반응할 수 있는 절차와 관련 있는 기타 당사자들에게 송달해야 한다.

(12) 진술은 위원회 직원과 다음의 상대자 간에 이루어진다.

(1) 47 U.S.C. 225에 따라서 전자통신 교대 서비스 기금의 행정과 관련한 각 주간의 전자통신 교대 서비스 기금의 행정관

(ii) 47 U.S.C. 251(e)에 따른 북미 전화번호 할당 계획 행정과 관련한 북미 전화번호 할당 계획 행정관 또는 북미 전화번호 할당 계획 요금 및 수금 대표자(the North American Numbering Plan Billing and Collection Agent)

(iii) 47 U.S.C. 254에 따라서 보편적 서비스 지원 메커니즘의 행정과 관련한 보편적 서비스 행정

회사(Universal Service Administrative Company)

(iv) 또는 관련 행정관이 의견을 제시하지 않았거나 절차에서 당사자로 참여하지 않았을 경우 47 U.S.C. 251(b)(2) 및 (e)에 따라서 지역번호 휴대 행정과 관련한 번호 휴대 행정관(the Number Portability Administrator)

(b) 면제 절차. 제1.1200(a)에 따라서 위원회나 그 직원이 규정하지 않으면, 위원회의 정책결정자들이 행하는 혹은 이들을 상대로 하는 편면적 의견 진술은 무방하며 소위 "면제" 절차라고 불리는 다음의 절차와 관련한 것들은 공개될 필요가 없다.

(1) 조사 절차의 공지

(2) 방송 채널의 할당을 요구하는 청원을 제외한 규정 제정을 위한 청원 또는 위원회의 규정 수정이나 정책 성명 발표 혹은 해석적인 규정 발간이나 공동위원회 구성과 같은 기타 요청

(3) 조사 착수 전 관세 절차(직접적인 면제 요청 또는 특별 허가를 위한 요청과 관련된 절차를 포함)(제1.1206(a)(4) 참조)

(4) 구체적으로 제안된 감가상각률을 공지하기 이전에 통신법 220(b)항에 따라서 행해진 운송업자 감가상각률 규정과 관련한 절차(제1.1206(a)(9) 참조)

(5) 47 U.S.C. 208 및 이 장의 제1.717 또는 47 U.S.C. 255 및 이 장의 제6.17조 내지 7.17조에 따른 비공식적 고소 절차

(6) 이 장(FCC Form 329)의 제76.951가 명하는 표준 고소 형식에 수집되지 않은 세금과 관련이 있는 케이블 경영자에 대한 고소

(b)절에 대한 노트 1-3: [제한]

(b)절에 대한 노트 4: 위원회 주 규제 당국 혹은 지역 규제 당국의 위원회 선매권을 얻으려는 규정 제정을 위한 청원들의 경우에, 선매권 요청을 위한 기초로서 특별히 언급되는 행위들로 청원자는 반드시 청원의 원본을 어떤 주정부 혹은 지역정부에 제출해야 한다. 서비스는 반드시 민사 환경에서 법적 자료들의 송달을 받을 수 있도록 법적인 허가를 받은 주정부 혹은 지역정부 내의 단체에서 이루어져야 한다. 송달되지 못한 이러한 청원들은 위원회가 그 문제가 제1.1212(d)에 따라 기록문서의 일부로 제정함으로써 받아들여지고 당사자들이 정보를 전달받아야 한다고 결정하지 않는 이상 불완전한 청원으로써 고려 대상에서 제외하며 일방적인 규정 위반으로 다룬다.

비제한적 절차들

제1.1206조 허용하나 공개 절차(Permit-but-disclose proceedings)

(a) 제1.1200(a)에 따라 위원회 또는 그 직원이 규정하지 않으면, 절차가 더 이상 행정적인 재심의나 재검토 또는 법적인 검토의 대상이 되지 않을 때까지 위원회 정책결정자들이 행한 혹은 이들을 대상으로 한 편면적 의견 진술[제1.1204(a)조에 따라서 예외에 해당하는 편면적 의견 진술은 제외]은 만일 위원회 정책 결정자들을 대상으로 하는 편면적 의견 진술이 이 항의 (b)절에 따라서 공개된다면 허용하나 공개 절차라고 불리는 다음의 절들에서 허용 가능하다.

(a)절에 대한 노트: 주 혹은 지역 규제 당국의 위원회 선매권을 얻기 위한 선언적 규정을 위한 청

원들의 경우 또는 47 U.S.C. 332(c)(7)(B)(v)에 따라 구제를 위한 청원들의 경우에, 이는 특별히 선매권 요청을 위한 근거로 언급되는 행위들로 청원자는 반드시 청원의 원본을 어떠한 주 또는 지역 정부에 송달해야 한다. 서비스(service)는 반드시 민사 환경에서 법적 자료들의 송달을 받을 수 있도록 법적인 허가를 받은 주정부 혹은 지역정부 내의 단체에서 이루어져야 한다. 송달되지 못한 이러한 청원들은 위원회가 그 문제가 제1.1212(d)조에 따라 기록문서의 일부로 제정함으로써 받아들여지고 당사자들이 정보를 전달받아야 한다고 결정하지 않는 이상, 불완전한 청원으로써 고려 대상에서 제외하며 일방적인 규정 위반으로 취급된다.

(1) 제안 제정의 공지 발표에 따른 방송 채널의 할당을 위한 절차보다 행정절차법 553항에 따라 이행되는 비공식적인 제정 절차(제1.1204(b)(2)조 참조)

(2) 규정 변화, 정책 성명 또는 규정 변화를 취한 규칙 발표에 따른 제안 제정의 공지 없이 채택된 해석적인 규정과 밀접한 관련이 있는 절차

(3) 선언적 규정 절차

(4) 통신법의 204항 또는 205항에 따라 조사를 위해 마련된 관세 절차(직접적인 관련이 있는 면제 요청 또는 특별 허가 요청들을 포함)(제1.1204(b)(2)참조)

(5) 심리 개최가 지명되지 않는 한 통신법 Title III에 따른 지원서와 관련이 없는 통신법 214(a)항에 따른 절차(제1.1208 참조)

(6) 심리 개최가 지명되지 않는 한 통신법 Title III에 따른 지원서와 관련이 없는 Cable Landing Act 허가 지원서와 밀접한 관련이 있는 절차(제1.1208 참조)

(7) 정보자유법에 따라 제출된 정보 요청과 관련한 절차

(a)절에 대한 노트 2: 요청된 정보가 기밀 요청의 대상일 때 기밀 요청을 제기한 자는 당사자로 간주된다.

(8) 공동위원회가 있기 전의 절차 또는 공동위원회로부터 추천과 관련이 있는 위원회가 있기 전의 절차

(9) 구체적으로 제안된 감가상각률을 공지하기 이전에 통신법 220(b)항에 따라서 행해진 운송업자 감가상각률 규정과 관련한 절차(제1.1206(a)(9) 참조)

(10) 통신법의 205항에 따라 운송업자의 수익률을 규정하기 위한 절차

(11) 고소장이 FCC Form 329에 정식으로 제출되는 통신법 623(c)항에 따른 케이블 비용 고소 절차

(12) 이 장의 제64.1001에 따라 제출된 변경 요구

(13) 통신법 지역 내 제271(d)에 따라 interLATA 서비스를 제공하기 위한 Bell Operating Companies의 신청서, 그리고

(14) 통신법 제252(e)(5)에 다른 상호 접속 동의안을 재검하기 위한 위원회 선매권 청원 및 통신법 제253에 따른 선매권 청원

(a)절에 대한 노트 3: 오직 하나의 "당사자"와 관련 있는 허용하나 공개하는 절차에서, 이 항의 제1.1202(d)에서 정의한 대로 당사자와 위원회는 자유롭게 서로에게 진술할 수 있으며, 이 항의 (b)절의 공개 요구 조건에 응할 필요가 없다.

(b) 다음의 공개 절차들은 허용하나 공개 절차에서 편면적 의견 진술에 적용한다.

(1) 서면 진술. 이 항에 해당하는 서면 진술을 하는 자는 진술이 있은 후 바로 다음 업무일까지 위원회의 위원장에게 공문서에 포함을 위해 별봉으로 2개의 사본을 전달해야 한다. 사건 일람 번호(docket number)가 있으면 이를 포함하는 회람(memoranda)(및 설명서)은 무엇과 관련한 절차인지 확실히 증명해야 하며 위원장에게 2개의 사본을 제출한 사실을 명시하고 반드시 편면적 의견 진술로 분류되어야 한다. 만일 진술이 한 개 이상의 절차와 관련이 있다면 각 절차를 위해 두 개의 사본이 제출되어야 한다. 궁극적으로 제1.49(f)이 적용되는 규정 제정 절차에서 진술자는 진술서의 사본 하나를 제출해야 한다; 추가적인 서면 사본의 제출은 필요 없다.

(2) 구두 진술. 이 항에 해당하는 서면 의견, 회람 또는 절차의 기타 기록들(filings)에 이미 반영되어 있지 않은 자료나 논쟁을 제공하는 구두로 편면적 의견 진술을 한 자는 진술이 있은 후 바로 다음 업무일까지 새로운 자료나 주장을 요약하는 회람의 원본과 사본 한 부를 위원회의 위원장에게 반드시 제출해야 한다. 전자적으로 청원을 제출하는 제1.49(f)에 해당하는 절차들을 제외하고, 회람의 사본은 구두 진술에 연루된 위원회 위원들 또는 위원회 직원들에게 반드시 제출되어야 한다. 제1.49(f)에 적용되는 절차들에서, 진술자는 진술에 연루된 위원회 위원들과 직원들이 이용 가능할 수 있도록 회람의 사본 한부를 양자택일로 위원회의 전자 의견 제출 시스템을 통해 전자적으로 제출할 수 있다. 회람들은 반드시 편면적 의견 진술(ex parte)의 내용의 개요를 포함해야 하며 단지 논의된 주제를 나열하는 데 그쳐선 안 된다. 일반적으로 발표된 관점들 및 주장들에 대한 한두 줄 이상의 설명이 요구된다. 사건 일람 번호(docket number)가 있으면 이를 포함하는 회람(및 설명서)은 무엇과 관련한 절차인지 확실히 증명해야 하며 사본 한 부가 위원장에게 제출되거나 전자적으로 제출되어야 하고 반드시 편면적 의견 진술로 분류되어야 한다. 만일 진술이 한 개 이상의 절차와 관련이 있다면 두 개의 회람 사본(또는 원본 한 부와 사본 한 부)이 각 절차를 위해 제출되어야 한다.

(b)절에 대한 노트: 예를 들어 널리 참석한 회의에서 토론의 형태로 진술이 일어났을 때 규정에 구체화된대로 회람을 준비하는 것은 성가실지도 모른다. 이러한 상황에서, 규정은 회람의 대안으로서 토론의 필기본 또는 테이프 녹화 제출함으로써 만족될 수 있다.

(3) 이 항의 (b)(1) 및 (b)(2)에도 불구하고, 공개하나 허용 절차에서 하원의 의원들이나 그들의 직원들 또는 연방정부의 부처나 산하기관 또는 그 직원들에 의해 행해진 진술들은 상당한 중요성을 띠고 궁극적인 결정에 영향을 미치고자 명백히 의도했을 경우에 한해서만 편면적 의견 진술로 취급된다. 위원회 직원은 이러한 구두 진술의 서면 개요를 준비하여 기록문에 이 항의 (b)(2)에 따라 나타내야 하며, 이러한 서면 진술들은 기록문에 이 항의 (b)(1)에 따라서 나타내야 한다.

(4) 편면적 의견 진술의 공지. 위원회의 위원장 또는 비사건 일람 절차들의 경우에, 관련 국(Bureau) 또는 국청(Office)은 서면 진술 절차 및 구두 절차를 나타낸 회람들을 공용 문서(public file) 또는 공적 기록문(record)에 나타나야 한다. 위원장은 어떠한 허용하나 공개 절차와 관련하여 그의 사무실에서 수령한 모든 서면 진술 또는 구두 진술의 서면 개요를 나열한 공지를 발행할 수 있다. 일반적으로 이러한 공지들은 반드시 일주일에 최소 두 번은 발간되어야 한다.

(b)절에 대한 노트 2: 관심 있는 사람들은 예를 들어 (b)절의 요구 조건들에 부합하지 않고 제출된 어떠한 편면적 의견 진술은 참조 공지에 포함되지 않을 수도 있다는 것을 반드시 알아야 한다. 이 항에 따라 제출된 모든 편면적 의견 진술 및 회람들은 공용 문서 또는 공적 기록문의 형태로

공람이 가능할 것이며 모든 제출들의 확인을 원하는 당사자들은 공용 문서 또는 공적 기록문을 재검토해야 한다.

(b)절에 대한 노트 3 위원장은 또한 편면적 의견 진술이 아닐지라도 편의상 응답 의견 제출 기간(the reply comment period)의 종료 후에 또는 만약 재심의 중인 문제라면 재심의 응답 의견 제출 기간(reconsideration reply comment period)의 종료 후에 제출된 참조 공지 자료들(referenced public notices materials)의 목록을 만들 수 있다.

부록 3

Canadian Radio-television and Telecommunications Act 중 위임 및 회의 관련 규정

OFFICES, MEETING AND RESIDENCE

제10조

(1) 본부 - 위원회의 본부는 수도법(National Capital Act)에 규정하는 수도권 또는 내각이 지정하는 지역에 둔다.

(1.1) 지역사무소 - 내각은 특정 지역에 위원회 지역사무소 설치를 명할 수 있다.

(2) 회의- 위원회는 최소한 연간 6회 이상 회의를 개최해야 한다.

(3) 정족수 - 상근위원의 과반수, 비상근 위원의 과반수 이상을 의사 정족수로 한다.

(4) 전화회의 - 위원은 위원회 규칙이 정하는 바에 따라 회의에 참석한 다른 모든 위원들과 상호간 의사소통이 가능한 전화 및 다른 통신 수단을 통해 회의에 참석할 수 있으며, 이때는 법적으로 회의에 출석한 것으로 인정된다.

제10.1조

(1) 위원들의 거주지 제한 - 상임위원은 수도법에 규정하는 수도권 또는 내각이 정하는 수도권 인접 지역 내에 거주해야 한다.

(2) 계속 - 위원회의 지역사무소에 근무하는 상임위원은 해당 지역 또는 내각이 정하는 해당 지역 인접 지역 내에 거주해야 한다.

BY-LAWS

제11조

(1) 규칙 - 위원회는 다음 사항에 대한 규칙을 제정하여 시행한다.

(a) 위원회 회의 소집에 관한 사항

(b) 회의에 관한 사무처리, 특별위원회 설치와 업무의 위임, 특별위원회의 정족수 등에 관한 사항

(c) 다음 규정 사항

(i) 비상임위원의 회의 참석 수당 및 위원장의 요청에 의해 위원회가 실시하는 공식 청문회에 출석하는 자의 참석 수당

(ii) 위원들의 출장 및 생활수당

(2) 제11조(1)에 의거한 위원회의 규칙은 캐나디언 헤리티지 장관(Minister of Canadian Heritage)의 승인을 얻어 효력이 발생한다.

OBJECTS, POWERS, DUTIES AND FUNCTIONS

제12조

(1) 방송정책에 관한 권한 - 방송 분야에 관한 위원회의 권한과 책임은 방송법(the Broadcasting Act)이 정하는 바에 따른다.

(2) 통신정책에 관한 권한 - 위원회의 상임위원, 위원장은 통신법(the Telecommunications Act)과 관련 법률의 규정에 의거 권한을 행사하고 직무를 수행한다.

(3) 규칙 - 위원회(상임위원)는 다음 사항에 관한 규칙을 제정, 시행할 수 있다.

(a) 특정 임무 수행을 위한 분과위원회의 설립, 해당 분과위원회에 대한 위임 범위, 위임 권한, 정족수에 관한 사항

(b) 규칙에 의거한 해당 분과위원회의 모든 행위는 전체 위원회의 권한과 동일한 것으로 간주한다.

부록 4

주요 국가의 방송통신 주무기관 현황

구분			기관	주요 기능
대통령제	한국	방송 통신	방송통신위원회	방송 · 통신정책 및 규제 감독
	미국	방송 통신	FCC	방송 · 통신정책 및 규제 감독
	프랑스	방송	CSA	방송정책 및 규제 감독
		통신	Minister of Economy and Finance/ARCEP	통신정책 및 규제 감독
의원내각제	영국	방송	DCMS OFCOM	방송정책 및 규제 감독
		통신	BIS OFCOM	통신정책 및 규제 감독
	캐나다	방송	CH(Canadian Heritage) CRTC	방송정책 및 규제 감독
		통신	IC(Industry Canada) CRTC	통신정책 및 규제 감독 *주파수 정책 : IC
	이탈리아	방송 통신	MOC(Minister of Communications) AGCOM	방송통신 정책 및 규제 감독
	일본	방송 통신	총무성	방송통신 정책, 규제 감독

참고 문헌

국내 문헌

김정태(2010). 디지털시대 방송법 해설, 커뮤니케이션북스.

방송통신위원회(2010a). 전파정책 현황 및 추진 방향, 방송통신위원회.

———(2010b). 제294회 정기국회 업무 현황, 방송통신위원회.

오병철 외(2011). FCC의 의사결정 과정과 의사제도 조사, 방송통신위원회.

이희정 외(2009). 해외 방송통신규제기구 심판관리제도 연구 I(북미), 방송통신위원회.

국외 문헌

Bensman, Marvin R. (2000). *The Beginning of Broadcast Regulation in the Twentieth Century*. Jefferson, NC: McFarland & Co.

Canadian Heritage(2011). *Broadcasting and Interactive Digital Media Sector*.

CRTC(2008a). *3-YEAR WORK PLAN 2008-2011 Toward a Globally Advanced Canadian Communications System*.

———(2008b). *Action Plan 2008-2011 IMPLEMENTATION OF SECTION 41 OF THE OFFICIAL LANGUAGES ACT*.

———(2011a). *Broadband Report*.

———(2011b). *Communications Monitoring Report*.

———(2011c). *Broadcasting Regulatory Policy CRTC 2011-601*

Elder, David(2010). *Retooling Communications Regulation*. Elder Communications & Privacy Law.

FCC(2009). *Strategic Plan 2009-2014.*

———(2010). *Fiscal Year 2010 Annual Performance Report.*

GAO(2009). *GAO-10-79 FCC MANAGEMENT Improvements Needed in Communication, Decision-Making Processes, and Workforce Planning*, GAO.

Grant, Peter, S. Buchanan, Grant Abramson, & D. Bram(2010), *Regulatory Guide to Canadian Television,* Fifth Edition, McCarthy Tetrault communications law group.

———(2010a). *Communications Law and the Courts in Canada*, McCarthy Tetrault communications law group.

———(2010b). *Canadian Broadcasting Regulatory Handbook*, Tenth Edition, McCarthy Tetrault communications law group.

Ingrassia, Joanne(2000). *The Birth and Death of the Canadian Radio Broadcasting Commission*(1932-1936).

Kim, Yong Soo, Tim Kelly, & Siddhartha Raja(2010). *Building Broadband,* The World Bank.

Korea Communications Commission(2011). *Annual Report 2010.*

Moser, Noah(2011). *CRTC Perspective on Canada's Digital Transition.*

OECD(2011). *Communications Outlook*, OECD.

Treasury Board of Canada Secretariat(2010). *2010-2011 Departmental Performance Report* Canadian Radio-television and Telecommunications Commission.

찾아보기

ㅊ

ㅋ

ㅌ

ㅍ

ㅎ

저자 소개

김정태

[학력 및 경력]

• 서울대학교 영문과 졸업
• 현 방송통신위원회 과장(서기관)
• 캐나다 방송통신위원회(CRTC) 파견 · 직무연수(2010~2012)

[대표 저 · 역서]

• 「디지털시대 방송법 해설」(커뮤니케이션북스, 2010)
• 「매클루언의 이해(역서)」(커뮤니케이션북스, 2007)

정보통신행정연구소 연구총서	2
방송통신 정책과 조직	

한국, 미국, 캐나다 3개국의 방송통신 주무기관 비교 연구

펴낸날 / 제1판 제1쇄 2011년 12월 30일
지은이 / 김정태
펴낸이 / 임춘환
펴낸곳 / 도서출판 대영문화사
주소 / 서울 용산구 청파동 1가 178-2 ㊥ 140-869
등록 / 1975년 12월 26일 제3-16호
전화 / (02)716-3883, (02)714-3062
팩시밀리 / (02)703-3839
우체국 온라인 / 011353-02-009106

ISBN 978-89-7644-397-7
ISBN 978-89-7644-395-3(세트)

〔값 15,000원〕